# Síndrome do impostor

e a personalidade **"como-se"**
na Psicologia Analítica

**Dados Internacionais de Catalogação na Publicação (CIP)**
**(Câmara Brasileira do Livro, SP, Brasil)**

Schwartz, Susan E.
Síndrome do impostor e a personalidade "como-se" na psicologia analítica : a fragilidade do si-mesmo / Susan E. Schwartz ; tradução de Caesar Souza. – Petrópolis, RJ : Vozes, 2025.

Título original: Imposter syndrome and the 'As-If' personality in analytical psychology.

ISBN 978-85-326-7127-1

1. Autopercepção 2. Identidade (Psicologia) 3. Psicologia junguiana 4. Síndrome do impostor I. Título.

25-264055 CDD-150.1954

Índices para catálogo sistemático:
1. Psicologia junguiana 150.1954

Eliete Marques da Silva – Bibliotecária – CRB-8/9380

SUSAN E. SCHWARTZ

# Síndrome do impostor e a personalidade "como-se" na Psicologia Analítica

## A FRAGILIDADE DO SI-MESMO

Tradução de Caesar Souza

EDITORA VOZES

Petrópolis

Tradução autorizada da edição em língua inglesa, publicada pela Routledge, membro da Taylor & Francis Group.

Tradução do original em inglês intitulado *Imposter Syndrome and the 'As-If' Personality in Analytical Psychology. The Fragility of Self.*

Direitos de publicação em língua portuguesa – Brasil:
2025, Editora Vozes Ltda.
Rua Frei Luís, 100
25689-900 Petrópolis, RJ
www.vozes.com.br
Brasil



*Diagramação*: Guilherme Ayres
*Revisão gráfica*: Nilton Braz da Rocha/Fernando Sergio Olivetti da Rocha
*Capa*: Isabella Carvalho
*Ilustração de capa*: Imagem gerada com IA

ISBN 978-85-326-7127-1 (Brasil)
ISBN 978-1-032-32480-7 (Reino Unido)

Este livro foi composto e impresso pela Editora Vozes Ltda.

Este escrito é dedicado a Frederic,
cujo amor e apoio constante aos meus
esforços me ajuda a levá-los à realidade.
Não tenho palavras…

# Sumário

# Agradecimentos

Meu apreço vai para Daniela Roher, Ph.D., que pacientemente leu muitos capítulos deste manuscrito. Seu comentário foi inestimável, oferecendo uma perspectiva aguçada e carinhosa para a compreensão da psique. Barbara Aliza passou horas criando outra capa maravilhosa e generosamente cedeu seu tempo também na leitura e comentário de alguns capítulos. Este livro não teria surgido sem a cuidadosa edição de LeeAnn Pickrell, cuja orientação colaborativa sabiamente tornou o livro coerente. E o livro não existiria sem as relações analíticas com aqueles que compartilharam seus mundos interiores enquanto juntos encontramos um caminho entre o lodo para seus si-mesmos reais.

# Créditos

# Nota do editor brasileiro

Na preparação desta tradução, Vozes optou por simplificar todas as referências à Obra Completa de C.G. Jung. As citações todas são indicadas pelas iniciais OC, seguidas pela indicação do parágrafo conforme a edição brasileira publicada pela Vozes na edição atual desde 2011.

| **Vol.** | **Título** |
|---|---|
| OC 5 | *Símbolos da transformação* |
| OC 6 | *Tipos psicológicos* |
| OC 7/1 | *Psicologia do inconsciente* |
| OC 7/2 | *O Eu e o inconsciente* |
| OC 8/2 | *A natureza da psique* |
| OC 9/1 | *Os arquétipos e o inconsciente coletivo* |
| OC 9/2 | *Aion: estudos sobre o simbolismo do si-mesmo* |
| OC 10/3 | *Civilização em transição* |
| OC 11/1 | *Psicologia e religião* |
| OC 11/3 | *O símbolo da transformação na missa* |
| OC 11/5 | *Psicologia e religião oriental* |
| OC 12 | *Psicologia e alquimia* |
| OC 13 | *Estudos alquímicos* |
| OC 14/1 | *Mysterium Coniunctionis 1* |
| OC 14/2 | *Mysterium Coniunctionis 2* |
| OC 15 | *O espírito na arte e na ciência* |
| OC 16/1 | *A prática da psicoterapia* |
| OC 16/2 | *Ab-reação, análise de sonhos, transferência* |
| OC 17 | *O desenvolvimento da personalidade* |
| OC 18/1 | *A vida simbólica 1* |
| OC 18/2 | *A vida simbólica 2* |

# Introdução

Tenho estado intrigada com a personalidade "como-se" desde que li pela primeira vez um artigo do analista britânico Hester Solomon (2004). Ela possui longas raízes no pensamento analítico, mas tem sido descartada como aplicável somente às mulheres e originalmente àqueles assumidamente inanalisáveis. Decidi explorá-la mais, uma vez que via muitos tipos de personalidade "como-se" em minha prática analítica e me parecia relativamente pouco explorada no pensamento junguiano. Cada pessoa que via verbalizava de vários modos como eram uma fraude. Cada um sabia que ninguém via quem realmente eram. Não estavam presentes e muitas vezes se sentiam irreais. Havia uma vulnerabilidade tocante e afável, um potencial cru e inexplorado evidente para mim, mas ainda não evidente para elas. Sua pergunta não formulada, como expressa sucintamente por André Aciman, era, em essência, quem sou realmente?

> Nada era como parecia. Não era como parecia... Fui confrontado pela possibilidade de que talvez a coisa mais verdadeira sobre mim fosse uma identidade espiralada, meu si-mesmo irreal, um si-mesmo poderia-ter-sido que jamais realmente foi, mas não era irreal por não ser e poderia ainda ser real, embora temesse jamais ser (Aciman, 2021, p. 111).

Este livro é uma tentativa de me envolver com o trabalho e o pensamento da psicologia analítica junguiana e seu valor moderno.

Não é esoteria desincorporada, mas explora os problemas com que muitos lidam sobre ser real. Na era moderna de avanços tecnológicos, o real se tornou mais difícil de atualizar. Mais pessoas sentem a necessidade de posar, de ser impostoras, de criar uma imagem ou depender da fachada "como-se".

Em seu *Livro Vermelho* (2009), C.G. Jung tratou do espírito das profundezas e do espírito dos tempos. O espírito e a profundeza de nossos tempos são definidos pessoal, cultural e coletivamente. Muitos de nós vivemos no estranhamento, isolamento, solidão e vacuidade, semelhante ao que a pessoa "como-se" experiencia. Isso reflete nosso mundo cada vez mais fragmentado e precário com seu sentimento subjacente de fragilidade. Descontinuidades fazem parte da vida e um dos problemas levantados neste livro é como lidamos com elas.

O tipo de personalidade "como-se" se manifesta de uma forma diferente em cada cultura, mas a estrutura psicológica permanece similar. Ao explorar essa personalidade com seus segmentos fraturados e pretensas fachadas, investigo alguns dos problemas mais diversos e complexos de nossos tempos. Este livro é uma exploração dessa personalidade complexa, uma jornada para descobrir novas formas de resolver conflitos, ampliando o círculo de compreensão do, e de conexão com o, verdadeiro si-mesmo.

Nossa era é a da fluidez pessoal e cultural combinada à confusão e desintegração. O mundo está repleto de agitação social e desafio à nossa qualidade de vida. Isso equivale ao aumento significativo da personalidade "como-se" ou, em termos psicológicos populares, *síndrome do impostor*. As crises e movimentos globais e societais atuais parecem contraditórios a esse tipo de personalidade, que é muitas vezes associada a superficialidade e egocentrismo. Contudo, ambos indicam a necessidade de uma abordagem psicológica séria aos problemas mais profundos com seus efeitos sobre a psique e corpo pessoal e coletivo.

> Compreensão não significa negar o ultrajante, deduzir o sem precedentes dos precedentes, ou explicar fenômenos por analogias e generalizações que o impacto da realidade e o choque da experiência não são mais sentidos... Compreensão, em suma, significa o não premeditado, o enfrentamento atento da e a resistência à realidade – o que quer que possa ser (Arendt, 1976, p. viii).

Este livro é uma exploração exaustiva da personalidade "como-se" pelas lentes da psicologia analítica junguiana. Ao longo do escrito, reconhecemos o receptáculo analítico ou psicológico como um lugar de crescimento para a pessoa e a cultura, pessoal e relacionalmente. Usando linguagem compreensível e uma abordagem multilateral, os conceitos do livro são acessíveis tanto a leitores gerais como a profissionais. A personalidade "como-se", com sua insegurança subjacente, destaca o mistério de estar vivo. Cada um de nós busca essa vivacidade de formas variadas que nos levam a abrir mais portões e a subir muros mais altos na busca por maior conhecimento do si-mesmo e de outros.

A pessoa "como-se" enfrenta um dilema – esconder ou expor a verdade sobre quem é. Repleto de estudos de caso, este trabalho reconhece aquelas pessoas que normalmente se sentem sós e destituídas, e que questionam sua identidade. Esse é um dos lugares mais difíceis de se estar, quando a pessoa "como-se" sabe que é irreal, especialmente no caso de essa "realidade" não ser vista por muitas outras.

Conhecida por uma persona ou imagem do ego habilmente planejado, a pessoa "como-se" se distancia na fantasia e ilusão. Esses problemas afetam a intimidade consigo e outros devido à dificuldade de estar presente. A pessoa "como-se" é defrontada pelo sentido de não pertencimento; ela, por vezes, lida com problemas relacionados a dependência sexual, senescência, a influência cultural da mídia social, o papel do pai e da mãe, a imagem corporal e si-mesmos cindidos. O reconhecimento do inconsciente, um marco da psicologia analítica junguiana, visa a incorporar os outros dissociados internos em uma individualidade mais unificada.

Ao longo de meu trabalho na psicologia analítica junguiana descobri que a personalidade "como-se" possui muitos componentes exibidos, entre eles a inveja e a baixa autoestima, negação da sombra, uma pessoa atrativa, mas elusiva, e falta de autoconexão. Todos esses aspectos são promovidos pela cultura da mídia social na qual realidade e ilusão são muitas vezes indistintas. Isso reproduz a pessoa "como-se" que é tanto o espelho como a máscara e se apresenta com artifícios.

A psicologia clínica tende a tratar meramente o ego, o mundo consciente, deixando fora o inconsciente. Isso é aparente em grande parte do comentário que descreve a síndrome do impostor; a terminologia é semelhante à parte da terminologia da personalidade "como-se". Contudo, este livro, através da perspectiva profunda da psicologia analítica junguiana, aprofunda-se nos temas subjacentes. As várias abordagens psicanalíticas e filosóficas mencionadas aqui apresentam uma plataforma ampla para o ego frágil que existe "como-se". Baseio-me nas teorias dos psicanalistas franceses André Green sobre ausência e o negativo e de Julia Kristeva sobre a abjeção, do filósofo francês Jacques Derrida sobre Narciso e Eco e na filósofa americana Judith Butler sobre precariedade, todos os quais estendem o pensamento analítico junguiano e refletem a multiplicidade da psique. Ao longo do texto, incluí citações da literatura, contos de fadas e mitos, entrelaçando padrões interdisciplinares que permeiam nossas vidas.

A expansão se dirige ao si-mesmo mais completo. Esse tipo de personalidade desafia nossas tendências culturais para dissimulações, superficialidade e a busca por soluções fáceis, especialmente como encontradas na internet. O isolamento psicológico desse tipo de personalidade também contém o anseio pelo corpo, pelo si-mesmo e por outras conexões, frustrados no irreal e ilusório. Ser real em vez de "como-se" é um processo de liberação e de emergência pessoal da vacuidade e perda interiores para um lugar de desejo e de vida.

Cada capítulo inclui exemplos clínicos compostos, sonhos e as narrativas ilustrativas do processo da integração da personalidade para relacionamento mais consciente com o si-mesmo e com outros. Os capítulos começam com uma parte de um conto de fadas ou uma história, cada uma de uma cultura diferente. Os símbolos nelas ilustram a destituição de atitudes antigas, enfrentamento do real e, por fim, a transformação da personalidade. Os exemplos clarificam os pontos teóricos e ajudam os leitores a encontrarem sua ressonância psicológica. Tudo reunido sob o guarda-chuva do modelo analítico junguiano para se tornarem autores do si-mesmo real da pessoa.

A integração ocorre por meio do tratamento dos sofrimentos do desespero e da depressão e da união da personalidade àqueles aspectos anteriormente intocados, inaceitáveis e desconhecidos. A superfície impostora não é mais necessária quando a pessoa pode ser real. Atenção a esse tipo de personalidade gera a urgência de individuação mais profunda interna quando a pessoa se abre para expressão criativa e autêntica além da fachada "como-se". Vivemos em uma época particularmente desafiadora, dada a magnitude das incertezas e transições que a humanidade enfrenta agora. O propósito de explorar a personalidade "como-se" é nutrir a consciência do que pode ser restaurador e regenerativo para cada pessoa e cultura.

## Referências

Aciman, A. (2021). *Homo irrealis*. Farrar, Straus and Giroux.

Arendt, H. (1976). *The origins of totalitarianism*. Mariner Books.

Jung, C.G. (2009). *The red book* (S. Shamdasani, Ed.). W.W. Norton.

McFarland Solomon, H.M. (2004). Self creation and the limitless void of dissociation: The "as-if" personality. *Journal of Analytical Psychology*, 49(5), 635-656. doi: 10.1111/j.00218774.2004.00493.x.

# 1
# Como-se definido

Esta parábola de *O processo*, de Franz Kafka, relata o problema da pessoa "como-se" que não compreende como manifestar o que é seu e como habitar sua existência:

> Chega ao porteiro um camponês que implora para entrar. Mas lhe diz que não tem permissão para entrar no momento. Mais tarde, talvez. Nisso, o homem permanece até o fim de sua vida. Nesse momento, o porteiro diz que ninguém mais tinha permissão para entrar, exceto o homem, e agora a porta será fechada. O ponto é que não nos apercebemos de que a intangibilidade do que confrontamos não se origina em nossa essência oculta, mas na nossa acessibilidade (Franz Kafka, 2022).

Elas não atravessam a porta como na história porque não sabem que é sua. Para destacar mais a importância desse problema, em 2018 a *Time Magazine* publicou um artigo acompanhado por um vídeo curto intitulado "Sim, a síndrome do impostor é real. Aqui, está como lidar com ela". A impostora, e o que é aqui chamado a personalidade "como-se", é definida pela pergunta central: Quem realmente sou?

Quem é essa pessoa? A resposta refletirá um profundo senso de identidade, algo como "O que você realmente quer?" Isso significa objetivos, propósitos, sentidos na vida em vez da resposta superficial para a pergunta superficial "Qual é seu nome e de onde você é?" Identidade nesse sentido mais abrangente não é determinada, transmitida ou inconsciente. Em vez disso, é algo moldado e determinado ao longo do tempo. A identidade de uma pessoa é seu foco como refletido nas paixões que dão direção à vida.

Uma mulher ouve uma voz. Ela está sonhando? Parecia tão real e presente em sua sala. *A voz da mulher disse: "Agora é a hora de curar, começando do passado"*. Ninguém estava na sala quando Loggan acordou. De quem era a voz que ouviu? O que tem o passado? Qual era a cura? Todas essas são perguntas cobertas nessa exploração da personalidade "como-se", que descreve uma mistura de talento e dilema, afetando a vida nas esferas social, pessoal e cultural, e combinando tanto os domínios consciente quanto inconsciente.

O chamado no sonho deve se tornar quem ela realmente é. Isso aponta para um processo de crescimento e desenvolvimento, e, como diz o sonho, significa ir do passado ao presente para a cura ocorrer. O sonho, embora curto, é diretivo e a voz parece surgir do si-mesmo maior, ou da parte da personalidade que dá clareza e direção. Sinaliza que a necessidade de acessar uma ordem mais elevada de ser como cura exige entrelaçar o passado pessoal, coletivo, cultural, familiar e relacional. Quando o passado é compreendido, o presente pode se expandir.

Um homem comentou:

> O espelho estava em um espaço pelo qual passava todos os dias. Embora não tivesse de olhar nele, eu olhava e não me sentia bem no espelho independentemente de como olhava. Todo dia passava por aquele espelho e olhava para um homem que estava magoado e confuso.

Esse pequeno comentário é típico da personalidade "como-se". Há um baixo nível de desconforto, uma separação desconfortável que se adere inclusive aos menores momentos. Gradualmente, o sentimento se torna parte de cada dia, um nível de desespero que cresce até que seu ruído estrondoso abafa qualquer presença para a pessoa. Muitas tentativas são feitas para escapar do desapontamento e peso interiores. Essa é uma parte da complexidade por trás das máscaras adotadas e ilusões produzidas por esse tipo de personalidade. A tentativa de dissimulação funciona ativamente para mistificar e enganar tanto essa pessoa quanto outras.

Essa pessoa possui uma relação empobrecida ou emocional e fisicamente desconfortável com o mundo disfarçada por sua apresentação de brilho e esplendor. Não podem, mesmo momentaneamente, ser vistas de perto, por baixo da pele. Outras podem percebê-las como vencedoras, como tendo chegado lá, mas muitas vezes estão internamente vazias, desiludidas, ansiosas, confusas, alienadas e, sobretudo, distanciadas de si. Parecer bem-sucedidas para outras não preenche os espaços internos vazios.

Uma mulher descreveu: "Hoje tive um momento de sentimento real. Usualmente, sou outra pessoa. Mas, agora, compreendi e pude ver a diferença pela primeira vez". A pessoa "como-se" narra uma história de história pessoal e coletiva das vicissitudes secretas com a qual se envolve. Essa personalidade tem uma propensão para ilusões e poses, uma impostora baseada em distresse interno e confusão psicológica. Ela sente sua alma arruinada a partir de dentro, pululando pela instabilidade e sofrimento da existência.

A pessoa "como-se" ainda tem de percorrer a estrada para o interior, mesmo quando defrontada pelas verdades que sabem inconscientemente, incluindo insatisfação e descontinuidade. A coragem necessária está lá, mas ainda tem de ser reconhecida e acessada. A pessoa "como-se" não pode parar tempo o bastante para fazer isso. Contudo, em algum ponto, a vida a alcança e ela deve tratar dos problemas anteriormente negados. O processo se desenvolverá da bruma de negação para a experiência da presença. Essa é uma jornada para o interior para se desenvolver para o exterior.

O sonho: Estou fazendo uma apresentação sobre a personalidade "como-se" e alguém me pergunta como faço isso. Digo que acho que sempre senti um tipo de sentimento flutuante – não sei outro modo de expressar isso. Mas também sempre, ainda mais, tive esse sentimento de que nada é muito real – o que estamos fazendo – e é um pouco estranho. Tudo isso sempre esteve presente em meus sentimentos e em meus pensamentos. Fazia me sentir deslocada e sem chão enquanto me movia pela vida.

Esse sonho posicionado no começo do processo analítico de uma pessoa apontava para encorajar o processo de individuação e de encontrar sentido na vida. O sonho descreve minha razão para escrever este livro. Há tantas pessoas que se sentem do mesmo modo, deslisando pela superfície, mas sem viver realmente. Essas pessoas estão internamente isoladas, embora pareçam competentes, criativas, inusuais, com perspectivas peculiares, mas inseguras. O que seu espelho interno mostra que elas acreditam e negam?

Essa pessoa "como-se" exibe uma abordagem elusiva, volátil e muitas vezes dramática da vida, mas disfarça o abismo interno. Ninguém deve ver sua fragilidade emocional, interpessoal e comportamental. Ela tem um sentido subjacente de desconfiança e falta de confiança em seu lugar no mundo. Preencher a vacuidade com pessoas, lugares e coisas é uma tentativa de compensar o sentimento de ser irreal. Essa vacuidade muitas vezes surge de feridas emocionais iniciais e de uma falta de vínculo correto ou próximo o bastante com cuidadores consistentes. Quando adultas, essas pessoas se tornam histriônicas, necessitando de atenção e parecendo superficiais. A pergunta é... como preencher a lacuna para acessar quem realmente são.

Elas se relacionam com o mundo pela imitação, embora a adaptação do "como-se" ocorra às custas da autenticidade. Elas se sentem tão planas quanto a tela da mídia social, ainda que muitas vezes ocultem isso de si e de outros. Os sinais de divisão interna estão presos em feridas pessoais, culturais e históricas inconscientes. Esses incluem processos incompletos de luto, problemas intergeracionais e ansiedades arquetípicas. O inconsciente apela para ser mais profundamente conhecido, as relações com o si-mesmo e com outros abertas em vez de fechadas, a vida não é mais evitada com distanciamento emocional, compulsões ou perfeccionismo.

Esse tipo de personalidade, embora disfarçadamente inteligente, sente distresse emocional e psicológico, perseguida por objetivos e aspirações ainda não realizados junto à pressão de nada jamais ser o bastante. "O que para a mente racional parece uma falha é muitas vezes uma chave profundamente misteriosa para o segredo da vida individual... Quando patologizamos as fraquezas humanas em nosso modo persistente, tentando subjugar e "purificar" a vida, matamos a alma" (Hinton, 1993, p. 58). Um enigma para si e para outros, as pessoas com esse tipo de personalidade são impenetráveis, evitando a si e relações íntimas e apreensivas por estarem presentes. Essas pessoas "se defendem contra aspectos da realidade concernentes à ausência e à perda intoleráveis para elas" (Colman, 2006, p. 22). Elas necessitam das ilusões e idealizações dos outros focados nelas, de modo que a vida possa parecer diferente do que é. Elas constroem um pacote sólido e apertado como uma defesa. Em sonhos podem aparecer inapropriadamente vestidas ou insuficientemente preparadas porque não se sentem prontas para a vida.

Loggan sonhou: Percebi uma pequena porta no fundo de meu *closet* e vi que estava destrancada. Fiquei apreensiva com o fato de que todo esse tempo tranquei meticulosamente as portas da frente e dos fundos de meu apartamento e sequer sabia que essa porta existia. É uma porta estreita que separa a parede de meu apartamento do corredor. Senti-me vulnerável e tranquei a porta. A fechadura é apenas uma pequena tranca e não parece forte o bastante para me manter segura.

Ela disse: "Quando acordei no dia seguinte fui defrontada pela porta misteriosa que não conhecia ou vira anteriormente". O sonho deixou Loggan muito agitada emocionalmente, despertando-a para algo esquecido ou ignorado. Ela não só estava intrigada como também assustada, uma vez que pensava ter sido cuidadosa e preparada, mas não havia percebido a porta. Como isso aconteceu e o que poderia representar? Um único sonho, como esse, notável por sua surpresa, poder e simplicidade pode mudar completamente o humor e as intenções durante o dia, semana e futuro previsível.

"Na análise, o refletor é o sonho, que pode espelhar a psique à realidade e a realidade à psique" (Shorter, 1986, p. 182). Loggan não poderia se livrar do sonho ou de seu sentimento, e de o mencionar de vez em quando durante a análise. Olhando para o sonho em busca de pistas, a pequena porta expressa que há material oculto e agora há apenas uma pequena tranca nele. O que há dentro da porta? Para onde leva? Por que passou despercebido no fundo de seu *closet*? Ela reage como se a porta representasse algo desconhecido ou ameaçador à sua estabilidade emocional. Quando conversamos, Loggan se deu conta de que estava se defendendo contra alguns aspectos que considerava vergonhosos. Essa atitude bloqueou a capacidade para imaginar; contudo, o sonho e sua memória ativaram o material agora necessário.

O que foi excluído da consciência estava inconscientemente mantendo-a prisioneira. Isso é indicado pela porta inseguramente trancada, e mais perturbador pois sequer sabia de sua existência. Se a trancasse, se sentiria segura, mas e agora? O que poderia estar espreitando em sua personalidade que ela tentara ignorar? O momento do sonho é importante, uma vez que abriu um espaço de exploração no caminho acidentado da autodescoberta. Um pequeno sonho, uma pequena tranca e uma pequena porta, porém, que se abria para um vasto e até agora desconhecido espaço.

O sonho leva Loggan a acessar porções da personalidade necessárias à psique para ajudar a realizar a individuação e uma conexão mais profunda com a vida. O sonho posicionado no começo de seu processo analítico a está levando a si. Contudo, isso será mais complexo do que ela pensava, envolvendo mais do que apenas trancar a porta.

No fim, esse tipo de personalidade exige muito tempo de preparação e quer se desempenhar bem, mas muitas vezes não consegue e desiste. Loggan parece irreal, vivendo "como-se", etérea; sente que não tem muita importância. Magoada, a ninguém conta a totalidade do que quer e necessita. Todavia, está aborrecida pela rotina e pelo cotidiano porque não é excitante nem glamuroso. O mundo da fantasia tem um apelo mais brilhante, mas nunca está satisfeita e sempre necessita de mais.

De fato, não formou adequadamente uma identidade segura, o que tornou as relações com o si-mesmo e com outros uma série de infortúnios e más escolhas. Seu comportamento e formas de se relacionar podiam incluir elementos agressivos e autodestrutivos, muitas vezes ocultos do alcance de outros. Temendo estar atrás e não poder alcançar, sente-se derrotada e perdida. Necessitando ser perfeita e maravilhosa, detesta a mediocridade, especialmente a sua. Todavia, vê-se presa em ciclos de pensamentos negativos, autodepreciativos a ponto de paralisar. Nesses ciclos, não consegue ver onde se encaixa ou o que desenvolver. Devido à sua confusão interna, imitação e falsidade assumem o controle. Ela se torna uma impostora para si.

Seu discurso interior é composto de si-mesmos que não é capaz de enfrentar quando a levam a lidar com a pergunta: "Quem sou?" Ela deveria ser alguém, mas não quem ela é. Há também várias dissociações entre mente e corpo, uma vez que a personalidade está despedaçada. Esse é o conflito, com o escrutínio negativo interno marcando a realidade desapontadora e repleta de rejeição antecipada. Ela é uma espectadora; mantém-se a distância para outros, ainda que necessite deles, enquanto simultaneamente assuma ser mais esperta e mais atraente. Nesse conflito eterno, sente-se separada por uma grossa cortina que não pode abrir.

## Falso si-mesmo

O *falso si-mesmo* é um conceito formulado pelo psicanalista britânico Donald Winnicott em meados do século XX. "Uma palavra como si-mesmo sabe mais do que nós, usa-nos e pode nos comandar" (1987, p. 158). O falso si-mesmo é um termo popular, embora poucos se apercebam do quanto a personalidade está comprometida. A construção do falso si-mesmo não é um substituto para o verdadeiro si-mesmo, mas serve como uma cobertura protetora para ele. Contudo, personalidade "como-se" é "construída a partir das primeiras experiências tentando estabelecer o si-mesmo diante de um ambiente vazio ou inapropriado que está tão dessintonizado com a realidade subjetiva do si-mesmo que parece não ser visto e/ou nocivamente relacionado a ela" (Solomon, 2004, p. 641).

"O Falso Si-mesmo tem uma função positiva e muito importante: esconder o Verdadeiro Si-mesmo, o que faz aquiescendo às exigências ambientais" (Winnicott, 1987, p. 146-147). Com o *ver-*

*dadeiro si-mesmo* Winnicott se refere à identidade autêntica com a qual a criança nasceu. A ideia é que as crianças dependem de seus cuidadores iniciais não somente para satisfazer suas necessidades básicas de sobrevivência, mas também para responsividade emocional confiável, acurada e empática. Quando isso não ocorre, o falso si-mesmo protege, defende e impede danos ao verdadeiro si-mesmo. Desenvolve-se quando a criança é submetida ao que se impõe, rejeita ou abandona a experiência da criança. Quando isso ocorre, a criança perde cada vez mais a sensação de iniciativa e espontaneidade. "Há um sentimento crescente na pessoa de futilidade e desespero" (p. 133). O falso si-mesmo se desenvolve através da falha ambiental inicial, e o verdadeiro si-mesmo potencial é não realizado e oculto. Christopher Bollas, psicanalista americano, chamou isso uma sensação de "predestinação" (1989, p. 33).

Os pais não estão sintonizados com o desejo natural da criança de ser alentada e assertiva. Os pais podem querer uma criança aquiescente que exerça pouca vontade independente com afeto e comportamento modulados e contidos. A criança se torna responsiva aos desejos desses pais que são quase totalmente inconscientes dos aspectos imaginativos e criativos dela. Eles exibem não responsividade e abandono emocional recorrentes e/ou intermitentes. "Quando a mãe [e o pai] não pode se adaptar bem o bastante, a criança é seduzida por uma aquiescência, e um Falso Si-mesmo aquiescente reage às exigências ambientais e a criança parece aceitá-las" (Winnicott, 1987, p. 146). A aquiescência, conformismo e submissão externos da criança são centrais à constelação do falso si-mesmo.

Uma emoção básica necessita ser ou não satisfeita ou satisfeita de forma não confiável, a criança gradualmente aprende a desconfiar não somente do ambiente como também do si-mesmo. Uma desconfiança básica se desenvolve porque as crianças dependem dos primeiros cuidadores para espelharem suas experiências emocionais acuradamente. Por meio desse espelhamento acurado, elas aprendem a rotular suas emoções e a confiarem na validade de suas experiências internas. Quando os pais não reconhecem ou respondem suficientemente às necessidades básicas da criança, ela se sente invisível e sozinha. Essa criança fica se perguntando o que está errado com eles. Winnicott via essencialmente o falso si-mesmo como uma "defesa contra o impensável, a exploração do Verdadeiro Si-mesmo que resultaria em sua aniquilação" (1987, p. 141).

O ego ou sensação de "eu" na personalidade "como-se" é frágil e frequentemente ameaçado de desintegração. A sensação do si-mesmo ou de concretude de ser é muitas vezes fragmentada. Experiências, tanto internas como externas, são repletas de confusão emocional. Há um sentimento de grandiosidade e desconforto quando criticada, e uma dependência do reconhecimento e elogio de outros. Soa extremo, mas há uma vulnerabilidade aterrorizante. Isso é composto pela pessoa "como-se" sendo insuficientemente enraizados no corpo, de modo que psique e soma não pareçam solidamente coesos.

Para proteger e evitar, a criança e depois o adulto aprendem a se conformar por meio da adoção de uma atitude social polida e aquiescente. O processo é destinado a manter o verdadeiro si-mesmo, mas em um estado oculto. A apatia emocional de um dos pais e a inabilidade de o fazer feliz deixa uma fissura na personalidade. Um buraco negro de depressão se origina não somente do medo e desejo dual de conexão, mas também com a percepção de que não é iminente. Isso envolve uma forma de afastamento da e para a mente, para um pretenso mundo e para as ilusões necessárias para evitar imposições do mundo exterior. O que pode assumir o controle é a autocondenação por ser imperfeito. Isso pode levar à perda da vitalidade sem acesso ao verdadeiro si-mesmo. A pessoa "como--se" age como se pudesse ser isso ou aquilo, capaz de agir sem jamais realmente ocupar um lugar de profundidade ou substância.

A transferência terapêutica e qualquer relação pode se tornar complicada e caracterizada por ninhos sutilmente escondidos de desconfiança – disfarçada, negada e difícil de abordar. Quando a autocompreensão cessa e os sentimentos oprimem, tudo está oculto dos olhos de outros. Perseverar através disso e com o desespero acessado na terapia, as atitudes adaptadas da pessoa "como-se" e as respostas aprendidas podem começar a mudar.

## A impostora

Tem havido uma falta de descritores e atenção séria à personalidade "como-se" ou impostora na literatura psicológica. Muitas abordagens centram em ideias "como" para reparar o comportamento sem atentar ou incluir o inconsciente. Isso reflete uma falta de profundidade ou curiosidade psicológica para com a complexidade desse tipo de personalidade. O termo popularizado e as descrições da síndrome do impostor não atingem adequadamente a profundidade do distresse que se estende para além das fronteiras da cultura, classe social, *status* ou economia. Sem o simbólico e o inconsciente e da exploração de sentidos mais profundos, a totalidade de uma pessoa é inadequadamente tratada, deixando-a em um apuro de sofrimento e distresse.

A vida da pessoa "como-se" se baseia em uma fachada, em posar, incapaz de acessar um si-mesmo sólido e confiante. "Pois nada há no que se segurar. Sou feito e refeito continuamente. Diferentes pessoas tiram diferentes palavras de mim" (Woolf, 1931, p. 58). Essa é uma personalidade presa na imagem, tentando o ideal, sem a habilidade de ser seu si-mesmo individual. Para a impostora que baseia sua vida no autoengano, a realidade do si-mesmo é dolorosamente repleta de vergonha.

Arraigada na necessidade de proteção e autoconfiança, a impostora se metamorfoseia para se adequar à situação. Uma impostora não sente uma identidade definitiva e opera na ausência de um si-mesmo completamente cognoscível. Portanto, qualquer insulto pode incitar derrota. Essas pessoas, muitas vezes bem-sucedidas , temem ser descobertas ou desmascaradas como incompetentes ou incapazes. O sucesso não pode ser solidamente atingido ou mantido porque a personalidade é enfraquecida internamente, suas partes, díspares, e sua identidade desconectada. Elas podem parecer vivas, mas se sentem sem vida como um manequim.

A cada dia surge a pergunta sobre o que costuma vestir. O costume representa um ego/persona ou uma imagem externa para abordar a vida. A persona parecerá intacta, mas, sob o disfarce, a personalidade está despedaçada. A pessoa "como-se" tenta evitar ansiedade, solidão e perdas emocionais. Afastam-se da realidade, uma vez que se sentem impotentes para lidar com ela. A criação desses mundos alternativos impede o acesso ao interior para os meios de autopreservação (Modell, 1996, p. 77). A identidade muda para agradar, destacar-se ou para se adequar, mas, basicamente, para evitar profundidade e visibilidade. Assim, ocupado em aquiescer às restrições externas pessoal, cultural e socialmente impostas, o si-mesmo verdadeiro se tornou indisponível. Notada ou não, essa pessoa está oculta, embora em plena vista.

A busca pela imagem manufatura uma existência falsa. A personalidade se tornou parcial, adornada por um exterior consciente e cuidadosamente arranjado para ocultamento interior. A personalidade "como-se" expressa somente um lado em favor do papel externo aprovado, reprimindo qualquer coisa considerada inaceitável ao grupo. Isso poderia parecer inflação e grandiosidade, mas está estabelecido, de modo que a personalidade não se desintegre.

O regime de imagens impostas ao corpo externamente cria violência e raiva voltada para dentro, levando a uma desaparição consequente do corpo. Separada de seu núcleo afetivo (Modell, 1996, p. 150), essa pessoa perde o contato com um si-mesmo autêntico, isolando-se de outras. Um si-mesmo independente ou um si-mesmo onipotente está convencido de que não necessita de outros devido à ausência evidente de segurança. O si-mesmo é sentido como frágil e vulnerável, vazio e morto, como se nada estivesse lá (p. 151). A escuridão interior, a sombra, o potencial e a energia se encontram sob a superfície, fazendo com que essa pessoa pareça frágil, vazia e falsa. T.S. Eliot (1998), em seu famoso poema "A terra desolada", escrito em 1922, refere-se às imagens da vida como danificadas ou sem sentido algum.

Como um exemplo, na próxima narrativa, o processo gradual de autoalienação e o desenvolvimento da impostura começaram na infância. Tahira disse que não sabia agir de outro modo agradando e parecendo feliz, que jamais teve noção de quem realmente era. Ela mencionava memórias ternas de ser jovem e passar horas com seu pai que inventava histórias sobre pessoas. Cada uma era mais extravagante e encantadora do que a outra. Ele era inteligente, maravilhoso, e se esforçava para inventar razões para suas muitas falências e casos amorosos. Seu pai era um impostor, e fazia tudo parecer mais glamuroso do que era. O real era irrelevante, como a honestidade, para esse pai sempre em dívida, inventando a realidade. Ela o admirava. Ela também aprendeu a não revelar seu si-mesmo real aos outros e também inventava histórias.

Ela mantinha quase tudo em segredo e alterava a verdade para fazer com que parecesse melhor e mais palatável para si e para o mundo. Receava que sua opinião magoasse outras pessoas e achava que não deveria onerá-las com sua infelicidade. Enquanto considera agora, sempre foi envergonhada, mentindo sobre sua infância, a pobreza da família, um lar sem satisfação emocional ou prazer, desejando ser como outras pessoas. Mas havia um abismo, e ela não sabia como cruzá-lo, de modo que fingia, como seu pai ensinou. Sempre houve a preocupação persistente de que seria julgada por fazer algo errado. Como resultado desse medo de ser julgada, deixava-se por último. Fazia com "como-se" tudo estivesse bem, mas era miserável, trabalhando duro para criar uma imagem e esconder o real, principalmente também de si. Agora, em seus mais de 50 anos, pergunta-se por quanto tempo pode manter a fachada.

Tem estado ocupada fazendo a vida uma peça, encenada, oferecida ao aplauso de outros. Esse drama se desenrola às custas da vida real. Mesmo com o pai extravagante inventando histórias de deleite aparente, ela se defrontou, desde muito cedo, com desilusão em sua pobreza econômica, seu lar instável, suas mudanças frequentes. Entristecida e lutando para ser diferente, sem roupas suficientes, por vezes, sem comida ou atenção básica, aprendeu a pospor seus desejos. A história apresentada ao mundo era tudo está bem, mas por trás dela jaziam outras verdades, daí a necessidade do ardil da impostora.

A impostora é muitas vezes cheia de vergonha e medo, enfrentados com seu desempenho destacado. Quando a vida é baseada em ser uma atriz, obtendo aprovação, preocupada em ser aceitável a algum padrão elusivo, ela não tem como reconhecer o distresse interno. Ele deve ser enterrado a cada dia. Não há conforto, somente uma observação nervosa e uma hipervigilância. Paz e satisfação são desconhecidas diante da necessidade de exercer controle e eliminar sofrimento.

Basicamente, Tahira era profundamente infeliz. Como tanto lhe havia sido negado e oculto, a pessoa "como-se" finge, e essa atitude fomenta a descontinuidade. Essas pessoas não são o que parecem. O mundo muito cedo não deu apoio para autenticidade, e isso resulta em perplexidade sobre como viver. Quando crianças, são solitárias, deprimidas e sensíveis à atmosfera ambiental. Quando adultas, o padrão é repetido.

Tahira estava em uma sociedade de longo termo infeliz. Ela nunca falava de sua infelicidade para a família e fingia para os amigos. Internamente, estava buscando por uma rota de fuga. Todavia, temia a raiva, inclusive a fúria, de seu sócio. Estava presa por seus medos e preocupações. Estava insegura sobre como sobreviver; sempre se sentia desconfortável, envergonhada, preocupada e depois aquiescente.

## Sonhos

Tahira sonhou que estava em uma praia e três homens vestindo capas pretas com um bando de pássaros pretos atrás deles passaram por ela. Um deles deixou cair um livro com a capa decorada por joias e as páginas em um estilo de manuscrito antigo. Quando procurou a imagem online, descobriu que era um códex alquímico da Idade Média. Essas são imagens poderosas de brincar e investigar, e a levaram ao mistério dela. O que ela tinha a ver com isso? Ela ainda não apreciara a riqueza de sua psique ou a profundeza de compreensão que poderia adquirir. Ela não se apercebeu do valor do códex ou do conhecimento que continha aparecendo em seu sonho.

No processo analítico junguiano, ela está desvelando seu passado, que não é o que lhe contaram. A repressão que resulta de tentar não se tornar consciente de desejos ou desvelar segredos contribui para confusão psicológica. A descida ao inconsciente leva a uma revelação sobre as verdades de sua herança. Esse e outros segredos da família e dela emergem. Essa imagem onírica com seu simbolismo e raízes históricas está além do pessoal e atinge o inconsciente coletivo, o depósito de imagens e sentidos. Esses a estavam guiando ainda mais profundamente para a resposta à pergunta: Quem realmente sou?

Jung descrevia sonhos como a tentativa da psique de comunicar coisas a quem sonha sobre o que realmente está ocorrendo. São representações simbólicas dos elementos na psique da pessoa que sonha. As associações pessoais com o sonho, assim como as amplificações das imagens com temas arquetípicos, coletivos e culturais, preenchem a atitude consciente. Isso compensa pelo que é incompleto na personalidade.

Sonhos são compreendidos pelo desvelamento de seu significado, momento e sabedoria. São um rico depósito de informações pessoais e coletivas, guiando e auxiliando a narrativa de autodescoberta. São veículos para a incorporação do mundo invisível que se tornou visível por meio de suas metáforas e imagens. "A eliminação do simbólico, da polissemia, é um dos extermínios fundamentais perpetrados por essa ordem, uma vez que o simbólico é a verdadeira subversão da ideologia" (Bollas, 1998, p. 161). Sonhos refletem problemas pessoais, culturais e coletivos específicos de cada época e, todavia, além dela. Jung escreveu: "[O] sonho é uma autorrepresentação, em forma espontânea e simbólica, da situação atual do inconsciente" (OC 8/2, § 505). Como o sonho de Tahira, sonhos buscam *insight* e aumentam a consciência ao também estarem à frente da consciência de quem sonha.

Personagens em sonhos podem parecer unidimensionais, como atores em uma peça, embora outros demonstrem profundidade psicológica. Encontramos esses personagens cujas ações elicitam uma série de respostas físicas e emocionais. Por meio de suas palavras, faces, expressões, vozes e maneirismos, levam-nos a inúmeras interações, algumas conhecidas, outras desconhecidas. Sonhos encorajam envolvimento emocional em suas narrativas.

Sonhos revelam o que foi perdido e refletem o ritmo de como vivemos internamente. São um estudo dos processos e complexos psicológicos que afetam o desenvolvimento. As desconexões e dissociações do si-mesmo também são uma busca pelo si-mesmo, terminando por assumir o interior da pessoa. Como Jung disse: "Esta luta realmente tem algo a ver com a criação, com o duelo entre negação e afirmação" (OC 5, § 72).

Um dos dons da psicologia profunda é a capacidade de compreender as forças invisíveis que operam no inconsciente. Entendemos seu contexto e compreensão quando prestamos atenção aos sonhos. Por anos, Tahira negligenciou sua vida interior com sua riqueza de imagens e símbolos. Agora, está retornando por meio do mensageiro na capa preta. Ela deve explorar esse texto que trata de alquimia, do místico, o masculino lhe dando esse presente, o significado de sua capa preta de outra época anterior e o que tudo isso significa para sua vida. Nesse ponto, ela nada sabia sobre alquimia ou sobre o valor do códex até checar no Google e ficar muito surpresa.

O sonho é um fato psíquico e um autorretrato espontâneo, de forma simbólica, espelhando a situação no inconsciente. A psique é autorreguladora, buscando compensar a atitude consciente. O sonho não é isolado nem separado da vida cotidiana; é apresentado para restaurar o equilíbrio e a integridade. Sonhos revelam problemas pessoais, a situação atual da psique, o passado e o futuro por meio das imagens apresentadas. No processo de se tornar conhecida para si e de destacar as camadas constituídas de segredos familiares, o significado simbólico do sonho revela verdades.

Sonhos ajudam a liberar, clarificar a psique quando reflete problemas pessoais e coletivos, oferecendo complexos, pontos fortes e valores em uma busca por informações e orientação. Em sonhos, descobrimos nossas várias partes, libertando a atitude psicológica para a autorreflexão. Se a pessoa que sonha pode compreender e aplicar o que o sonho está dizendo, os desequilíbrios existentes mesmo através das gerações podem ser corrigidos. Todas essas oportunidades estão implicadas no sonho de Tahira.

## Definindo o si-mesmo

O si-mesmo, como definido na psicologia analítica junguiana, transcende o ego como o centro da consciência. Está além dele e contém mais do que pode conhecer na sua esfera da consciência. O si-mesmo é considerado o princípio organizador central da psique inteira. Esse é um conceito complexo, uma vez que Jung usou muitos descritores do si-mesmo, abrangendo uma série ampla de definições e símbolos enquanto o refinava e clarificava. Ele descrevia o si-mesmo como um termo inclusivo que abrange nosso organismo vivo inteiro (cf. OC 7/2, § 303). O si-mesmo é um conceito central que se refere à expansividade da personalidade, unindo consciente e inconsciente, e dando sentido à existência. O si-mesmo alenta, guia e estende a personalidade no caminho contínuo da individuação. "O si-mesmo é um centro interno, orientador, cujas energias se manifestam simbolicamente" (Schwartz-Salant, 1982, p. 18). As imagens do si-mesmo coalescem na direção da integração da personalidade. Warren Colman, analista junguiano britânico, descreve o si-mesmo como "o centro da personalidade e o objetivo da individuação, mas também como ação que permite a totalidade do ser" (2008, p. 364).

O si-mesmo é numinoso, genuíno e mais do que o ego estreito, grandioso ou exibicionista. "A experiência do si-mesmo é a base de nosso ser" (Colman, 2008, p. 355). É aqui que o simbolismo dos sonhos ilustra o rio inconsciente da vida se abrindo ao conhecimento e acessando a orientação do centro invisível que é o si-mesmo (cf. OC 5, § 77). O si-mesmo é vasto, a maior parte de uma pessoa tentando ser realizada e levando o ego para além de sua realidade conhecida. O si-mesmo como o outro interno é também o que facilita a transformação (Schwartz-Salant, 1982, p. 20). A orientação do si-mesmo dá um senso de direção, identidade pessoal e sentido. "O si-mesmo representa a totalidade... na direção da formação do ego e da consciência, mas vai além na direção da individuação... [há] o caráter progressivo do si-mesmo" (Neumann, 1971, p. 131). O desenvolvimento psicológico que melhora a vida leva ainda mais longe para a consciência do si-mesmo. Esse não é um conceito que pode ser contido ou mantido estático. Está sempre se movendo e é elusivo; está lá sem ser visto.

Quando o desenvolvimento é obstruído, experiências do si--mesmo podem permanecer suprimidas, somatizadas, expressas de formas impraticáveis para seu desdobramento. Quando o verdadeiro si-mesmo deve se dividir, a pessoa "como-se" é depletada de energia (Schwartz-Salant, 1982, p. 135), separada da realidade, com seu mundo interior em desordem. A pessoa "como-se" muitas vezes se sente internamente dividida e separada dos aspectos mais profundos do si-mesmo, especialmente da experiência corporal (Colman, 2008, p. 362). Seu comportamento se torna destrutivo, indicando que está em discordância consigo. Sem registrar necessidades corporais básicas ou quando trata o corpo como um objeto distante, os sentimentos do si-mesmo e do si-mesmo corporal estão desconectados.

A vida pende por um fio; ansiosa, ela não conseguirá o que está buscando, é perseguida por inseguranças.

> Essa colisão entre a imagem que uma pessoa tem de si e o que de fato é, é sempre muito dolorosa e há duas coisas que você pode fazer sobre isso: você pode ir direto ao encontro da colisão e tentar e se tornar o que realmente é ou pode se afastar e tentar permanecer o que você pensava ser, o que é uma fantasia, na qual você certamente perecerá (Baldwin, 1985, p. 244).

Essas pessoas se mantêm coesas através de rotinas e esquemas para seguir em vez de seguirem instintos naturais. O físico se torna opressivo, e ficam facilmente descentradas, sem base no mundo. Quando algo dá errado, sentem como se sua sobrevivência se tornasse precária e ameaçada.

## Perfeccionismo

Um dos marcos da personalidade "como-se" é o perfeccionismo. Qualquer coisa que possa desagradar é excluída, e a pessoa "como-se" visa a evitar o que quer que possa ser interpretado como discordante ou distorcido.

> Se fosse resistência apenas, o caso não seria tão grave. Na realidade, porém, emana desse substrato anímico, desse espaço obscuro e desconhecido uma atração fascinante, a qual ameaça tornar-se tanto mais avassaladora quanto mais nele se penetrar (OC 12, § 439).

Essa pessoa é atraída pelo alívio da fantasia, criando imagens, ideias e eventos para cobrir falhas de personalidade assumidas. Há muita vergonha e pânico a ser oculto e negado. Esforçando-se para ser perfeita, adotando uma persona de confiança e segurança, torna-se falsa. A perfeição nunca é satisfeita e inevitavelmente se torna destrutiva. Nada e ninguém são bons o bastante ou duram o bastante. O bem se dissipa facilmente em cada esforço seguinte necessário para apoiar a personalidade. Esse modo de pensar e perceber o mundo ocorre quando uma pessoa cresce sem um senso de apoio, segurança ou cuidado suficiente. Pode ser uma reação a um trauma infantil, expectativas culturais ou reações inconscientes a problemas transcendentais. Parecer perfeita se torna uma estratégia para sobreviver emocionalmente e lidar com a desconfiança em relação ao ambiente, ao si-mesmo e a outros.

A adaptação substitui a autenticidade. Uma vacuidade torturante sinaliza a falta de uma identidade segura. A pessoa "como-se" está sempre desconfortável e necessita de validação e avaliação positiva de outros. Elas devem ser estelares e sem quaisquer problemas, ou há a pressão do desespero e da derrota. O senso de identidade sólida é facilmente comprometido no abandono antecipado para qualquer infração. Angustiada com o menor detalhe e avaliada quando tem um mau desempenho, a reação da pessoa "como-se" se baseia na baixa autoestima e se sente combalida e sem reservas ou defesas para superar.

Pensamentos e ações de autonegação são confrontados com padrões de perfeição. Na apatia progressiva do si-mesmo, a pessoa entra em um tipo de divagação, repetindo as perdas originais enquanto escapa da introspecção. Relacionamentos são baseados em inautenticidade oculta e aprendida. Embora social com a apresentação esperada, aparentemente capaz de acolhimento, sua profundidade emocional é inibida e se sente incapaz de emergir ou ser seguramente vista.

Criar uma imagem falsa e agir por aprovação a protege contra isso e contra o mundo. O foco é na inadequação e na desconsideração interna. Isso é compensado pela busca pela perfeição como se pudesse retificar a falta enquanto a vacuidade permanece irresolvida. Além disso, há uma relação entre perfeccionismo e depressão. Invadida por humores sombrios, a psique melancólica é confrontada pelo medo do colapso, oprimida pelas expectativas assumidas de não estar à altura. A autorreprovação tem um peso grande nessa personalidade. Ansiedade, não pertencimento, solidão e sofrimento genuíno se misturam com o sentimento de ser incompreendida, diferente de outros, insignificante, imperfeita, dominada por conflitos internos. Há isolamento, identidade fraturada, personalidade fragmentada e dividida. O distresse emocional foi obscurecido tão habilmente e muitas vezes inconscientemente que o véu de perfeição não pode cair ou poderia revelar a solidão subjacente.

Há também o problema do autodesprezo, que indica "uma divisão básica entre o ego e o si-mesmo quando o ser espontâneo da pessoa é sempre odiado, temido e atacado" (Colman, 2008, p. 363). Há uma necessidade frenética de evitar o impacto da vergonha e do autodesprezo. O ódio volta uma pessoa contra seu si-mesmo com desejos de destruir e não é facilmente erradicado.

> O ódio é paradoxal. Provém de origens traumáticas e envolve mecanismos de defesa primitivos do si-mesmo... mas se manifesta em um nível sofisticado de consciência no qual fragmentos do ego coalesceram, embora de uma forma distorcida, para formarem um complexo determinado (Weiner, 1998, p. 499).

Em outras palavras, o ódio do si-mesmo, orientado pelo perfeccionismo, leva à paralisia, à separação interna.

## O problema infantil da falta

Quando a figura parental é muito distante, uma pessoa pode ficar inibida, assustada e incapaz de acessar a asserção saudável. Isso deriva de um roteiro duradouro de inferioridade e agressão voltado para si. Como Jung comentava: "criança se encontra de tal modo ligada e unida à atitude psíquica dos pais, que não é de causar espanto se a maioria das perturbações nervosas verificadas na infância devam sua origem a algo de perturbado na atmosfera psíquica dos pais" (OC 17, § 80).

A união entre os temperamentos dos pais e da criança é inadequada se os pais são egocêntricos, deprimidos e preocupados, ou, por outro lado, emocionalmente não confiáveis. Nesses casos, a imagem que os pais têm da criança era de alguém que nada necessitava deles. Essas se tornam perfeitas crianças proverbiais das quais se espera que se comportem com maturidade além de seus anos, "como-se" fossem competentes, mas muito jovens. Contudo, a criança obedecia e moldava seu comportamento para se encaixar na família e na cultura. A criança satisfaz as expectativas dos pais, mas ao longo do tempo perde quem realmente é. Quando o bem não está disponível, responde com protesto, desespero e distanciamento.

Essa forma limitada de identificação é problemática. As interações traumáticas se reproduzem internamente como uma retenção internalizada – uma relação tempestuosa consigo (Modell, 1996, p. 86). Essa pessoa se afasta enquanto o senso de autenticidade pessoal diminui lentamente. A vida é medida pelo que é apropriado em vez de pelo que é genuíno e depende de encenações teatrais com a persona correta socialmente construída.

Falha no ambiente de sustentação parental deixa a criança sem senso de segurança no mundo externo e, assim, um si-mesmo grandioso substitui o real para fornecer proteção mágica (Modell, 1996, p. 88). Pode ter havido violência verbal e/ou física e abuso no lar, denegrição por parte de irmãos ou pais, negligência e necessidades ignoradas. Um ou ambos os pais podem ter sido ditatoriais e duros. O mundo interno não é suportável para a pessoa "como-se" que não pode lidar com a série de sentimentos quando havia pouco modelamento para isso (Zoppi, 2017, p. 703). Essas experiências a afetam e a mudam, deixando-a sua marca, e essa pessoa tem pouco senso do si-mesmo. "Quando crianças, eram solitárias, deprimidas e com sensibilidade inata" (Solomon, 2004, p. 640). Isso passou despercebido. Havia poucas oportunidades para expressar sentimentos ou ter sua realidade subjetiva reconhecida. A criança experiencia o mundo como negando ou tentando destruir sua realidade, levando a sentimentos de desespero e vacuidade.

A depressão que resulta da repressão do que é real é um processo complexo composto de muitos aspectos. Essa ferida pode se tornar um fator de organização central na personalidade, e continuam a reagir, esperando ser feridos novamente. O si-mesmo é envolto em fingimento. Há alienação interna, autodestruição em pensamentos e comportamentos, não necessariamente aparentes para outros, mas assumindo muito espaço na personalidade "como-se". A mente é povoada pela falta.

A relação com o mundo é baseada no imaginário e no fingimento. Isso ajuda a pessoa a se defender contra aspectos da realidade que têm a ver com ausência e perda quando são experienciadas muito cedo como intoleráveis. "O afastamento [psíquico] serve então como uma área da mente na qual a realidade não tem de ser enfrentada, onde a fantasia e a onipotência podem existir sem obstáculos e onde tudo é permitido" (Steiner, 1983, p. 3). A pessoa aprende a adotar um apelo animado, um disfarce que usualmente fomenta projeções positivas, mas que não são vistas nem acreditadas. A consistência do si-mesmo é porosa e o sentimento de valor próprio não está ao seu alcance. O isolamento emocional quer ser satisfeito com adulação. Embora essa pessoa seja muito só, não pode estar sozinha muito facilmente, e é difícil suportar a ausência. A fachada faz com que a pessoa pareça estar lá quando não está. Mas onde está?

## Imagens do corpo

Atenção ao funcionamento interno inclui a presença em vez da pretensão do si-mesmo físico. O corpo e sua conexão expressiva à psique é uma parte importante da personalidade, mas, até recentemente, recebeu comparativamente pouca atenção na psicologia analítica. Reconhecer os aspectos corporais da psique aborda essa lacuna. A cura ocorre por meio da interação e troca física e psicológica recíprocas. A psicologia junguiana busca compreender as comunicações do inconsciente, e o corpo é o lugar no qual a psique fala, consciente e inconscientemente. Pensando sobre nosso corpo, reconhecemos que representa tanto nossa especificidade como nossa multiplicidade – significa examinar e ser consciente do conjunto automático de suposições que temos e projetamos em torno de nossas habilidades físicas, forma, gênero, sexualidade, justiça social, *status* cultural e social.

Tudo que sabemos, fazemos e somos é mediado pelo corpo. "O corpo de uma pessoa é um receptáculo/comunicador de complexos pessoais que não foram integrados por sua consciência, enquanto, no sentido coletivo, constitui a expressão somática do impulso instintivo do Si-mesmo para sua transformação" (Martini, 2016, p. 20).

Adornar-se e melhorar a aparência do corpo é parte integrante à maioria, senão a todas as culturas. Obtemos prazer da contemplação daqueles que são belos e de nos embelezar. Não apenas isso, mas o embelezamento é relativo, como o que é belo em uma situação, de uma outra perspectiva pode ser considerado não atrativo. O embelezamento também pode ser uma fonte de resistência à opressão ao celebrar corpos fora de normas rígidas.

Muitos cenários contribuem para uma imagem corporal danificado por feridas emocionais. Ideias estreitas de beleza criam angústia, autoalienação, distúrbios alimentares, ódio corporal e invisibilidade. Representações diversas de beleza podem ajudar a se libertar da vergonha corporal. Contudo, se padrões tradicionais de beleza são a única moeda para valorizar nossos corpos, permanecemos presos em um paradigma que preserva estereótipos e perpetua um mito de beleza inatingível.

Estados mentais são expressos por meio de fantasias sobre imagem corporal. O corpo é fundamental para nossa consciência, assim como um depósito de memórias que abrange de trauma a alegria. Fisicalidade é um tipo de estágio no qual o sofrimento psíquico pode ser dramatizado e termina aliviado (Sidoli, 1993, p. 187). A preocupação da pessoa "como-se" muitas vezes representa incômodo e desconforto em sua pele. Algo sempre necessita ser alterado, é errado ou deve ser melhorado. Embora o corpo da pessoa "como-se" pareça levado em conta, usualmente, ela não gosta dele e observa seu corpo "como-se" a distância. Ela pode se sentir feia, não atraente, e essa doença está relacionada a uma identidade insegura, a não gostar de ser vista e, todavia, colocando-se à mostra, continuamente se perguntando como os outros a veem e o que pensam sobre ela. Tudo isso vale para a pessoa "como-se" e pode remetê-la a uma depressão e declínio emocionais se seu corpo não está de acordo com seus padrões.

Aparência e beleza são importantes para a personalidade "como-se", expressando a necessidade de aplauso e apelo, de ser atraente, mas permanecer inatingível. Há conflitos com pose, vergonha e desconforto corporal; as roupas são trocadas com frequência como um meio de buscar tranquilidade ou paz. Mas isso raramente ocorre. Exemplificando a cisão defensiva mente/corpo, desvalorizam seu corpo, refletindo uma falta de envolvimento corporal com o mundo. A pessoa "como-se" não pode encontrar facilmente coerência interna ou compaixão. Separada de seus mundos interno e externo, é muitas vezes incapaz de situar seu corpo no espaço.

Para uma mulher, olhar-se em espelhos fora de sua casa provoca um leve choque e a imagem não é tão boa como quando seguramente em casa. A discrepância do privado para o público é uma disparidade seguida pelo juízo e autorreprovação, acompanhados por sintomas de despersonalização e desrealização. É baseada na vergonha e no autodesprezo, na dificuldade de se acalmar, conflitos e lutas internos. Com certeza, esse corpo incômodo complica as relações.

Eventos traumatizantes, falhas de vínculo e opressão, tanto históricos como atuais, definem nossas experiências de como aprendemos a apreciar nossos corpos. Essas influenciam poderosamente as expectativas do si-mesmo, outros e o mundo. Estabelecidos no início, esses padrões de pensamento, sentimento e atuação influenciam como nos movemos em ambientes inseguros e opressivos. Eles se solidificam com uso repetitivo e podem se tornar resistentes a modificações com tempo, mantidos no lugar por hábitos físicos e fisiológicos automáticos e inconscientes. O corpo, então, torna-se um complexo negativo e, como tal, é um dreno na psique. O ponto da análise é desvendar essas áreas inconscientes e libertar da rigidez habitual contra o corpo.

É difícil olhar para dentro. Escondendo continuamente suas emoções e cognições negativas geradas pela ansiedade e depressão, pessoas "como-se" usam uma máscara social que não tiram. O medo de ser descoberto como uma fraude não lhes permite se revelarem. Internamente, definem-se como farsantes intelectuais (Clance & Imes, 1978, p. 1). Muitas dessas pessoas, embora inteligentes, envolvem-se em inautenticidade intelectual de um modo ou de outro. Elas muitas vezes não revelam suas ideias ou opiniões reais. Em vez disso, impressionam os outros e lhes dizem o que querem ouvir, usando charme e perceptividade para ganhar aprovação.

## Curando feridas

Considerar o chamado de nosso caráter significa reconhecer os aspectos marginalizados e caóticos de nosso ser.

> Se uma pessoa abraça sua totalidade, pode evitar as "consequências desagradáveis que decorrem de uma individuação reprimida"... Se voluntariamente assume a carga da completude em si, não necessita achar que está "acontecendo-lhe" contra sua vontade de uma forma negativa (OC 9/2, § 125).

São precisamente essas qualidades que nos tornam inimitáveis e insubstituíveis. Nossa subjetividade traz respostas às perguntas: Quem sou eu? Que tipo de pessoa sou eu? A subjetividade não diz respeito a uma crença particular, mas é a investigação sobre a personalidade efetiva e individual de uma pessoa.

Tentativas de compreender a pessoa "como-se" são frustradas pela impressão de uma natureza insincera embora a apresentação externa pareça completa, e mesmo espetacular. Todavia, algo intangível e indefinível se impõe. Defesas e projeções, divisões e dissociações, evitando vulnerabilidade ou ser visto, inibem o acesso ao inconsciente e perturbam a relação dialógica com o si-mesmo e outros. Si-mesmo e mundo são desconectados pela pessoa "como-se". Isso se torna problemático para o desenvolvimento, uma vez que sustenta o material básico para acessar o imaginativo e intuitivo e para coesão da personalidade.

O processo de recuperação significa desistir das ilusões sobre pais, parceiros, relacionamentos e de si. É necessária uma olhada honesta no espelho, questionando como é na superfície, espiando e não vendo. Essas pessoas estão internamente sozinhas, sem base, parecendo competentes, mas não se sentindo assim. Desconcertadas, para onde se voltam? Entremear teoria com exemplos de pessoas e seus sonhos dá substância profissional e pessoal ao dilema da personalidade "como-se". Essa pessoa é muitas vezes mal-interpretada, incompreendida e em necessidade de ganhar acesso ao seu mundo interno. Dada a magnitude das incertezas e transições que estamos agora experienciando, é um tempo particularmente desafiador. O propósito de explorar a personalidade "como-se" é o de nutrir uma consciência mais expandida e descobrir o que pode ser reabastecedor e regenerativo.

Há sofrimento, perda e pesar tremendos, junto ao alívio de se sentir viva e real. Recuperar a existência e o real através do processo da psicoterapia junguiana abre um caminho através das feridas complexas e desafiadoras da personalidade "como-se". O ponto do trabalho junguiano e o desafio da personalidade "como-se" é encontrar a segurança e a singularidade do si-mesmo, incluindo o estabelecimento de relações genuínas com outros. A fragmentação e a desunião "como-se" funcionam, então, como oportunidades para repadronização única.

A psicologia analítica junguiana, com seu uso de símbolos, sonhos e exploração do significado nos complexos psicológicos, convida à investigação através das histórias pessoais e coletivas que nos conectam a nós e a outros. Há uma lacuna para a personalidade "como-se" entre quem a pessoa é e quem quer ser. Isso cria uma série infinita de recriações dolorosas de passados problemáticos e comportamentos e atitudes limitantes rígidos. E essa é a abertura para a personalidade.

O tratamento analítico e psicológico é um lugar no qual o caos e as ansiedades absorvidas da infância podem começar a se tornar pensáveis. A busca é pela ordem subjacente, a conexão com o si-mesmo.

> Descobrimos, na verdade, que não conhecemos nossa parte, buscamos um espelho, queremos remover a maquiagem e a falsificação e ser reais. Mas em algum lugar esquecemos que um pouco de farsa ainda se liga a nós (Rilke, 2016, p. 194).

A esperança sob todas as defesas e camadas é aceitar a vulnerabilidade e fragilidade, mas ao mesmo tempo permitir a crença no, e apoio para o, futuro. Finalmente, acessando isso, uma pessoa expressou:

> Sinto que por anos construí essa proteção ao meu redor. Estive sempre na cerca, e a vida era como caminhar ou correr em um campo minado. E você nunca sabia quando a minha explodiria. Mas agora sinto que estou caminhando sem olhar para baixo. Sinto-me como se estivesse aberto. Fui criado para nunca mostrar fraqueza, mas não devo aceitar mais viver assim.

## Referências


Baldwin, J. (1985). *The price of the ticket*. St. Martin's Press.

Bollas, C. (1989). *Forces of destiny*. Free Association Books.

Bollas, C. (1998). State of the fascist mind. In *Being a character*. Routledge.

Clance, P.R. & Imes, S.A. (1978). The imposter phenomenon in high achieving women: Dynamic and therapeutic intervention. *Psychotherapy: Theory, Research and Practice*, 15(3), 241-247.

Colman, W. (2006). Imagination and the Imaginary. *Journal of Analytical Psychology*. 51(1), p. 21-41.

Colman, W. (2008). On being, knowing and having a self. *Journal of Analytical Psychology, 53*(3), 351-366. doi: 10.1111/j.14685922.2008.00731.x.

Eliot, T.S. (1998, mai. 1). The waste land. Project Gutenberg. Ebook #1321. https://gutenberg.org/cache/epub/1321/pg1321-images.html.

Hinton, L. & Zokowsky, P. (1993). A return to the animal soul. *Psychological Perspectives*, 28(1), 47-60.

Kafka, F. (2022, abr. 8). *The trial*. Project Gutenberg. Ebook #7849. www.gutenberg.org/files/7849/7849h/7849h.htm.

Martini, S. (2016). Embodying analysis: The body and the therapeutic process. *Journal of Analytical Psychology*, 61(1), 5-23. doi: 10.1111/1468-5922.12192.

Modell, A. (1996). *The private self.* Harvard University Press.

Neumann, E. (1971). *Amor and psyche.* Princeton University Press.

Rilke, R. (2016). The notebooks of Malte Laurids Brigge. Penguin.

Schwartz-Salant, N. (1982). *On narcissism.* Inner City Books.

Shorter, B. (1987). *An Image Darkly Forming: Women and Initiation.* Routledge.

Sidoli, M. (1993). When the meaning gets lost in the body: Psychosomatic disturbances as a failure of the transcendent function. *Journal of Analytical Psychology*, 38(2), 175-189. doi: 10.1111/j.14655922.1993.00175.x.

Mcfarland Solomon, H.M. (2004). Self creation and the limitless void of dissociation: The "as-if" personality. *Journal of Analytical Psychology*, 49(5), 635-656. doi: 10.1111/j.00218774.2004.00493.x.

Steiner, J. (1983). Psychic retreats: Pathological organizations in psychotic, neurotic and borderline patients. Routledge.

Wiener, J. (1998). Under the volcano: Varieties of anger and their transformation. *Journal of Analytical Psychology*, 43(4), 493-508. doi: 10.1111/1465-5922.00049.

Winnicott, D.W. (1987). Ego distortion in terms of true and false self. In *The maturational processes and the facilitating environment.* International Universities Press.

Woolf, V. (1931). *The waves.* Hogarth.

Zoppi, L. (2017). Chilled to the bone: Embodied countertransference and unspoken traumatic memories. *Journal of Analytical Psychology*, 62(5), 701-709. doi: 10.1111/14685922.12357.

# 2
# Através do espelho da persona

Em *O retrato de Dorian Gray* (1890), de Oscar Wilde, Lorde Henry, um amigo do artista, que está pintando o retrato de Dorian Gray, aborrece Dorian quando pondera sobre a natureza da beleza e da juventude.

> Sim, Sr. Gray, os deuses têm sido bons para você. Mas o que os deuses dão eles tiram rapidamente. Você tem apenas alguns anos nos quais viver real, perfeita e plenamente. Quando sua juventude passa, sua beleza vai com ela, e depois você repentinamente descobre que não há triunfos para você... Cada mês que passa leva você para mais perto de algo terrível. O tempo é cioso de você, e luta contra seus lírios e rosas. Você empalidecerá e ficará com o rosto encovado e olhos baços. Você sofrerá horrivelmente...

Dorian, horrorizado com o fato de que avançaria em idade enquanto o retrato permaneceria fixo, promete à sua alma que será o contrário.

> Mas essa pintura permanecerá sempre jovem. Nunca será mais velha que este dia particular de junho... Se apenas pudesse ser de outro modo! Se fosse eu que permanecesse

> sempre jovem e a pintura envelhecesse! Para isso – para isso – eu daria tudo! Sim, nada há no mundo inteiro que não desse! Daria minha alma por isso! (Wilde, 1890).

A influência do Lorde Henry sobre Dorian aumenta e ele se dedica ao "novo hedonismo", prometendo dedicar sua vida ao prazer. Dorian se apaixona por Sibyl Vane, uma atriz, e depois rompe cruelmente seu compromisso porque não a ama, mas somente sua habilidade para atuar. Voltando para casa, vê que a face em seu retrato está agora escarnecendo. Temendo que o retrato reflita seus pecados, esconde-o.

Dorian passa os próximos 18 anos vivendo uma vida de sensações e de prazeres, e, embora sua reputação sofra na sociedade, seus amigos o amam porque permanece jovem e belo, enquanto o retrato, escondido, transforma-se.

> Muitas vezes, ao retornar para casa... subia lentamente as escadas até a sala fechada, abre a porta com a chave que nunca o deixava agora, e, de pé, com um espelho, diante do retrato... olhando, agora, para a face má e envelhecendo na tela... Ele examinava com o mínimo cuidado e, por vezes, com um prazer monstruoso e terrível, as linhas repulsivas que lavravam a fronte enrugada ou olhava lentamente o entorno da pesada boca sensual, perguntando-se, por vezes, o que era mais horrível se os sinais do pecado ou os da idade (Wilde, 1890).

Essa história é de decepção e traição pessoal. Dorian pensa que pode se safar de crimes cometidos contra outros e contra si. Ele é dedutiva e compulsivamente atraído à decepção. Age sem lei e vive contra costumes sociais e pessoais. Com certeza, no fim, deve perecer, uma vez que não pode continuar a carregar o segredo ou seus crimes sem que se voltem contra a personalidade. Isso também é psicologicamente verdadeiro quando chegamos a um ponto em que a fachada não basta mais, e a personalidade total precisa aparecer.

> Afinal, cada vida é a realização de uma totalidade, isto é, de um "si-mesmo", motivo pelo qual esta realização também pode ser chamada de individuação. Pois toda vida está ligada a portadores e realizadores individuais e é inconcebível sem eles. Cada um destes portadores recebe um destino e uma especificidade individuais e a vida só encontra o seu sentido quando eles se cumprem (OC 12, § 330).

Muitas pessoas são pronta e inquestionavelmente condicionadas pela sociedade a adotar o que Jung considerava a persona. Através dessa imagem e pela aceitação e pela aprovação as pessoas fingem, mas se sentem impostoras, agindo "como-se". Este capítulo foca a persona quando usada como cobertura. Nesse caso, impede o acesso à pessoa total, embora simultaneamente possa ser um caminho ao si-mesmo real. Com duas faces, a persona pode ser o elo de ligação com o si-mesmo, a possibilidade de o exterior representar a parte interna da pessoa real e a autoexpressão profunda. Muitas vezes assumimos que personas estão no nível superficial, literalmente raso, a ser perfurado para chegarmos ao que é profundo e importante. Mas a persona pode ser o ritmo e a batida reais de uma pessoa quando conectada ao si-mesmo. A persona pode ser como nos apresentamos ao mundo com individualidade consciente. Contudo, examinar a persona significa olhar para as formas que a pessoa "como-se" usa para cobrir a fragilidade do ego enquanto obstruindo a possibilidade de conexão com o si-mesmo e outros.

Um homem disse com pouco afeto: "Não posso dizer quando a máscara não sou eu, uma vez que parece grudada à minha pele. Não acredito que posso tirá-la". Todos desenvolvemos máscaras, escudos, personas, proteções e defesas em forma e substância. Pensamos necessitar delas, e, por vezes, é verdade. Mas controlamos verdadeiramente essas camadas de identidades e personalidades? Ou, como Dorian Gray, nossas criações pessoais, de fato, controlam-nos apresentando somente parte e não o todo? As várias personas, fiéis ou não ao si-mesmo total, são formas de nos encontrarmos. Contudo, a pessoa "como-se" pratica um jogo de espelhos e fragmentos no qual a persona é multiplicada infinitamente, pospondo e evitando, com isso, a possibilidade de a personalidade ser totalmente percebida.

As forças que promovem tanto decepção como desmascaramento são várias e poderosas. São compostas por perigo incomparável, real ou não, pela necessidade urgente de proteção e autossuficiência, pela necessidade oposta e igual de alegria, comunicação e conexão. Qualquer uma dessas pode servir à verdade ou falsidade, conforme a ocasião. Em uma pluralidade de vozes interiores e discordantes, a personalidade "como-se" é bombardeada pela cacofonia delas.

Há uma ruptura na percepção de um "eu" e uma cisão entre o percebido e o real. Pessoas "como-se" são definidamente divididas devido a problemas de confiança, identidade, segurança e conexão perdida com o si-mesmo. Estão tentando determinar por que se sentem de um determinado modo, não encontram satisfação e sempre se sentem para trás ou desorientadas. Sentem-se desconcertadas, sozinhas, destituídas. Sua identidade está em questão. Portanto, a pessoa "como-se" é mestra na arte de construir máscaras, adotar várias personas para esconder monstros interiores que a assombram ou para evitar serem julgadas como inadequadas por outras. O sentido pessoal se torna cada vez mais transiente, precário, desconcertante, desvinculado em uma panóplia de apreensões. Essa pessoa se envolve em muitas manobras para se proteger contra ser descoberta, desmascarada como incompetente ou incapaz de repetir sucessos passados. Elas colocam máscaras de beleza, confiança, ousadia ou várias formas de ilusão para evitar serem transparentes e reveladas. Sob esse aspecto não são apegadas ao si-mesmo.

De acordo com Jung, a persona media entre a consciência individual e a comunidade social circundante. O pessoal pode ser absorvido pelo coletivo. Em relação a isso ele afirmou: "Ao analisarmos a persona, dissolvemos a máscara e descobrimos que, aparentando ser individual, ela é no fundo coletiva; em outras palavras, a persona não passa de uma máscara da psique coletiva" (OC 7/2, § 246). A aparência externa ou imagem pode se tornar o foco inteiro da pessoa "como-se".

Todavia, algumas pessoas se dão conta de que esse disfarce não se encaixa; baseado na falsidade, falta de satisfação, apercebem-se de que algo crucial está faltando. Isso se transforma na busca pelo si-mesmo individual junto a uma conexão genuína a outros. A autocriação emerge de atos de remontar para ir adiante na promessa e desafio enquanto assume uma forma e definição única para si.

Após uma longa relação analítica, um homem contou que se sentia no palco em casa, como um ator representando. Não era real. Apercebeu-se de que jamais compartilhara isso e sabia que era importante. Em qualquer situação familiar e de perto, ele paralisava. Isso afetava todos os seus relacionamentos e estava erodindo seriamente o que tinha com sua parceira. Ele se se afastava de sua parceira diante de qualquer indicação de desaprovação. A memória de repressões iniciais e de se sentir rejeitado em sua família quando criança era insidiosa. Estava sempre em guarda com a família, fingindo e agindo "como-se". Ele fazia isso tão bem que ninguém percebia, mas ele sim, e estava exausto. Era a proximidade que provocava a atuação "como-se"; não ocorria no trabalho ou profissionalmente. As pessoas gostavam muito dele, porém, em casa, era artificial e uma falsa versão de seu si-mesmo natural.

A continuação de uma personalidade artificial provoca turbulência inconsciente, que leva as pessoas à jornada para a individuação. Esse chamado para a autorrealização compele a busca pela verdade. Esse é um ímpeto natural embora uma pessoa possa ser inconsciente sobre ele até que a necessidade a leve a prestar atenção. Se o si-mesmo interno é suprimido, o inconsciente surge para restabelecer o equilíbrio. A pessoa "como-se" está lidando não apenas com uma máscara externa, mas com o caminho para o si-mesmo. A persona se modificará enquanto se torna mais consciente das forças inconscientes que impactam o escopo da personalidade.

Quando não usada conscientemente, a personalidade sofre e a persona pode se tornar rígida e fragmentada do si-mesmo. O problema surge quando a pessoa se conforma a uma imagem em vez de ao seu si-mesmo real. Ser excessivamente identificada com a persona indica suscetibilidade à sombra ou ao que são consideradas qualidades vergonhosas, reprimidas, denegridas e não usadas. Além disso, a sombra contém energia, traços ou qualidades importantes até agora não utilizados, mas ainda assim uma parte do si-mesmo. Se a persona é muito defendida e a sombra muito oculta, isso sugere que uma parte significativa da personalidade se encontra abaixo da superfície. Superfície e sombra juntas completam a personalidade. A persona pode refletir a verdadeira personalidade, não apenas uma colagem de estereótipos ou um seguir o rebanho, o estilo atual ou costumes culturais e tradicionais. A persona não deve ser desconsiderada na busca pelo si-mesmo verdadeiro, mas pode ser uma parte essencial da configuração rica e complexa da pessoa inteira. Ninguém é uma única imagem, mas uma tapeçaria de cor e variedade.

A pessoa "como-se" depende da persona para aplacar o anseio, a fome e a necessidade desesperada de ser reconhecida como algo. Jung descrevia a persona como um "complicado sistema de relação entre a consciência individual e a sociedade; é uma espécie de máscara destinada, por um lado, a produzir um determinado efeito sobre os outros e por outro lado a ocultar a verdadeira natureza do indivíduo" (OC 7/2, § 305).

O tipo "como-se" apresenta uma face ao mundo adornada com complexidades, paradoxos e ambiguidades. Essa pessoa vive uma incongruência entre si-mesmo e imagem devido a uma ausência ou perda de uma sensação estável de ser. Usada inconscientemente, a persona se torna uma casca, a pessoa parecendo um autômata, com tudo organizado, mas sem vida. Sua apresentação é construída ou elaborada, com defesas erigidas para apresentar a coesão e consistência que a pessoa não sente internamente.

A persona ilustra para nós e outras nossas experiências – sofrimento, desorientação, alegria, recompensa. Pode iluminar com um breve *flash* ou reflexão atenta para levar a paisagem de nossa existência a um relevo destacado de modo que possamos todos ser tudo que somos. Sendo a verdade de nós mesmos, manifestamos o real ao nosso redor. A partir disso criamos e nos tornamos vivos ao revelarmos a fachada e não nos trivializarmos mais.

A persona revela as racionalizações, justificações e mitos que nos contamos, sejam falsos ou acurados. Como a personalidade "como-se" usa a persona para se abrir ao mundo? Essa é uma pergunta simples e complexa, e, em um sentido, o núcleo do dilema que essas pessoas enfrentam. O problema é a ênfase insistente e muitas vezes frenética na persona e no ego como se esses aspectos muitas vezes assumidos bastassem para a personalidade inteira. Presença significa sair detrás da máscara.

A palavra persona deriva de antigas peças gregas e se refere às enormes máscaras pelas quais os atores falavam para projetar sua voz e serem vistos. Psicologicamente, a máscara dessa pessoa oculta o real com camadas de ações e imagens para colher aprovação e sucesso, mas de acordo com outras. No *marketing*, um lugar fundamental para imagem e superfície, a palavra persona denota os consumidores imaginários que são atraídos por meio do desenho externo.

## A pose das roupas

Quando a potencialidade da psique não é usada, perverte-se (Leonard, 2000, p. 89). Isso se aplica à necessidade de a persona se desenvolver para além do superficial, de modo que não é uma máscara, mas uma forma de autoexpressão autêntica. Este capítulo segue, por uma série de sonhos e exemplos de casos, as formas pelas quais a persona se torna a verdadeira autorreflexão, alinhada à criatividade e ao estilo distintivo da pessoa para afirmar o si-mesmo. Esses são expressivos do toque de clarim que desafia as pessoas a expressarem sua vida emocional, psicológica e física por meio do adorno da persona. As pessoas podem ser muito si mesmas no que e como aparecem, e uma pessoa pode usar a persona para ser humana, solícita e responsiva (Bari, 2020, p. 2), mostrando cuidado e consciência. Roupas são um exemplo de como as pessoas conectam a persona ao si-mesmo, fazendo-os suscetíveis de serem vistos, declarando o que realmente são. "Roupas mudam nossa visão do mundo e a visão que o mundo tem de nós" (Woolf, 1928).

No início de sua análise junguiana, uma mulher começou a sonhar com uma série de roupas. Ela ficou surpresa com o quanto isso era completamente inesperado. Elas eram todas roupas que vestiria e em seu estilo. As imagens dos sonhos incluíam o material, cor e os detalhes e a complexidade do desenho. Enquanto se perguntava sobre essa série de sonhos, seus muitos significados começaram a se desdobrar. Sua família havia sido de alfaiates ou costureiras por gerações. Sua mãe, que morrera no ano anterior, costurava para ela roupas que amava muito, representando cuidado, cor e o inusual. Era um ritual entre elas encontrar o padrão certo, o tecido certo – tinha de ser único. As roupas representavam o amor e a criatividade da mãe, um modo de confidencialmente se apresentar como distinta de outras. Por meio dos sonhos com roupas, ela estava tanto enlutando a morte de sua mãe como se criando. Os desenhos que fazia das roupas no começo de um longo processo analítico lhes eram queridos como peças especiais e valiosas de sua identidade. Ela se sentia validada por essas imagens, e, embora não repetisse mais tarde na análise, as imagens permaneceram nela e a ajudaram a apoiar o desenvolvimento dela e de seu ego. Sua mãe, o feminino e materno simbolicamente comunicado por meio das roupas para revelar aspectos mais profundos do si-mesmo que ela jamais conseguira imaginar anteriormente.

A vestimenta é considerada trivial, significativa, definidora; faz expressões de vida e provoca intermináveis discussões, debates e mesmo disputas coletivas. Roupas refletem ideias e dilemas sobre o que é próprio ou não e de acordo com quem. Mostram de onde viemos, como nos consideramos, quão perto vivemos de nossa essência. Como nos vestimos pode ser inibitório e emancipatório. A escolha de vestimenta e a aparência nos revelam, e, por meio dessas escolhas, fazemos uma afirmação sobre a pessoa, corpo, psique, cultura e individualidade. Para alguns, é uma forma de arte e de como expressam distinção, compondo uma imagem verdadeira de quem são. Para outras, é um meio de se ocultarem e se misturarem na média ou na multidão ou talvez de desaparecer atrás do palco.

A vestimenta tem a ver com memória, significado e intimidade, conectando-nos a nós mesmos e a outras pessoas de formas complicadas (Bari, 2020, p. 3). Nas roupas e na aparência são representados os costumes sociais de uma época, cultura e geração. Não só refletem o corpo e sua representação real, mas também fornecem proteção e são afirmações ilustrativas da forma corporal, representando tanto desejo como negação. As roupas significam diferentes coisas para diferentes pessoas. Convidam outros a contatarem e/ou pedem para ser notados ou ignorados; podem ser pouco atraentes e rebeldes; fazem afirmações, por vezes, raivosos e desafiadores, por vezes, estéticos e delicados.

Obviamente, a persona possui muitas camadas de significado na vida diária. A persona é um modo de apreender o mundo, fazendo afirmações sobre nós e nossas relações com outros. A persona apresenta abertamente nossas ideias de individualidade e alma, afirmando nossas experiências, classe social, etnicidade, lugar no mundo, como e onde vivemos. Tudo isso se reflete de vários modos em nossa vida interior. São uma linguagem se abrindo à alma ou um meio de ser protegida contra essa abertura. Por exemplo, as pessoas neste capítulo usam suas personas como disfarce; estão desconfortáveis se manifestando como reais. Todavia, também desejam ser notadas, inclusive percebidas como espetaculares. Independentemente do caso, a persona da pessoa "como-se" é calculada para ser um disfarce pesado com camadas de proteção contra qualquer um que se aproxime. A pessoa "como-se" pode ter uma persona excepcional, afastando alguém com uma postura defensiva enquanto se esconde detrás de sua insegurança. Ela acredita que a máscara é necessária para se preservar.

Estamos sempre em relação com nossa apresentação externa, quer tentemos negá-la ou não. A persona traz consigo responsabilidade para com o si-mesmo mais profundo, para com a honestidade do mundo interior. Como nos vestimos define e põe o foco no corpo. Algumas pessoas podem assumir uma posição de não cuidado, ou de que isso não importa. Podem vestir sofrimento externamente, embora pensando que o estão camuflando. Todavia, o desespero permanece, a vulnerabilidade está presente, não importando que tentativas sejam manufaturadas para cobrir ou anular o que sentem e quem são.

Nossa aparência externa e personalidade estão em constante fluxo e transformação. Não somos o que éramos ontem, uma vez que corpo e psique mudam. Vestir-se para nós confirma nossa existência. Todavia, isso pode ser difícil para a pessoa "como-se" que busca aclamação embora se sinta envergonhada e inadequada. Momentos de ser vista podem levá-la a desabar por dentro. O mundo parece que desmoronará a menos que apresente a aparência certa. Embora parece diferente, o desconforto da autoconsciência e autopreservação pode necessitar da dissimulação e do disfarce. Nesse exemplo, a persona fornece refúgio de outras. Pode ser como um escudo de proteção e uma pele extra para os sentimentos vulneráveis ocultos, um disfarce no qual a pessoa se dissolve (Bari, 2020, p. 7).

A persona é uma camada física e psicológica responsiva à vida, demonstrando uma série de sentimentos. Pode expressar *glamour*, entusiasmo, prazer, desespero, depressão, perda, todos aspectos provindos de dentro. Considerado por alguns como trivial, a persona pode ser entremeada por camadas mais profundas de ser e de nossas particularidades individuais.

Os objetos externos e imagens produzidas ilustram a vida e a variedade interior da pessoa. Contudo, também podem elicitar falsidade, e mesmo idolatria como se possuíssem algum poder ou espírito. Aparências podem ser ilusórias e conscientemente determinadas para serem assim. "Por vezes, quem somos é julgado por como parecemos. Talvez não haja oposição entre um estilo que uma pessoa assume e seu ser verdadeiro... nossa maneira de aparecer é nossa maneira de ser" (Sontag, 1966, p. 26). As pessoas se veem naquelas coisas que lhes são caras. Estilo e imagem podem ser um modo de combinar e/ou criar o si-mesmo real e inusual como existe internamente. O externo conta uma história de como expressamos nosso caminho de vida escolhido.

Um disfarce impostor para autoproteção pode negar o si-mesmo e esconder os problemas que pedem para ser tratados. Como uma mulher disse: "Não uso *shorts*". Por trás dessa sentença, havia uma história inteira com um pai que por toda sua vida foi uma figura assustadora, brutal, que fazia comentários sexualizados rudes sobre as mulheres. Ela permaneceu cautelosa quanto a ser vista, afastada da intimidade, e ignorava seu corpo. Sua vestimenta se baseava em quanto podia cobrir e não ser vista. Ela focava outras pessoas para desviar energia e atenção de si. Havia pouca segurança em casa, e desde a infância se sentia desprotegida na presença de um pai intrusivo e de uma mãe que também o temia. Não era possível encontrar em lugar algum confiança em seu corpo e atenção saudável. Ela se recusava a se relacionar com seu corpo. O objetivo era ser comum, distante. Ela apresentava essa persona de invisibilidade ao mundo. Enfaticamente, não usava *shorts*.

A imagem externa e como a vestimos sem palavras diz muito, indicando identidade, diversidade e sensibilidade da experiência vivida. A pessoa mostra como vestimos nosso corpo – o que mostramos, revelamos, conformamos, enfatizamos, em essência, o que valorizamos e desvalorizamos. O disfarce ou costume pode exibir a realidade da destruição, saúde ou doença. Comunica humores, sentimentos, *status* e situações psicológicas e físicas. A impressão externa dá sinais e busca atenção, comunicar-se ativamente com outros por meio da evasão ou de um desejo de conexão. Há vida na linguagem não falada da persona. Mesmo quando pensamos de outro modo, afirmamo-nos em como parecemos, ocultamos, expomos, declaramos, ostentamos, convidamos ou dissuadimos. O corpo possui uma linguagem clara tanto não verbal quanto verbal.

Mas o que significa quando a persona nega a individualidade em favor de se adequar ou de se conformar a um acordo inconsciente de ser "como-se"? O externo pode ocultar o distresse, a autossabotagem ou a personalidade desalinhada, o desejo ambivalente por atenção. A avaliação da aparência e anatomia de uma pessoa pode sinalizar uma personalidade em desintegração. Pode mostrar as afirmações dramáticas de um corpo renegado e desconexão emocional de outros. Como parecemos revela o olhar que elicitamos e por quê. A persona é manipuladora, convidando, atraindo, afastando. O que estamos dizendo a cada dia em cada costume sobre nós? Ou assumimos alguma imagem para satisfazer a fantasia de alguém? A cada dia é possível ser real. Contudo, a pessoa "como-se" luta para equilibrar a fantasia com a realidade, uma vez que essas raramente se encaixam.

A imagem externa também lembra as pessoas de sua idade, forma corporal, autodepreciação ou apreciação e a inevitabilidade da mudança. Os lugares externos em uma relação com o si-mesmo e com outros no conforto ou desconforto da imagem mostrada. O autocuidado tem sido muitas vezes associado a narcisismo e egocentrismo. Ainda que o autocuidado seja valor próprio com sua conexão com o corpo e a alma.

Se há tranquilidade ou não, a persona comunica se alguém está vivendo "como-se" – se essa pessoa perdeu a conexão consigo. Em uma consciência muito torturada, espaços vazios, a vulnerabilidade e a complexidade do si-mesmo podem estar em nítido relevo quando há uma ênfase exagerada na persona. E aqui reside o problema. O que parece superficial e adaptativo também mantém a promessa para desenvolvimento e criatividade. Essas pessoas também são estrelas cintilantes. Não são fracassos, mas muitas vezes são inusuais e têm muita energia. São atrativas, e outras pessoas desejam estar com elas. Sua persona brilha, com talento excepcional e qualidades únicas. Quão real isso aparece à pessoa e a outras em relação íntima com ela?

A personalidade "como-se", a impostora, é muitas vezes associada a pessoas com desempenho elevado, atores dispostos a elicitar a admiração de que necessitam. Impostores usam sua persona para atrair atenção, mas se preocupam com ser vistos como farsantes. Alienação interior e insegurança são aspectos da síndrome da impostura, mas são disfarçados por trás da agilidade de uma fumaça e espelham a imagem da persona. Essas pessoas relatam um sentimento de superficialidade e de irrealidade. Sentimentos de estranhamento e de não pertencimento reduzem a importância de viver uma vida significativa. Insegurança, inveja e qualidades ressentidas são por vezes ocultadas sob a persona encantadora. Encontramos disfarçada uma personalidade trêmula, insegura, ansiosa para encobrir as fissuras assumidas. A pessoa "como-se" coloca máscaras com uma multiplicidade de disfarces, retendo posições singulares e isoladoras para segurança emocional. Essa necessidade assumida de confiar na persona como fachada pode impedir o reconhecimento da profundidade e singularidade.

Todos desenvolvemos personas, expondo certos aspectos e ocultando outros. Sonhos nos lembram desses aspectos para integrar em vez de negar. A pessoa "como-se" é muitas vezes inconsciente do quanto dependem da e são levados pela persona. Quando a persona se desvia do real, a espontaneidade para ser si-mesma usualmente foi há muito esquecida. A pessoa "como-se" vive com uma fachada, não sabendo viver de outro modo.

No filme *Persona*, de Igmar Bergman, o entrelaçamento das personalidades de duas mulheres ocorre quando cada uma assume a persona da outra, revelando sua vida interior, de outro modo, não vista por elas. A troca e intercâmbio de personalidade é representada com a perda e ganho da persona em uma mistura confusa. A audiência fica se perguntando quem é quem e se as atrizes também se perguntam "Quem sou eu"?

## A persona homem

Fritz, um homem na faixa dos 50 anos, diz que sua vida é uma bagunça. Ele começou na terapia analítica junguiana após ler Jung, intrigado pelo conceito do inconsciente coletivo. Ele chega à primeira sessão analítica vestido com um terno, com meias e gravata combinando, imaculado. Ele põe atenção óbvia em sua aparência. É consciente na fala, enunciando com clareza, e é obviamente inteligente. Exerce um trabalho de prestígio na área científica do qual gosta. Seus gestos são modulados e cuidadosos como se não quisesse perturbar.

Ele começa dizendo que é seu terceiro divórcio, mas que não está triste e que sente pouco, se tanto. De fato, sua face não mostra emoção, e, embora mantenha contato visual, não fica claro o que está acontecendo em seu interior. Ele também diz, casual e um pouco rapidamente, que sabe ser uma fraude, mas ninguém além dele sabe disso. Ele acrescenta que está acostumado a ser assim, e reconhece que algo está errado e que a vida é mais do que isso, mas não sabe o que é. Ele diz quase orgulhosamente que ninguém pode suspeitar coisa alguma sobre ele. Não quer mais ser uma fraude e pretende ser honesto na terapia; contudo, não sabe como expressar qualquer outra coisa, que dirá encontrar seu si-mesmo real, ou sequer saber o que isso é. Ele não se preocupou com isso antes. Várias sessões mais tarde, ele sonha *estar em um jogo de cartas no qual está buscando pares. Dois meninos tentam roubar as cartas. Sua carteira se divide ao meio, e ele perde toda a identidade alemã de seu nascimento, mas mantém sua nacionalidade dos Estados Unidos, onde viveu por 18 anos.*

Em associação ao sonho, Fritz repete que jamais foi ele próprio. Seguiu seu irmão de mais idade na escola e estudou para ser como ele, não para ser si mesmo. Disse também que nunca pensou sobre seus pais ou sobre como eram ou sobre seu efeito nele. Disse firmemente que era contente quando criança; nada lhe faltou. O sonho diz que está dividido entre a infância e a vida adulta, entre um país e outro. Aqui, o si-mesmo se divide em duas metades de um modo tal que um si-mesmo parcial atua como um si-mesmo completo (Bollas, 1998, p. 159), sem necessitar do outro.

No sonho, tudo está dividido – sua carteira, dois meninos e dois países representando sua identidade. Todos simbolizam uma divisão na personalidade e um si-mesmo desconectado. Ele tem vivido como duas pessoas, uma sem relação com a outra. Os meninos poderiam representá-lo psicologicamente roubando de si mesmo desde a infância. Implica que começou a separar o si-mesmo secreto do verdadeiro quando jovem. As crianças negociam consigo para sobreviverem, escondem sua verdade e disfarçam sentimentos reais, acreditando que os pais não podem lidar com eles. O sonho implica que a infância foi um tempo difícil, embora diga que tenha sido diferente. Ele usou a máscara da persona tão bem que ninguém sabe que realmente é e até agora isso não o incomodou. De acordo com ele, nada o incomodava já que não estava muito envolvido com isso.

As pessoas querem se confortar, aliviar o sofrimento, cobrir o ferimento, encontrar alegria. A persona fornece uma forma de proteção. Fritz retrata uma relação curiosa consigo, fortalecendo a ilusão da autossuficiência e uma proteção contra qualquer intimidade ou relação com o mundo, os outros ou consigo. Essa concepção é uma forma de autoilusão ou de um mascaramento aprendido do desejo por outros. Há uma estranha preguiça em Fritz, embora tenha desempenho elevado, seja talentoso e diligente no trabalho. A preguiça aparece na negação da carência afetiva, misturada a uma avidez por sucesso, competência e aprovação – e um desejo de que isso venha fácil.

Fritz tem sido emocionalmente silente; mesmo na infância pareceu pedir pouco da família feliz que retratou. A mãe era mimada e o pai, reservado, distante. Ele aceitava ambos como eram e não lembra de ter necessitado ou expressado qualquer outra coisa. Contudo, ao negar e reprimir quaisquer necessidades, isolou-se e se afastou de seus sentimentos. Sua defesa era negar a emoção, evitando o desconhecido ou o caos da troca íntima. Essas são águas turvas onde a pessoa "como-se" experiencia um dilema. Ela busca proximidade, sentir-se acompanhada e, ao mesmo tempo, distancia-se para se proteger contra a ameaça de invasão emocional, que, para ela, está envolvida em um relacionamento.

O desejo de intimidade é negado. É como se essas pessoas habitassem a penumbra, indiferenciadas, usualmente ansiosas e com medo de desmoronar, ainda que não possam admitir a profundidade de sua apreensão, nem encontrar suas causas (Seligman, 1986, p. 70). Para evitar ansiedade, insegurança e conflito, a mente de Fritz desliga. Ele prevê que sua falsidade será descoberta e o verão como insuficiente e um impostor. A pessoa "como-se" possui uma estrutura emocional frágil e vive um tipo de exposição dupla. O desvelamento de camada por camada de ofuscações revela Fritz se esquivando contínua e inconscientemente de qualquer coisa próxima.

Embora negue isso, deve ter havido alguns desapontamentos ou falta de atenção e de cuidado iniciais que plantaram as sementes para sua ausência emocional, seu sentimento de insuficiência e isso ele necessita esconder de si. Jewan Knox, analista junguiano britânico, explica isso do seguinte modo:

> A fim de ser amável e amado, ela deve cessar de existir e deve destruir toda sua vivacidade em uma luta constante contra ser quem é. Esse conflito e resistência se tornam um tipo de autotortura. Por outro lado, uma pessoa se experienciar como real, com uma sensação do si-mesmo e uma capacidade de fazer suas escolhas traz o risco de retaliação violenta... É um impasse insolúvel, que termina levando a um estado de desespero. Amar significa existir e querer ter a existência independente de uma pessoa reconhecida e correspondida pela outra pessoa amada (Knox, 2007, p. 544).

Fritz há muito se refugiou atrás de um muro de isolamento, mas agora tem um desejo conflitante de se envolver. É por meio da afeição que a pessoa é envolvida e, portanto, sente o peso pleno da realidade. Uma percepção puramente intelectual significa pouco, pois o que é conhecido são meras palavras e não a substância interna. Fritz aprendeu a ofuscar a linha entre verdade e ficção. Sua narrativa autodescrita de ser estranho, facilmente rejeitado, tornou-se um substituto para maior exploração ou para encontrar quaisquer outras razões internas. Ele vivia uma existência limitada. Como começou muito jovem, suas técnicas para contar histórias sobre si atuavam cada vez mais como substitutas para qualquer outro conhecimento. Essa adaptação compensatória significava que evitava tristeza, emoções e emudecia quaisquer necessidades relacionais. Contudo, isso lhe permitia manter o *status quo* de modo que nada abalava seu mundo. Ele é magro, consciente do peso e do alimento e de exercícios, mas tudo isso arranjado para parecer unidimensional e quase comum. Embora de aparência cuidadosamente calma e meticulosa, sempre se vestia com ternos estilosos, combinando cores, muito formal, ele relata se sentir não atraente e inseguro. Quer atenção profissionalmente, mas pouco faz para se destacar ou cumprir exigências profissionais, como escrever artigos e publicar. É altamente inteligente, mas abranda isso e quer ser procurado.

Embora não goste de ser visto, muitas vezes se pergunta como é visto. Caminha à volta como se fosse invisível e registra o desconforto com outros. *Tem um sonho e não está sendo real.* Pensa que o sonho não é importante, mas o traz à terapia. Não ser real é seu modo usual de existência e necessita compreender o que isso significa, uma vez que o sonho também se refere à sua vida interior negligenciada. Como Jung disse:

> O mundo exige um certo tipo de comportamento e os profissionais se esforçam por corresponder a tal expectativa. O único perigo é identificar-se com a persona, como, por exemplo, o professor com o seu manual, o tenor com sua voz; daí a desgraça. É que, então, se vive apenas em sua própria biografia [...]. Exagerando um pouco, poderíamos até dizer que a persona é o que não se é realmente, mas sim aquilo que os outros e a própria pessoa acham que se é (OC 9/1, § 221).

A pessoa "como-se" só parece envolvida com outros, embora Fritz tenha amigos fora dos contatos de trabalho ou as mulheres com quem tem casos. Ele não se perguntava anteriormente isso, e a escassez de suas conexões passaram despercebidas por anos. Suas emoções foram paralisadas e sua reatividade em relação à vida, prostrada. Nada indevido entrava em sua consciência, uma vez que não registrava emocionalidade nem perturbação. Evitava qualquer reconhecimento disso, mantendo-se ocupado e preocupado com sua série de casos. Considera esses como respondendo às disponibilidades das mulheres, não que as mulheres signifiquem qualquer coisa, mas alimentam sua vaidade. Não pensa que esses casos expressam hostilidade para com sua esposa, tristeza, vacuidade ou sua crença de que ninguém sabe ou se importa com ele. Com sua insistência em ser racional, não emocional, as respostas inexpressivas, polidas, mas serenas, pergunto-me sobre a completa extensão de sua escassez emocional.

Além disso, Fritz vive em segredo. Uma vez mais, ele insiste que ser racional é o que conta. Ele não fala profundamente com pessoa alguma nem se compartilha. Ele reitera que nunca soube ou pensou sobre isso, e não imaginava qualquer outra coisa. A terapia abre um mundo diferente e considera cada sessão difícil, mesmo com lágrimas, por vezes, para sua surpresa. Em um ponto, sentindo-se distressado, admite temer, mas não sabe o quê. Parece apenas ir para onde o vento o leva. Decisões de vida eram arbitrárias enquanto se movia de um trabalho e país para outro, sempre iniciada por uma chefia que reconhecia seu potencial. Uma vez mais, Fritz respondia com sua polidez e aquiescência, "como-se" estivesse envolvido, mas realmente pouco significava.

Gradualmente, Fritz começa a se aperceber de que sua mãe, embora compreensiva, era infeliz em seu casamento. Seus pais não eram amorosos um com o outro, e sua mãe frequentemente reclamava de seu pai, que era emocionalmente distante de todos. Com sua mãe, Fritz se sentia amado, e ela era incondicionalmente dedicada aos seus filhos. Sua memória é a de seus pais jamais serem afetivos ou zangados e nunca discordavam. O deserto emocional deles se tornou seu, e o anseio por intimidade e amor também permaneceu não desenvolvido e insatisfeito.

Com alguma nostalgia, ele descreveu sua infância como os anos dourados e um tempo sem preocupações em que tudo era previsível e providenciado. Contudo, ele recorda de um incidente em que parou de jogar xadrez aos 12 ou 13 anos porque não venceu um torneio e ficou envergonhado. Ele simplesmente desistiu e não jogou novamente nem questionou essa resposta. Mesmo que gostasse de xadrez, o sofrimento da perda foi demais. Não lhe ocorreu contar para alguém como se sentiu. Quando criança era muito tímido, e parece ter sido passivamente ignorado, mas isso também teve de ser negado.

Quando adolescente, por volta dos 20 anos, não namorava. Esperou por sua primeira paixão por muitos anos, e, logo depois que se casaram, os problemas começaram. Ele não sabia o que fazer e permaneceu por anos em um estado de infelicidade. Nunca compreendeu o que parecia ser uma perturbação emocional combinada com a indiferença em sua esposa, uma vez que não sabia como lidar com sentimentos nem como administrar um relacionamento com ela. Relacionamentos eram desconcertantes.

Fritz nunca se zanga nem se defende. É delicadamente condescendente. Ele comenta que memórias são falsas, não são fatos, de modo que não se pode confiar nelas. Ele mitigava qualquer expressão de emoção para consigo e com outros, e seu desenvolvimento psicológico é reduzido. A ausência emocional inibe a habilidade do ego de acessar o inconsciente, perturbando a emergência de um relacionamento dialógico entre eles. Ele não se valorizava e não acreditava ser bom, independentemente do que dissessem. Ele se preocupa com ser imperfeito e com tomar as decisões erradas. Como a pessoa "como-se", encobre as fissuras em sua psique, mas isso só funciona se permanecer distante da intimidade consigo e com outros.

Em um sonho, Fritz é professor na instituição em que trabalha e é levado a um laboratório. Está usando *jeans* e uma camiseta e pensa que deveria estar vestido mais formalmente. Então, apercebe-se de que não pode voltar. Está perdido, como está atualmente em sua carreira e vida pessoal. O sonho diz que não pode voltar, mas, também, que não está pronto ou corretamente vestido para seu trabalho atual. Estar perdido significa que não pode voltar ao que era, e a única saída é ir adiante, mas não sabe para onde leva. Suas roupas usualmente formais são trocadas por roupas mais casuais quando deve desistir de suas atitudes medidas e formais que o distanciam de si, como um terno de armadura emocional.

Ele menciona filmes que assiste enquanto se exercita. Comecei a assisti-los também, e nas sessões seguintes se tornou um meio para discutirmos com quem ele se identificava e por quê. O tom emocional dos personagens e suas reações de vida mais a troca de impressões compartilhadas é um modo de ele ser visto. Suas reações emocionais começam a aparecer.

Fritz diz que está em busca de identidade e menciona querer ser um herói como o Super-homem. Ele lê filósofos que abordam o trágico e os derrotados, aqueles dos quais as pessoas sentem falta quando morrem. Fritz diz não possuir coisa alguma da qual as pessoas sentirão falta. Vê que pode chegar a algum lugar profissionalmente, mas é sensível à rejeição e hesita. Uma parte argumenta com esse desejo dizendo que não conta. Fracasso, derrota, a sensação de desistir de si e emoções insípidas descrevem seu mundo interior.

Ele não desejava muito e carecia da experiência de sentir que alguém se interessasse por ele. Admite ser hostil e expressa medo de continuar a viver desse modo. Ele está começando a reconhecer o dano à sua psique.

> Quem caminha em direção a si mesmo corre o risco do encontro consigo mesmo. O espelho não lisonjeia, mostrando fielmente o que quer que nele se olhe; ou seja, aquela face que nunca mostramos ao mundo, porque a encobrimos com a persona, a máscara do ator. Mas o espelho está por detrás da máscara e mostra a face verdadeira (OC 9/1, § 43).

Todos nós incorporamos diferentes máscaras em diferentes contextos, uma vez que é a maneira de nos adaptarmos às exigências da sociedade, formando papéis sociais e como lidamos com outros. Mas a adaptação também tem seus perigos. Como Jung descreve,

> a persona é um complicado sistema de relação [*sic*] entre a consciência individual e a sociedade; é uma espécie de máscara destinada, por um lado, a produzir um determinado efeito sobre os outros e por outro lado a ocultar a verdadeira natureza do indivíduo (OC 7/2, § 305).

Incapaz de revelar a verdade sobre si, a pessoa "como-se" age como alguém que não é. Em termos junguianos, a psique não pode se transformar ou se individuar se a pessoa permanece presa em expectativas percebidas externas, bloqueando a audição ou respondendo ao si-mesmo real. O resultado pode ser um tipo superficial, frágil, conformista de personalidade com uma preocupação excessiva pelo que as pessoas pensam. Isso deixa uma pessoa inconsciente de qualquer distinção entre si e o mundo. Qualquer singularidade é perdida.

Em casos assim, o ego é quase completamente idêntico à persona; a individualidade é reprimida, representando adaptação máxima à sociedade e adaptação mínima à própria individualidade. Essa constelação psicológica inibe o desenvolvimento. A necessidade de uma fachada vem ao custo da autodescoberta.

> Uma pessoa não pode se individuar enquanto estiver desempenhando um papel para si; as convicções que tem sobre si são a forma mais sutil da persona e o obstáculo mais sutil contra qualquer individuação verdadeira. Pode admitir praticamente qualquer coisa, ainda que em algum lugar retenha a ideia de que é, contudo, assim e assado, e esse é sempre um tipo de argumento final que conta aparentemente como um *plus*; ainda que funcione como uma influência contra a individuação verdadeira (Jung, 1997, p. 821).

O caso de Fritz ilustra uma identificação aderente à persona, apegando-se a ela como se fosse tudo que houvesse. Essas pessoas parecem eficientes, a adaptação externa perfeita, enquanto vivem com o conhecimento persistente de que, como elas, ninguém as conhece. Podem representar ser uma pessoa, fingindo intimidade, e internamente saber que são uma farsa. Isso significa desonestidade nas relações, incluindo mentir para si. A persona é o escudo, protegendo o coração oculto – vulnerável, frágil e facilmente danificado. Com esse exemplo, fica claro que é necessária uma falha em alguma área da vida para alterar a persona protetiva rígida.

Com Fritz, as direções emocionais erradas ocorreram desde tão cedo que não puderam ser determinadas. Interações não verbais carregavam muito desapontamento e estavam oprimindo a personalidade. Pondo as emoções de lado e se sentindo inaceitável, Fritz usava a máscara de um ator para escapar do distresse psicológico. Quando adulto, confiava na persona para mascarar a melancolia e o si-mesmo frágil, carente de animação, preso na rotina. Ele se escondeu de si sob a máscara dessa persona.

A rigidez da persona se desenvolve a partir da apreensão de ser julgada, indicando separação entre a necessidade da fachada aceitável externa e a ocultação da escuridão interior e vergonha por qualquer imperfeição ou problema. A perturbação crescente do si-mesmo é acentuada por uma persona que age como uma barreira para equipar a pessoa para o mundo social e superficial. É uma perpétua reimitação, e, inconscientemente, a pessoa "como-se" fica separada da autenticidade. A falsificação é um artifício quando o real recua – tão distante que quase poderia ser esquecido. A persona ou o papel social assume o controle. É como se a superfície se vinculasse à superfície e a pessoa não pudesse encontrar o caminho para o real.

A interpretação junguiana do símbolo se estende à dimensão do ainda-não. As fantasias são simbólicas no sentido de que representam uma tentativa de elucidar, por meio da analogia, algo que ainda pertence inteiramente ao domínio do desconhecido ou algo que ainda será. O símbolo antecipa o que uma pessoa descobrirá ao longo do tempo e de formas impossíveis de determinar de antemão. Assim, o símbolo junguiano tem uma dimensão que não é somente individual e subjetiva, mas também coletiva e cultural (Connolly, 2002, p. 365).

A busca pela pessoa real é a tarefa.

> Por mais narcisista que possa ser, nossa especulação subjetiva não pode mais capturar e se apropriar desse olhar antes do qual aparecemos no momento em que, [...] portando-a em cada movimento de nossa postura ou comportamento, podemos superar o luto de nós mesmos, ou seja, o luto de nossa autonomia, de tudo que nos faria a medida de nós mesmos (Derrida, 2003, p. 161).

A concepção do si-mesmo é algo anterior e separado das condições sociais que o produzem. As influências derivam do modo como somos criados e educados, da língua que aprendemos, das histórias às quais temos acesso, do fluxo emocional de circunstâncias. Isso inclui as histórias que nos contam, as expectativas da família e da cultura assim como as restrições. Tudo isso pode criar e restringir o si-mesmo. Como Fritz, mesmo aquelas pessoas presas em padrões rígidos e arraigados podem encontrar seu caminho na exploração de sua personalidade da superfície para dentro. Fritz foi ainda mais fundo na autodescoberta. "Sinto que a emoção forte deve deixar seu rastro... para que possamos ser capazes de amar nossas vidas desde o começo" (Woolf, 1985, p. 67).

## Mídia social – visto e não visto

Vivemos em uma época em que a ênfase na aparência é muito importante. Muitos não dedicam tempo para conhecerem uns aos outros, baseando-se, em troca, em observações superficiais, exibindo-se na mídia social com suas palavras, corpos, ideias, imagens.

> Corremos impetuosamente na direção da novidade, guiados por uma sensação crescente de insuficiência, insatisfação e inquietude. Não vivemos mais do que temos, mas de promessas, não mais na luz do dia presente, mas na escuridão do futuro, que, esperamos, trará, afinal, o nascer do sol apropriado (Jung, 1963 [*Memórias, sonhos, reflexões*, 1986], p. 236 [citação ausente na edição brasileira]).

A singularidade e superficialidade da pessoa "como-se" é enfatizada pela ênfase da mídia social no ego, na persona e na imagem. A falta de uma reflexão mais profunda é indicada por quanto muitas pessoas são obcecadas com o número de "likes" que recebem. Essas ações se desviam do si-mesmo interior e mantêm as pessoas a distância. Embora capazes de demonstrar personas atrativas, cativantes, intrigantes, por trás dessas personas se encontra um ego frágil, incomodado e desconfortável. Muitas vezes é difícil haver algum contentamento ou paz interior.

O si-mesmo fraturado é aparente na desorientação pessoal e social atual. Uma falta de profundidade em nossa cultura junto à sua mentalidade superficial é reproduzida na personalidade "como-se". Essa adaptação constante mina o desenvolvimento da personalidade, embora termine chegando a uma interrupção abrupta. Rapidamente, ir de um tópico a outro evita os espaços de aprofundamento, indicando interrupção no desenvolvimento psicológico. A mídia social pode retratar imagens do mundo como reais, não como ilusões. A habilidade tecnológica se transforma em tentativas frenéticas e muitas vezes maníacas de acreditar que tudo é belo e nada está fora de ordem.

A mídia social se tornou as lentes de nossas experiências, simultaneamente, moldando e restringindo sensibilidades psíquicas, ainda que possamos permanecer inconscientes do escopo de seu impacto. A preocupação com brilho e com alterar a autoimagem caracteriza a cultura ocidental. Como Jung disse há muitos anos: "Quanto mais bem-sucedidos nos tornamos na ciência e na tecnologia, mais diabólicos são os usos aos quais colocamos nossas invenções e descobertas" (McGuire & Hull, 1987, p. 397). Plataformas de mídia social muitas vezes exibem apresentações inautênticas orientadas pela quantidade de acessos como uma verificação de sucesso. Qualidade e singularidade não parece contar quando si-mesmos são facilmente elaborados, adaptados ao geral em vez de vistos como definindo a pessoa. Interagir digitalmente com representações falsas na internet pode prejudicar a capacidade de lidar com complexidade e ambiguidade e de operar com facilidade.

O que quer que pensemos sobre as ferramentas da tecnologia, as imagens que geramos e as atitudes que temos para com elas nos impactam. Podem provocar uma atenuação da vida, afligindo muitos nesse mundo dirigido pela imagem. A adoção defensiva do afastamento psíquico e o narcisismo oculta uma ansiedade que corrói, dissociações internas e autocoesão frágil. A preocupação com uma autoimagem reluzente e com prestígio indica uma vida individual assediada pela necessidade de impressionar as forças sociais. As plataformas de mídia social muitas vezes exibem apresentações inautênticas com informações imprecisas, dizendo-nos que o mundo está cheio de pessoas impossivelmente belas com vidas maravilhosas e luxuosas. Contudo, a mudança para as aparências distantes de sentimentos e emoções tem um custo. Como o psicanalista britânico Adam Phillips disse: "Aprendemos a viver em algum lugar entre as vidas que temos e as vidas que gostaríamos de ter" (2012, p. xi).

O que segue é um sonho e um breve comentário sobre um homem com mais de 30 anos, Terrell, que é incapaz de decidir sobre um foco na vida. Ele não tem uma carreira sólida e carece de autocuidado, embora, finalmente, esteja em um relacionamento estável. Muitas dores e sofrimentos afligem seu corpo. Ele é despropositado e passa tempo jogando o *videogame* de seus primeiros anos para atrasar e evitar sua vida. Ele se apercebe disso, o que provoca muito distresse, mas está imobilizado. Ele se separou abertamente de sua família muito ligada a suas raízes religiosas. Isso foi momentoso para ele e criou muito distresse interno. Terrell não é a pessoa que foi criada para ser, e isso está se tornando muito claro.

Ele está em seu segundo casamento e mais feliz, mas, ressentido por dentro, deprimido, errático em seus padrões de vida, com seu humor volátil. Ficou perdido, com medo e muitas vezes recorre a drogas para mitigar a dor interior. Começou uma nova vida, aparentemente diferente de sua estrutura familiar original, mas seus talentos e qualidades permanecem não utilizados. Pensamentos circulam e queimam em seu cérebro tão rápido quanto o *videogame*, deixando-o confuso e com pouca direção. Sua experiência descreve muitas das características da personalidade "como-se" – talentos não utilizados e vidas desperdiçadas.

O sonho de Terrell: Estou jogando um *videogame* sobre conquistar o mundo. É um jogo de estratégia. Essa parte é um pouco menos clara. É um jogo do qual não gosto muito e não jogava há algum tempo. Minha mãe me fez jogá-lo, mas me pergunta por que ainda estou jogando se sequer gosto dele. Digo-lhe que por vezes volto aos jogos que costumava jogar quando era criança porque ficam melhores ou diferentes com o tempo. Acho que ainda não gosto desse jogo.

Aqui está parte de seu comentário sobre o sonho:

> Passei incontáveis horas tentando determinar isso, e continuei tendo os mesmos sonhos e os mesmos problemas e a mesma incapacidade de me ver. Penso que, por vezes, isso pode não ser tão inteligente ou tão acurado ou tão sintonizado. Como uma trompa desafinada. Talvez eu seja apenas preguiçoso. Talvez, apenas incompetente. Talvez, apenas quebrado. Talvez eu esteja para sempre traumatizado por meu dano desenvolvimental.

A fantasia, como definida analiticamente, possui muitas interpretações e se tornou cada vez mais proeminente em nossas vidas, acentuada pela perda do contato corporal com a comunicação eletrônica. Estamos começando a pensar o espaço psicológico, a consciência e o inconsciente como sequer localizados no corpo? Jung disse: "O corpo é um amigo muito duvidoso porque produz coisas das quais não gostamos; há muitas coisas sobre o corpo que não podem ser mencionadas. O corpo é muitas vezes a personificação do ego" (Jung, 1970, p. 23).

Atualmente há muitas imagens sobre tudo. Comparamos a realidade a imagens, em vez de compararmos as imagens à realidade. Ou, talvez, estejamos perdendo a diferença e distinção entre elas. Telas e tudo que pode ser criado nelas podem mitigar a capacidade de nos surpreendermos, a experiência da surpresa e descoberta. Podem levar a um distanciamento radical do mundo.

Ainda há camadas a serem descobertas por trás da persona de simulação. A internet aumentou o fluxo de imagens que duplicam a vida, e qualquer um é dotado do poder de inventá-las e emiti-las. A mídia social e uma conexão internética constante mudaram significativamente o modo de as pessoas viverem e perceberem as relações, e isso também estimulou ilusões que impactam enormemente a identidade e a construção de imagens. Essa realidade alternativa atua como uma substituta e um refúgio válido contra a ansiedade e vergonha associada à ideia de a pessoa se apresentar em um contexto social autêntico (Favero & Candelleri, 2017, p. 358).

A tecnologia midiática reduz o corpo e a psique a se adaptar ao que é popular, possui os principais números e reflete a resposta rápida superficial. Como a personalidade "como-se", torna-se um mundo cindido do verdadeiro si-mesmo. Relações pessoais face a face são progressivamente eliminadas em favor de vários tipos de interação social baseadas na web (Favero & Candelleri, 2017, p. 359), resultando em recolhimento e isolamento social. Podemos fazer uma imagem ou visão de modo que ninguém possa adivinhar as fachadas no mundo virtual dos corpos retocados e obscurecidos. A superfície conta, não o inconsciente. Como Jung observou: "[A] técnica... baseia-se, evidentemente, numa diferenciação racionalmente orientada da consciência, cuja tendência é a de recalcar todos os fatores psíquicos de natureza irracional" (OC 11/3, § 443).

Na mídia social, "identidades definidas não são tanto um prerrequisito de interação quanto na vida real e podem abrir possibilidades para testar a identidade" (Roesler, 2017, p. 376-377). A identidade não pode ser encontrada apenas atrás das máscaras da mídia social quando nenhum si-mesmo é oferecido ou aparentemente desejado. Em vez disso, a persona impostora abriga a identidade. Uma pessoa adota uma identidade por um tempo. Ela se torna a face daquela pessoa que ela imagina estar olhando para ela. Pintada com *spray*, colorida, enfeitada ou remodelada, torna-se um objeto, que necessita se esconder de quaisquer reações vulneráveis e sensíveis na busca pela autolegitimação. Visar a ser uma rainha da mídia significa se empacotar no *flash* da fachada, como a personalidade "como-se". Contudo,

> se pode ser encorajada a brincar com as imagens, permitindo assumir qualquer forma que consiga produzir, a energia trancada na sombra emergirá, trazendo consigo o fogo criativo enterrado. Nessa nova integração, o si-mesmo traz cura para a alma e energia para a arte (Woodman, 1993, p. 100-101).

O íntimo e privado que são inexistentes na plataforma de mídia social criam problemas de presença e ausência. Há o risco de que imaginação, imitação e idealização falsa substituam relações e experiências da vida real. Como Terrell, a pessoa "como-se" não tem clareza sobre quem é e sobre quem não é.

## A vastidão dos espelhos

Ele continuamente olha para fora, checando para se certificar de que é seguro, mas o incômodo vive dentro, completamente disfarçado da vista dos outros. Ele experiencia uma forma de isolamento de suas sensações corporais e da proximidade de experiências, deixando-o destituído de vida. Ele constantemente checa seu telefone e avalia os likes na mídia social. Se há algum problema ou não há aprovação o bastante, a depressão se instaura e aumenta de uma forma insidiosa. Seus bons sentimentos de si dependem do que outros pensam, mesmo que sejam virtualmente desconhecidos. E como pode alguém conhecer o si-mesmo real através de uma imagem retocada e de um texto cuidadosamente modulado?

Esse homem parece "como-se" real embora inibido na relação e autoexpressão. Há uma apatia e desconfiança subjacentes do mundo. Essa pessoa se sente plana e superficial como a tela da mídia social, ainda que não saiba como remover as camadas e encontrar o que está dentro. Com qualquer indicação de negatividade, a tristeza é provocada, e ele começa lentamente a se desligar e a se retirar. Ele sofre profundamente, falhando em experienciar o que outros parecem desfrutar. O mesmo cenário se repete dia após dia, uma vez que permanece grudado na superfície, comprometendo a individualidade.

A conexão com o si-mesmo, a quem somos como pessoas individuais, é expressa por meio da representação autêntica, não pela falsa adaptação. No núcleo estão as tarefas psicológicas vinculando consciência e inconsciente ao corpo físico. *Incorporação* (*embodiment*) é definida pelo Oxford English Dicionary como "uma forma tangível ou visível de uma ideia, qualidade ou sentimento", e o conceito de uma sensação do si-mesmo é um exemplo de uma ideia – a ideia segundo a qual cada um de nós é uma pessoa individual. As pessoas aprendem sobre o mundo e sobre si por meio de seus corpos; assim, o corpo é a base da subjetividade e autoexpressão da persona. Contudo, para a pessoa "como-se", o corpo está sujeito a vigilância constante e pressão por melhora. Essa atitude revela o caráter traiçoeiro de nossas fantasias sobre o que constitui a boa vida, os ideais que muitos endossam sem muito pensar, mas que são impossíveis de atingir. Talvez, não valha a pena, mas a pessoa "como-se" tende a se apegar a eles como um meio de autodefinição e julgamento internalizado.

A própria mídia social desperta uma sensação de isolamento, uma vez que o virtual substitui a conexão pessoal direta. O contato com o mundo é simulado sem qualquer contato pessoal ou palpável. O idealizado e ilusório pode ser usado para evitar o que a pessoa "como-se" assume ser desilusões inevitáveis, especialmente quando o real foi desapontador. Muita coisa fica reduzida ao geral ou ao trivial, uma vez que superfície e aparência substituem o ser. A realidade das emoções também pode ser emudecida, ou o oposto, e se tornar violentamente não censurada. A pessoa se torna um brinquedo, e o que se busca não é claro, uma vez que é sempre elusivo na imagem nunca estática.

Aquelas pessoas compelidas a checar a mídia social parecem consumidas por uma paixão pela autoexposição, por serem notadas e estilizadas para o consumo popular. Esses retratos, verdadeiros ou não, são populares, e a imagem geral idealizada é elogiada. Isso não leva a maior autenticidade, mas, para muitas, dita como deveriam ser, oferecendo apenas um simulacro da vida. Em vez disso, a imagem geral se baseia no autêntico. As pessoas tentam obter fascinação ainda que permaneça uma distância sem trazer a pessoa real para perto delas.

O si-mesmo como apresentado no ciberespaço cria identidade na busca de uma resposta à pergunta: Quem sou eu? A identidade comunica um sentimento pela singularidade da vida de uma pessoa e o fato de ser diferente de outras. A solidez interna dá um sentimento de continuidade e uniformidade ao longo do tempo, produzindo a coerência para o desenvolvimento da personalidade. Como Jung disse,

> uma pessoa, na medida em que é exclusivamente coletiva, pode mudar através da sugestão, de tal forma que aparente tornar-se diferente da que era antes. Mas se for individual, só pode tornar-se o que é e sempre foi (OC 16/1, § 11).

Temos a chance de criar nossa identidade e, ao mesmo tempo, somos confrontados pela escolha de identidades, modos possíveis de viver, filosofias de vida, formas de se vestir e assim por diante. Isso inclui a influência da cultura, como crescemos e nossas condições de vida. Incorporamos isso inconscientemente em nossa estrutura psíquica e se torna parte de nosso si-mesmo mais profundo. O sentido não emerge da redução da complexidade, mas na personalidade enriquecida por meio de nossa interconexão com outros.

> Não é o ponto principal da psicoterapia e da psicanálise sair detrás da máscara e se tornar plenamente presente com nosso sofrimento e nossas ansiedades prestes a serem aceitas diante do outro real? Como pode isso ocorrer se podemos tão perfeitamente mascarar nossas deficiências tecnologicamente? (Roesler, 2017, p. 379).

A mídia social "está ligada à necessidade de vínculo. Proximidade e inclusive intimidade com outros. É uma ferramenta técnica que pode colapsar as milhas que nos separam e nos unir em uma fantasia acolhedora de contato" (Hauke, 2009, p. 46). As percepções do que chamamos realidade não são neutras, mas refletem nossa personalidade individual, convocando-nos a desenvolver uma atitude consciente e discriminatória para com a tecnologia como parte de nossas vidas. "As mudanças na interação pessoal trazidas pela mídia tecnológica estão fortemente conectadas à extensão e qualidade da presença de ambas as partes da interação" (Roesler, 2017, p. 375).

Assim como depende das pessoas individuais assumirem a responsabilidade pela parceria entre a mente consciente e inconsciente, uma consciência do uso da mídia social é chave. A busca por significado pessoal pode estar em desacordo com tentativas de normalizar as naturezas idiossincráticas dos entes humanos. A tecnologia com seu contato imaginário pode nos tornar muito iguais, permitindo que a pessoa "como-se" evada a incerteza existencial da vida. Elas podem se perder na mera imagem e sacrificar o real e criativo.

Há uma crença na eficácia das imagens e em sua capacidade de enriquecer a realidade, tanto interna como externa. A imagem é definida por Jung como:

> A imagem é uma expressão concentrada da situação psíquica como um todo e não simplesmente ou sobretudo dos conteúdos inconscientes. [...] Não se pode, pois, interpretar seu sentido só a partir da consciência ou só do inconsciente, mas apenas a partir de sua relação recíproca (OC 6, § 829).

O símbolo, por outro lado, é a melhor formulação possível de uma coisa relativamente conhecida, que por essa razão não pode ser clara ou caracteristicamente representada (cf. OC 6, § 904). Um símbolo é vivo e se desenvolve continuamente em seus significados.

## O si-mesmo onírico

Fritz, mencionado anteriormente, tem um sonho por muitos meses na análise: Estava com uns caras, e um me conhecia. Esse me pediu para comprar minha patente. Eu disse não, não a venderei. Você pode usá-la, mas eu posso sentar no meu telhado, tomando meu café e saber que é minha. Não necessito ganhar dinheiro com ela. A patente é minha e sei disso. Para Fritz, esse sonho confirma sua confiança e segurança evoluindo gradualmente, uma solidez em torno da reivindicação do que é seu e de não ser ameaçado por outro homem. O sonho declara força do si-mesmo, inabalável e seguro. A patente poderia representar o que fez de si e quem realmente é.

Quando alguém se torna mais flexível psicologicamente, as fontes do si-mesmo, imbuídas de autenticidade e animação, emergem. Levar a pessoa "como-se" à vida é um processo que requer passar por muitos portões e aprender a permanecer no caminho. A vida oculta na confiança na persona pode ser estreitamente percebida externamente como atos de isolamento, embora contenha o objetivo da autocriação. "O que eu diria, se tivesse uma voz, quem diz isso dizendo que sou eu?... não é com pensamento que me encontrarei, mas o que ele deve fazer, vivendo e desconcertado, sim, vivendo, o que quer que possa dizer... espero por mim distante pela minha história começar..." (Beckett, 1999, p. 24-25). Contudo, a persona não deve ser minimizada, pois contém possibilidades, potencial e valor para chegar às profundezas do si-mesmo.

## Referências

Bari, S. (2020). *Dressed.* Basic Books.

Beckett, S. (1999). *Texts for nothing.* John Calder.

Bollas, C. (1998). State of the fascist mind. In *Being a character.* Routledge.

Connolly, A. (2002). To speak in tongues: Language, diversity and psychoanalysis. *Journal of Analytical Psychology,* 47(3), 359-382. doi: 10.1111/1465-5922.00325.

Derrida, J. (2003). *The work of mourning.* University of Chicago Press.

Favero, D. & Candellieri, S. (2017). Analytical psychology: Do the new technologies have na impact? *Journal of Analytical Psychology,* 62(3), 356-371. doi: 10.1111/1468-5922.12319.

Hauke, C. (2009). Turning on and tuning out: New technology, image, analysis. *Journal of Analytical Psychology*, 54(1), 43-60. doi: 10.1111/j.1468-5922.2008.01756.x.

Jung, C.G. (1963). *Memories, dreams, reflections*. Vintage books.

Jung, C.G. (1970). *Analytical psychology: Its theory and practice*. The Tavistock Lectures. Vintage Books.

Jung, C.G. (1997). *Visions: Notes of the seminar given in 1930-1934* (C. Douglas, Ed.). Princeton University Press.

Knox, J. (2007). The fear of love: The denial of self in relationship. *Journal of Analytical Psychology*, 52(5), 543-563. doi: 10.1111/j.1468-5922.2007.00685.x.

Leonard, L.S. (2000). *The call to create: Celebrating acts of imagination*. Harmony.

Mcguire, W. & Hull, R.F.C. (1987). *C.G. Jung speaking: Interviews and encounters*. Princeton University Press.

Phillips, A. (2012). *Missing out. In praise of the unlived life*. Farrar, Straus, and Giroux.

Roesler, C. (2017). Psychoanalysis: The use of media technology and its impact on the therapeutic relationship. *Journal of Analytical Psychology*, 62(3), 372-394. doi: 10.1111/1468-5922.12317.

Seligman, E. (1986). The half alive ones. In A. Samuels (ed.), *The father: Contemporary Jungian perspectives* (p. 69-94). New York University Press.

Sontag, S. (1966). On style. In *Against interpretation*. Dell.

Wilde, O. (1890). *The picture of Dorian Grey*. Project Gutenberg [eBook #174, created October 1, 1994]. www.gutenberg.org/cache/epub/174/pg174 images.html

Woodman, M. (1993). *Conscious femininity*. Inner City Books.

Woolf, V. (1928). *Orlando: A biography*. Harcourt, Brace and Company.

Woolf, V. (1985). *Moments of being: A collection of autobiographical essays*. Harvest Books.

# 3
# A presença da sombra do pai

A história seguinte é sobre complexidade e valor de seguir a sombra. A sombra requer atenção e observação tão abaixo quanto são enterrados os tesouros do conhecimento.

## Histórias dos dervixes

> Havia uma estátua com o dedo em riste, sob a qual estava inscrito: "Toque nesse ponto para tesouro". Sua origem era desconhecida, mas gerações de pessoas martelaram o lugar marcado pelo sinal. Como era feita da pedra mais dura, pouca impressão foi feita sobre ela, e o significado permaneceu críptico. Dhun-Nun, absorto em contemplação da estátua, um dia exatamente ao meio-dia observou que a sombra do dedo em riste, desapercebido por séculos, seguiu uma linha no pavimento abaixo da estátua. Marcando o lugar em que obteve os instrumentos necessários, forçou com golpes de cinzel o ladrilho, que mostrou o alçapão no teto de uma caverna subterrânea que continha estranhos artigos de uma técnica artística que o capacitava a deduzir a ciência de sua manufatura há muito perdida, para, assim, adquirir o tesouro e os de um tipo mais formal que os acompanhava (Shah, 1974, p. 55).

Um desses tesouros enterrados pode ser a figura paterna que contribui para o desenvolvimento de um ente humano consciente, bem-integrado e inteiro. Geralmente, contudo, o pai como um parente relacional tem sido sem importância, vagamente definido e elusivo cultural, emocional e psicologicamente. Explorar o que foi reprimido nos leva ao que ocorre na sombra: complexos e defesas. Isso também é evidenciado nas atitudes culturais sobre a paternagem aparente nas arenas política, sociológica, familiar e psicológica. A perspectiva aqui promove atenção ao que foi oculto nas sombras, moldando os complexos e defesas. Isso significava "o pai sensível e afirmativo, o pai brincalhão, aquele com muitos lados e sentimentos, não o pai punitivo, severo, autocontido ou apenas de fim de semana ou mandão" (Samuels, 2010, p. 248).

Historicamente, tem havido uma prevalência, e mesmo uma aceitação, da tirania apoiada por uma tradição patriarcal na qual a criança deve se submeter ao pai e aos seus modos. O pai muitas vezes representou e exerceu a dominação, o poder e o controle. Essa dinâmica foi considerada óbvia no passado, ainda que sua parcialidade permaneça uma norma geral. Uma dinâmica assim cria uma mentalidade de submissão e opressão na qual a criança deve se encaixar nos ideais do pai e parecer "como-se" cordata e aquiescente.

A personalidade "como-se" é formada desde falhas ambientais iniciais, focada aqui na dinâmica com a figura parental. A perda de um pai bom e presente pode significar que os talentos e possibilidades de uma criança para o futuro permaneçam dormentes ou se desfazem em dúvida e contribuem para a falta de autoconexão. Sem uma figura paterna amparadora, as crianças são suscetíveis à invasão por imagens negativas. Podem se identificar com a insuficiência e ausência do pai, especialmente como ocorre tão frequentemente ele não espelha uma série de energia masculina ou feminina útil. Quando o pai não pode satisfazer as necessidades de amor e afirmação de seus filhos, abundam hábitos de autodepreciação e de humores.

O questionamento e oposição desses sistemas anteriores, embora previamente ignorados e negados, vêm agora para o primeiro plano. A dinâmica pai/criança se relaciona com temas de identidade, retroagindo à infância e progredindo para a vida adulta. E afeta o modo pelo qual a personalidade se desenvolve para as gerações presente e futura. Tomara que as reflexões psicológicas e pessoais retratadas aqui possam fornecer apoio para novas formas de se relacionar e promover a consciência para expansão de relações afetivas previamente limitadas. O pai não é meramente aquele que dá sustentação à mãe, que, por sua vez, dá sustentação aos filhos; ele pode dar sustentação aos filhos na afinidade e no amor.

## Sombra

Imagens de contos de fadas de reis maus e figuras más representam muitas vezes o pai em seu inconsciente, ausência e negligência. A criança é retratada como inocente e impotente sem qualquer poder ou efeito. Fora das histórias e lendas uma imagem estreita de pai povoou a mente coletiva e pessoal. A realidade de pais ausentes, indisponíveis ou não afetivos alcançam muitas gerações passadas com pesadas influências no presente. Aqui, enfatizo os efeitos das rupturas e crises, as deficiências no espaço psicológico do amor paterno erodido. A criança e depois o adulto sofrem, desejando ser amados.

O pai inconsciente é um fardo transmitido à criança, deixando um vácuo repleto de uma figura paterna negativa. "Ele desejava colocar a tristeza no passado e começar seu futuro, e após isso era inevitável que fizesse sua vida o mais distante possível de seu pai, que colocasse oceanos entre ambos e os mantivesse lá" (Rushdie,

2012, p. 21). O pai inadequado ou incompetente é emocionalmente ausente e passivo e sua afinidade psicológica vai de insuficiente a não existente. O pai pode expressar a sombra por meio de suas atitudes e comportamentos – sem emoção, sombrio, envolvido em casos e vícios. A criança pode ficar confusa e preocupada, com a voz alta do pai na mente da criança enquanto a voz da própria criança é emudecida.

Uma criança perde a individualidade e pode terminar vivendo na sombra do pai. O perigo está no estar inconsciente disso e seu efeito subsequente. Em suas ramificações negativas, é pessoal e culturalmente danoso. "O fato de que um homem pode ser pai de uma criança e depois fugir da tarefa de ser um pai é um dos mais frequentes e insidiosos crimes de todos os tempos... a ausência de um pai traz consequências para toda a vida, e mesmo para a geração seguinte" (Zoja, 2001, p. 285).

Tornar-se consciente da sombra requer esforço e traz reconhecimento das qualidades e ações desconhecidas, por vezes, odiadas, mas humanas. Isso inclui as partes não desenvolvidas e ignoradas, talvez, denegridas, ainda que valiosas, de que o pai não cuida e depois passa para a criança. O efeito sombra é substancial uma vez que abrange mais do que o reprimido e inclui o inconsciente, tanto pessoal como coletivo. Jung escreveu extensamente sobre a sombra:

> Quando alguém tenta desesperadamente ser bom... e perfeito, então, a sombra desenvolve ainda mais uma vontade definida de ser obscura, má e destrutiva. As pessoas não podem ver isso; estão sempre tentando ser maravilhosas, e então descobrem que coisas destrutivas terríveis ocorrem e que não podem compreender, e ou negam que esses fatos tenham algo a ver com elas, ou, se os admitem, os assumem como aflições naturais, ou tentam minimizá-los e transferir a responsabilidade para outro

> lugar. O fato é que se alguém tenta além da sua capacidade ser perfeito, a sombra desce ao inferno e se torna o demônio (Jung, 1997, p. 391).

A sombra contém o que sabemos sobre nós, mas tentamos esconder. Isso leva àqueles aspectos desconhecidos, mas por vezes temidos, como se fôssemos piores do que pensamos. O impacto de negarmos e nos disfarçarmos das sombras pessoais e culturais nos mantém confinados, e mesmo ignorantes e presos entre os muros que nós criamos. A sombra se exerce na pessoa "como-se" que mantém as aparências e funciona excepcionalmente de acordo com outros, ainda que muitas vezes nada seja significativo; sem significado, as experiências da vida são reduzidas a nada (Von Franz, 2000, p. 148). Descer às sombras e abandonar a fachada "como-se" pelo real é o antídoto, algo difícil para a pessoa "como-se" fazer porque significa reconhecer a sombra do pai como distinta da sua.

A sombra produz caos e melancolia e pode ser sentida como um período obscuro. É uma tarefa difícil de separação, de a pessoa enfrentar a si e o pai pessoal e culturalmente sem disfarce, aceitando a realidade do que é. Embora isso possa ser acompanhado por momentos de desespero, encontrar a sombra do pai é um requisito para autofruição. Os recessos sombrios revelam as partes do si-mesmo reclamando reconhecimento, acessando o núcleo, resolvendo o anseio e a melancolia. A pessoa "como-se" muitas vezes tenta escapar dos aspectos sombra – depressão e ansiedade – por meio de fugas da imaginação e grandiosidade. A consciência desconfortável, mas necessária, da sombra representa a chegada à Terra para atualizar criatividade e vida (Von Franz, 2000, p. 128).

Por exemplo, uma mulher insistia que seu pai fizera seu melhor e dizia que já havia dispensado tempo o bastante com ele na terapia de modo que não havia necessidade de discuti-lo. Contudo, ela havia internalizado os modos exigentes dele, e ainda hesitava no mundo. Não queria tocar as raízes do problema uma vez que o havia perdoado e isso deveria bastar. Mas o perdão era o bastante? Ela foi capaz de se livrar do efeito desse domínio? O psicólogo analítico James Hillman (1983, p. 25) descreve essa assim chamada resolução como uma pessoa que está se sentindo precária e carecendo de solidez interna.

Para a pessoa "como-se", fantasia e realidade se tornaram transpostas, e há uma defesa maníaca contra mudança que é preservada mantendo a antiga fantasia viva (Czubinska, 2020, p. 332). A mulher que "perdoou" seu pai não se dá conta de quão obediente era, hesitante, com seus sonhos irrealizados enquanto se mantinha aquiescente aos modos tradicionais e autoritários dele. Especialmente quando o pai responsável e envolvido não está presente, a pessoa pode recuar da vida, carecendo de assertividade para se mover no mundo. A mulher permanecia no limbo, indecidida, perturbada, carecendo de entusiasmo para ser si mesma. Sua criatividade e asserção da vida eram inconscientemente sacrificadas, e estava aborrecida, incapaz de obter qualquer coisa de valor para si.

Conspirar com esse tipo de pai suprime sua sombra, perpetua a inconsciência e o escusa, enquanto, sem que saiba, assume sua sombra. "As desordens psíquicas mais perniciosas derivam menos da forma que alguém confronta um problema do que permanecer inconsciente dele" (Zoja, 2001, p. 293). O lado sombra do pai mergulha a criança na escuridão e caos. A criança está perdida no drama de sua inconsciência e conflitos irresolvidos. Por exemplo, alguns pais não permitirão à criança ultrapassá-los. A inveja da criança que possui qualidades diferentes e mais bem-sucedidas ameaça o pai. Esse pai tenta deter a criança, mina talentos e não fornece apoio. Suas falhas caem sobre a criança que também deve falhar.

Mudar e expandir nossas percepções sobre o pai significa nos abrirmos para variações multilaterais. Isso inclui experiências residindo não somente no poder malévolo do pai, mas também em sua exibição de afirmação e acolhimento. Essas são a miríade de qualidades da figura paterna existentes na psique mesmo quando insuficientemente experienciadas. Isso é reconhecido na seguinte citação: "A existência e operação do pai arquetípico significa que alguma forma de imagem interna pode se desenvolver mesmo quando nenhuma figura paterna externa está presente" (Samuels, 1986, p. 40).

Quando não há um modelo paterno equilibrado e com o qual se possa identificar a criança é enganada e traída, abandonada. Dessa ausência, o desenvolvimento do si-mesmo é comprometido e ganha ímpeto, dependendo de quantas circunstâncias conscientes e inconscientes pessoais e coletivas. A dinâmica pai/criança pode inibir ou ampliar a habilidade do ego ou do "eu" para acessar o inconsciente, perturbando ou ampliando a emergência da relação dialógica entre esses aspectos. Quando o ego e o si-mesmo, ou a personalidade mais profunda, mas abrangente, estão em comunicação, a consciência e o inconsciente aprendem a se acessar. Juntos, permitem-nos superar obstáculos e facilitar o crescimento e a individuação.

Contudo, o peso da sombra do pai não examinada limita o desenvolvimento para ele e seus filhos. A personalidade pode ficar presa, e as crianças assumem papéis que ocultam a ausência emocional crua, a perda e sentimentos de não serem amadas. A criança pode adotar várias personas e viver defensivamente, sem confiança no mundo. Essa falsa adaptação nega os desapontamentos, ansiedades e a falta de Eros ou afinidade do pai. Vinculada à sombra do pai, isso acentua a falta de confiança saudável no, e a separação do, paternal. Quando isso não é possível, a pessoa permanece arraigada no passado de um modo complexo e está destinada a ansiar por um pai inacessível, inatingível e desconhecido. O local desses ferimentos alojados na personalidade "como-se" e na expressão da pessoa é limitado pelo domínio paterno.

Os pais que estou discutindo são egocêntricos, deprimidos, preocupados, isolados, ditatoriais e emocionalmente não confiáveis. Seus filhos não têm uma experiência de serem bem guardados por uma figura paterna. A pessoa "como-se" não tem um pai com quem possa se identificar, consciente de suas emoções, capaz de apoiar e dar amor. Para reiterar, por muitas gerações, a internalização de uma figura paterna envolvida foi inesperada, indefinida, negligenciada e indisponível.

Há uma poderosa e negativa dinâmica pai-criança diante da sombra contínua e onipresente do patriarcado com sua presença prejudicial impactando o desenvolvimento da vida. Com outros modelos ausentes e combinados com influências culturais e familiares dominantes, a criança é preparada para assumir os modos do pai e absorver sua sombra. "A criança foi compelida a existir para satisfazer as necessidades do pai. Esse falhou em reconhecer a necessidade da criança para desenvolver uma identidade própria, e, com o tempo, uma existência separada" (Kay, 1986, p. 63). A formação de uma identidade separada e de uma vida individual é dissipada, como se a pessoa nada significasse. Inseguranças em torno do pai resultam na falta de autoafirmação ou solidez, o sacrifício do desenvolvimento pessoal e a vacuidade emocional. Ao escapar da masculinidade opressiva, assim como superar as responsabilidades da feminilidade tradicional, restritiva, a criança na idade adulta pode se diferenciar em um si-mesmo real.

Como Jung dizia: "Tinha o problema inteiro do pai para resolver" (Lambert, in McGuire & Hull, 1980, p. 156). A identidade masculina, em suas várias formas, necessita ser liberada e despertada na vida fora das tradições previamente restritivas. O pai como uma figura envolvida e ativa na vida familiar desapareceu no inconsciente, provocando perturbações psicológicas e confusão quando abandonou sua parceira, filhos e si próprio. O vazio psíquico desse pai é experienciado depressivamente como um vazio interior (Kristeva, 1991, p. 82). Vazios provindos de falhas no ambiente psicológico com o pai trazem descontinuidades do si-mesmo. Isso leva a uma vacuidade contínua, o lugar onde nada preenche uma necessidade insaciável de ser.

A autorrealização está incrustrada em todos os processos psicológicos, e a psique, como o corpo, esforça-se para manter o equilíbrio. Contudo, quando a representação mental do pai como negativo, ausente e ofensivo é internalizada, a criança e depois o adulto não podem confiar ou se encontrar em outro (Knox, 2003, p. 156). Sem um bom cuidado e atenção paternos, desenvolve-se um quiasma, e uma criança aprende a se esconder detrás de uma persona e uma fachada, negando ou evitando o processo da diferenciação de personalidade. Com numerosos obstáculos e distresse complicando a habilidade de saber o que quer, a pessoa "como-se" busca qualquer coisa para preencher o algo amorfo interior, mas sem foco ou intenção adequada.

De acordo com Jean Knox: "O amor seria temido e evitado devido ao medo do outro que representa a diferença que não pode ser tolerada" (2007, p. 553). A pessoa não consegue lidar com a tensão da oscilação entre ela e o que é diferente. Isso significa que não há habilidade para manter a tensão de opostos, que é necessária para que qualquer coisa criativa ou nova emerja. Quando nenhuma tensão de opostos é permitida, a criança pode facilmente se fundir na sombra do pai influente. Isso descreve o que pode ser chamado um "estado ditatorial e totalitário da mente, mantendo o *status quo* e eliminando qualquer oposição... Ser dominada, assimilada ou incorporada é a primeira fantasia da perda de identidade e do cessamento de existir como um ente autônomo" (Czubinska, 2020, p. 333).

Com relação aos aspectos não desenvolvidos, não vistos e ignorados do pai, "a sombra assume o controle ofuscando a fronteira entre o externo e o interno" (Czubinska, 2020, p. 335), e a criança assume a postura de uma extensão psicológica ou imagem acentuada do pai. A defesa contra a sombra do pai pode escalar na inabilidade da criança de funcionar como uma personalidade total e real. Começando como um mecanismo para sobreviver, a defesa visa a segregar o si-mesmo subjetivo das experiências negativas e para garantir a sobrevivência da psique individual. A internalização da sombra do pai forma uma barreira, impedindo a pessoa de se relacionar individual e criativamente consigo e com o mundo. Muitas vezes a experiência privada deve ser negada em favor de ser aceitável ao pai. A criança aceita o pai como dominante e obedece, mas é incapaz de acessar seu modo próprio.

A pessoa "como-se" frequentemente se sente emasculada, particularmente em relacionamentos e inevitavelmente na transferência terapêutica. Memórias perturbadoras, incluindo desejos ocultos, puxados para dentro como lembretes de algo esquecido ou talvez jamais experienciado. Lidar honestamente com o passado com seu pesado impacto é uma tarefa difícil quando coberto pela sombra inexplorada do pai, trazendo a consciência de experiências reprimidas de confusão e conflito, desejos e necessidades insatisfeitos.

Os exemplos compostos neste capítulo retratam pessoas que tiveram de evitar ser conhecidas sob muitos aspectos, suas profundidades psicológicas sacrificadas, basicamente para si. A vitalidade foi perdida anos antes quando talentos e individualidade se enroscaram internamente. A força pessoal foi ameaçada pela autoridade paterna e a psique ficou sem recurso e começou a desligar na infância. O ferimento paterno levou a uma existência sem emoção restrita a serviço de uma agenda paterna irrealizável e inapropriada. Intimidadas pela, ou inconscientes da, cultura patriarcal e de suas imagens ideológicas, essas pessoas internalizaram a violência e a raiva, já que não poderia ser externalizada. Em posturas defensivas, cada uma dessas pessoas viveu em confinamento solitário "como-se", fingindo, mas sem ser.

## Um homem fragmentado

Anos atrás, Jefferson, então com mais de 30 anos, divorciado com três filhos adolescentes vivendo com sua mãe, entrou em meu escritório. Ao longo de muitas sessões, vagamos pela paisagem de sua psique – explorando sua relação perturbada com os instintos físicos naturais, seu sentimento de dever em vez de amor para com seus filhos, a distorção de espírito no dogma da religião, seu recém-descoberto vínculo com a natureza. "Podemos superar nosso luto por ele superando nosso luto, superando, por nós mesmos, o luto por nós, ou seja, o luto por nossa autonomia, por tudo que nos tornaria a medida de nós mesmos" (Derrida, 2003, p. 161). As exigências levantadas pelo inconsciente o levaram de tentativas de conformidade com o coletivo ao conforto com seu si-mesmo individual. Jung comentou: "Processos psíquicos parecem ser equilíbrios energéticos entre o espírito e o instinto, embora a questão de saber se um processo pode ser descrito como espiritual ou instintivo permaneça totalmente envolta em obscuridade. Esta avaliação ou interpretação depende inteiramente do ponto de vista ou do estado da consciência" (OC 8, § 407). Jung afirmou ainda que é do instinto que o todo da personalidade depende. Dito de outro modo, o alinhamento com os instintos é uma peça-chave para a transformação da personalidade e da expressão individual. É também aprendido com a conexão paterna amorosa.

## Os processos terapêuticos

Como é possível perder um si-mesmo? A traição, conhecida e impensável, começa com a morte psíquica secreta na infância quando a criança não é amada e é separada de seus desejos espontâneos. O pai quer ou força ou espera que o filho seja diferente. O centro de gravidade do filho está no pai, não em si. "Parte da preguiça e do descuido da vida cotidiana é sua falha em compreender suas experiências, em reconhecer e se avaliar... a mente aprende a retomar a posse de suas experiências da bruma do hábito, convenção e esquecimento" (Nussbaum, 1994, p. 340). Esse é o dilema.

Na relação e processo terapêuticos tentamos compreender problemas emocionais de todos os tipos, internos e externos, agudos e cumulativos, passados e presentes. Na estrutura do contexto psicanalítico a atemporalidade do inconsciente se torna aparente. O tempo é muitas vezes associado ao linear, ao pai como *logos* ou ao racional. Todavia, o tempo é uma dimensão do universo físico e igualmente um tema subjetivo da mente e da memória – uma experiência circular e fungível. Podemos temer e odiar o tempo como o arauto dos limites e da mortalidade, enquanto simultaneamente dependemos dele para a vida. Sem a consciência do tempo, poderíamos nos estabelecer confortavelmente no *status quo*. Por outro lado, podemos viver na ilusão da atemporalidade para aliviar os sofrimentos dos limites da vida, nossos conflitos sobre e capacidades para reconhecer e lidar com as perdas, mágoas e desapontamentos assim como as esperanças e possibilidades. Central ao funcionamento da psique humana são a lembrança subjetiva do tempo, a articulação e ordenamento dos elementos mentais no ato da vinculação verbal com o incipiente. A suscetibilidade para sobrevalorizar o tempo linear pode ser um sinal de alienação da natureza e de seus ciclos.

A atemporalidade do inconsciente é ativada pela intenção, medo, esperança ou qualquer emoção estranha, e sua ativação é acompanhada por uma diminuição da consciência. Isso pode ser comparado ao processo psicológico no qual as nuanças e as pequenas mudanças são observadas quando terapeutas e pacientes registram suas reações. Prestamos atenção às palavras e aos sentidos e às sensações corporais quando compartilhamos e falamos para e da série e profundidade das experiências reveladas no contexto terapêutico. As pessoas levam tempo para reconhecer o que fazem umas às outras e o que foi feito a elas ao acessarem e abrirem os danos mais profundos na busca por restauração. Ser real vem do exame do desespero e da depressão que os pacientes sentem e do crescimento que desejam. No ambiente sustentador terapêutico, podem aprender a continuar.

Jefferson sempre sentiu uma terrível apatia interior, uma desesperança em perceber somente as manchas de sua personalidade. Ele é extremamente autocrítico e facilmente desencorajado. Experienciava-me, sua analista, como fria e desinteressada em relação a ele. Qualquer pessoa real está ausente de seu escopo, uma vez que suas sensações reais também estão ausentes. Não pode haver experiência emocional imediata, nenhuma espontaneidade, e ele observa cuidadosamente para evitar surpresas de modo a não ser pego desprevenido.

Jefferson entrou na terapia devido a relacionamentos fracassados. O que segue relata sua história, seus desapontamentos desde cedo na vida e sua adoção da imagem "como-se". Isso o mantinha coeso, de modo que podia lidar com o sentimento interior de ser fragmentado. Como teme a "fragmentação", como a chama, deve prosseguir, conduzir-se "como-se" tudo fosse ordenado e de acordo com as regras, embora não concorde com elas.

Ele conta que deseja ser rigoroso com relação a seu pai, que não é tão mau, e tem exemplos nos quais também anda um ou dois passos na mesma trilha. Contudo, acrescenta, seu pai completa a jornada. Então, retrocede em sua afirmação de ser cuidadoso e justo para com seu pai. Depois, argumenta dizendo que seu pai era horrível. Abrir-se com seu pai não é confortável nem fácil. De fato, com esse tipo de pai, que tem uma sombra muito longa, é prejudicial.

Jefferson adotou fortes defesas para preservar a segurança de seu ser, mas o colocaram em um dilema. Ele queria um pai próximo, mas havia muita traição e a sombra de seu pai intercedia para impossibilitar isso. Quando jovem, não conseguia expressar isso; apenas sabia que seu pai não era confiável. Jefferson não teve o toque paterno. Privado desse encontro tátil, carecia das primeiras experiências cruciais do si-mesmo. Teve apenas uma experiência negativa, com uma negligência massiva em suas primeiras relações, que levaram à vacuidade e a uma sensação de não ser, uma pessoa sem valor. Essa ausência é acompanhada por uma autorrepresentação prejudicada, e isso leva à insegurança com outros. A presença do pai e do toque amoroso são necessários. O pai fornece à criança a contenção e integração necessárias para estabilizar impulsos que podem oprimir. A criança necessita desse toque amoroso para encontrar um si-mesmo corporal, que se origina com o estar relacionado a, e com o ser sustentado seguramente, desde o começo.

Isso tudo ficou mais complicado quanto ao mundo exterior, o pai de Jefferson era respeitável, mas, em casa, Jefferson tinha de viver com o silêncio, as regras estritas e a personalidade opressiva de seu pai. O PAI, como deviam chamá-lo, ainda está discorrendo e insistindo que nada fez de errado. Jefferson o chama de sociopata inteligente. Privado do cuidado do pai bom, ocorreu um quiasma interno, e esse filho aprendeu a se esconder por trás da persona e da fachada, evitando, vivendo "como-se" protegendo-se do pai enganador. Essa atitude compromete a habilidade de se mostrar plenamente na terapia e de formar relacionamentos. A liberação do complexo do pai restritivo, repleto de regras, exige conquistar a consciência, a confiança e a autonomia. O si-mesmo ferido, emocionalmente derrubado pelo parente/pai, aprende a ficar alerta ao outro para calibrar como responder, embora não para si, uma vez que o si-mesmo não existe mais.

Embora não quisesse ser como seu pai, Jefferson buscava sua aprovação. Ele admite, o que lhe deixa nauseado, que seu pai era sedutor e inteligente. Ele tentou repetidamente fazer seu pai entender, por meio de conversas, cartas para explicar, mas seu pai não ouvia nem reconhecia o que Jefferson dizia ou quem era. Por exemplo, sem explicação, quando estava no segundo ano da faculdade, Jefferson, um excelente aluno, perdeu o apoio de seu pai para pagar seus estudos.

Jefferson lê os filósofos alemães do século XIX, especificamente Nietzsche, enquanto busca respostas para uma vida que considera sem sentido. Ele acredita firmemente que ninguém pode se aproximar dele ou entendê-lo. É inseguro e secretamente zangado com quase tudo, mas principalmente consigo. É sério, sensível e ainda assim distante. Embora não explicitamente evidente, experiencia extremo desconforto com outras pessoas. Não querendo ser como seu pai, evita ser agressivo ou assertivo.

Entretanto, Jefferson acha desconectada a sincronização entre o si-mesmo e os outros. Tem dificuldade em receber atenção ou ser fisicamente tocado. Quando vê uma mulher bonita, desvia, pois tem receio de se aproximar por esperar ser recusado. Ele considera sua infelicidade pior do que o sofrimento dos outros e isso garante que ninguém entenderá. A perda de contato com um si-mesmo autêntico pode resultar em isolamento. Incapaz de gerar sentido, perde seu si-mesmo mesmo que sempre esteja pensando em si. Ninguém sabe quão perdido está nesse lugar desorganizado. André Green observou: "O luto branco do pai induz o luto branco na criança enterrando parte de seu ego na necrópole paterna" (1997, p. 9).

Se o pai fornece orientação e proteção, cuidado e amor, respeito e uma ampliação da sabedoria, a criança pode se mover na vida com confiança. Se não, e quando há falha da figura paterna, haverá uma busca incessante por imagens paternas. Se o pai tem a persona de inflação e controle, os aspectos físicos, instintivos e emocionais da masculinidade afundam no inconsciente da criança, e ela, como Jefferson, é suscetível à incorporação da sombra do pai. Como resultado, Jefferson se esconde para permanecer despercebido.

## O corpo na sombra

Quando criança, Jefferson não recebia abraços, não era tocado, nenhum eros e pouco envolvimento pessoal. Havia pouco amor entre seus pais que usaram uma fachada por anos. A distância emocional do pai, a falsidade em seu casamento, a ética de trabalho ilícita e a irresponsabilidade criaram uma fundação de desconfiança e insegurança tanto no corpo como na psique para Jefferson. Ele cresceu em uma comunidade eclesial na qual seu pai era altamente respeitado, mas um homem enganador. Tinha casos, trapaceava nas transações de seu negócio e escondia tudo, incluindo sua queda por pornografia. Jefferson seguiu estritamente os ensinamentos religiosos da igreja até abandoná-la próximo aos 30 anos. Sentia que sua alma estava desconectada da Igreja e suas regras; sentia-se vazio, sem qualquer relação com sua essência.

Muito notadamente, tudo isso afetou demais sua relação com o si-mesmo e com os outros. "A alma humana vive unida ao corpo, numa unidade indissolúvel, por isso só artificialmente é que se pode separar a psicologia dos pressupostos básicos da biologia" (OC 8, § 232). Sua autenticidade estava ausente porque sensações espontâneas reais foram desautorizadas pelo pai desde cedo. Jefferson carecia de confiança e se sentia socialmente desconfortável. Sua inteligência elevada lhe permitia ser bem-sucedido em sua carreira, mas não conseguia se organizar em sua casa; seus relacionamentos começavam e não levavam a lugar algum; e não conseguia se comprometer com pessoa ou coisa alguma. Algo estava sempre errado. Ele estava controlando ainda que se sentisse fora de controle e manufaturava regras em sua cabeça sobre como agir. Também era oprimido em seu fluxo de fala, sempre verificando se era aceitável. Isso o impedia de sentir espontaneamente ou de expressar qualquer experiência interna.

Jefferson não conhecia vínculo, amor, proteção, vulnerabilidade, dependência ou conforto com outros. Sua paisagem interior permanece oculta e vulnerável e o mundo exterior espelha quão diferente e separado se sente dos outros. Quando há cuidado paterno danificado, uma criança internaliza a apatia e se torna morta e insensível, sofrendo uma vacuidade não correspondida e uma falta de segurança. Em vez disso, a criança registra ansiedade, torna-se tomada por pulsões destrutivas ou obsessivas e impulsos persecutórios. Essas reações se desenvolveram para que Jefferson pudesse sobreviver, uma vez que seus instintos sobre pessoas foram tragicamente embotados. Essas são as fissuras psicológicas que criam um resíduo de a pessoa ser incapaz de amar ou tirar o maior proveito de seus talentos (Green, 2001, p. 176).

É um risco para Jefferson ser quem é – exposto, humano e vulnerável. Ele experienciou uma profunda negligência afetiva inicial enquanto a necessidade de outro era negada e desesperadamente ansiada. "Uma novidade que poderia se mostrar ainda mais grave do que a ausência do pai seria a ausência da busca pelo pai" (Zoja, 2001, p. 287).

Por vezes, após ou durante uma sessão, sentia-me desesperançada ou vazia, incapaz de chegar até ele. Isso pode ser o que Jefferson também sente em suas frustrações e conflitos para se conectar. A relação terapêutica pode oferecer um tipo de reparação que envolve lembrar das conexões dolorosas e rompidas. Contudo, isso é doloroso, uma vez que Jefferson experiencia somente a carga de desespero e baixa autoestima. Embora compartilhar os danos mais profundos e coconstruir os padrões e refletir sobre eles leve ao desenvolvimento da personalidade, para Jefferson, leva principalmente à vergonha.

Ele descreve a terapia como a perfuração de um abcesso no desvelamento doloroso de desapontamentos, obscuridades, mistérios. Sessão após sessão, Jefferson trata de sentimentos, percepções, pensamentos, ideias e emoções de que não tratara nem reconhecera previamente com pessoa alguma. Juntos, exploramos sua psique, povoada de coisas sutis ou desconfortavelmente percebidas, e interpretamos os espaços interpessoais. Ouvimos cuidadosamente e essa escuta penetrante segue um ritmo lento, mas contínuo.

Jefferson consegue lidar com muito distresse físico, trabalhando por muitas horas, fazendo caminhadas em território que poderia ser perigoso, não se importando se alguém sabe ou não onde está. Ele foi treinado para autonegação devido à falta de cuidado e experiências insuficientes de espelhamento ressonante. Descreve sua família como desprovida de amor e reitera o dogma da Igreja com sua aversão muito cruel ao humano natural. Seus impulsos naturais foram comprometidos em função da ausência de afinidade emocional e física com seu pai, a Igreja e sua mãe. Isso criou uma dissociação entre corpo e alma e o que ele deveria ser, mas não era. Deixou-o imerso em desesperança e impotência, prostrado e com poucas centelhas de esperança. Até o complexo paterno ser compreendido, sente-se incapaz, sem voz adequada ou direção de vida (Schwartz, 2020, p. 43). Jefferson assumiu que a sombra do pai é melhor do que ele, mas isso também significava que estava fortemente entrelaçado em um complexo paterno negativo, e se perdeu.

Um dos propósitos da investigação terapêutica é reparar as divisões de modo que a consciência e o inconsciente pessoal e coletivo possam se abrir. Viver como parte do todo começa com a realidade da qual todos já somos participantes, parte do cosmos, interconectados. Para Jefferson, sua jornada para a natureza, quando enfrentava os elementos, era como uma participação cósmica. Conquistou uma sensação do si-mesmo lá. Contudo, mesmo na beleza expansiva da natureza, permaneceu perseguido por dúvida e incerteza, perguntando-se se estava sendo verdadeiro para si e sentindo dolorosamente o desejo de amar.

Jefferson era oprimido pelo autodesprezo e pela incerteza. Ao negar e rejeitar partes de si, tornou-se invisível, e sua sensação de estranheza foi acompanhada por despersonalização. Julia Kristeva, psicanalista francesa, descreveu isso como melancolia... "pesar pela tristeza, solidão e exclusão" (1992, p. 12-13). Essas são as palavras que Jefferson usa para descrever como soa um abismo intransponível que o separa de outros. Para ele, o mundo era feito de extremos e espaços e relacionamentos vergonhosos que eram falsos e não confiáveis.

Jefferson sonha com estar no aeroporto e com pessoas que estão se chapando. Ele as deixa, e tem uma garrafa grande de cerveja. Depois, corre até ao segurança que lhe diz que não deve andar com cerveja por ali. Ele diz que o guarda é disciplinado como um soldado e representa as regras. Essa parte regulada dele está em conflito com seu desejo de ser livre, e sua segurança está então comprometida. Ele não teve orientação de seu pai e aqui está seu dilema – seguir as regras ou ser si próprio e como transpor a lacuna que os separa.

O sonho revela os recessos ocultos desconhecidos da psique, o receptáculo de problemas pessoais, emocionais, psicológicos e físicos. Sonhos oferecem *insight*, mensagens e realidades psíquicas das quais não somos, de outro modo, conscientes. Eles nos apresentam desafios e oportunidades para aumentarmos nosso autoconhecimento, descobrirmos verdades e respondermos à pergunta "Quem somos?" Jung comentou: "Os processos naturais de transformação são anunciados principalmente no sonho" (OC 9/1, § 235).

Há um impulso inerente para formar uma psique unificada. Como Andrew Samuels coloca: "O processo simbólico começa com uma pessoa se sentindo 'presa', detida, forçadamente obstruída na busca de seus objetivos e termina em iluminação, 'vendo através', e sendo capaz de ir adiante em um curso alterado" (Samuels, Shorter & Plaut, 1986, p. 145). Devido a esse impulso, uma psique patologicamente desintegrada tenta espontaneamente se reintegrar. Isso requer uma disposição para entrar em um sonho e se acomodar a ele. É sobre estar com o desconhecido e deixar as imagens afetarem a compreensão enquanto nos guiam. Não sabemos de onde vêm os sonhos, mas podemos encontrar seu propósito enquanto ilustram os passos para desenvolver a consciência. Alertam-nos se estamos nos extraviando, encorajam-nos e fornecem *insights*. Para interpretar sonhos, tornamo-nos disciplinados e lógicos, mas também emocionais, sensíveis, imaginativos e sensatos.

Em outro sonho, ele está na casa de seu pai e no *closet* se trocando. Está nu. Um menino de 8 anos entra e depois uma mulher, e se cobre quando o menino entra. Em suas associações, ele está desapontado por ainda estar na casa de seu pai. O sonho implica algo sexual e encoberto, mas não vai além disso. Em vez disso, começa sua sessão dizendo que não espera que eu possa compreender. Ele está lendo *A morte de Ivan Ilich*, escrito em 1886 por Leon Tolstói. Jefferson conta que o personagem de Ivan gritou por três dias antes de morrer. Diz que se sente como ele, mas uma expressão exterior de angústia assim não é seu estilo, e nunca mostraria tanta dor e sofrimento. Reconhece que isso é o que ele chama o lugar fragmentado no qual fica perdido, isolado, desequilibrado e extremamente ansioso. O espaço fragmentado proíbe o pensamento e deve escondê-lo respondendo "como-se" não estivesse lá.

A tristeza de Jefferson representa a expressão não verbal, o traço dominante considerado autodesaparição e desengajamento (Green, 2002, p. 645). Jefferson não reconhece a cisão ou parcelamento do si-mesmo, uma vez que ocorre automaticamente e tem estado acontecendo até onde pode lembrar. Aqui, é onde ele fica inconsciente, dominado pela sombra do pai, negando sua autoexpressão. As interações traumáticas com cuidadores iniciais são reproduzidas em uma relação de objeto internalizada, deixando em seu caminho o si-mesmo verdadeiro esperando por ser encontrado (Modell, 1996, p. 86). Jefferson diz que seu objetivo é tentar não necessitar das pessoas. É vulnerável e receia que seu espaço ou limites sejam violados, e, com isso, magoar-se. Um dos resultados de se afastar da tristeza e do luto, da mágoa e do sofrimento, é se tornar descentrado e destituído de qualquer coisa espontânea.

Por vezes, Jefferson parece aterrorizado quando descreve a solidão pontuada pelo choro ou ingestão desenfreada de chocolate ou tortas. Quando, busca, desesperadamente, conforto na comida, suas ações o simbolizam sem a segurança do si-mesmo e um afastamento interno para autopreservação. Por um longo tempo, Jefferson parece resistente ou incapaz de se conectar com a realidade psíquica desses lugares interiores que são distinguidos por sua falta de estrutura ou organização (Green, 1997, p. 37). Não é incomum o mundo exterior ser tão carente de proteção, orientação e amor.

Jefferson está, usualmente, em um estado mental de autodesprezo e não gosta de seu corpo. A fissura da ausência paterna o deixou sem identificação masculina saudável, mas com uma cultura interna de vácuo, vacuidade, autodesprezo, recolhimento destrutivo e autodepreciação com uma qualidade masoquista predominante (Green, 2002, p. 644). Certamente isso é manifestado também fisicamente. Jefferson desdenha e nega seus instintos corporais embora busque pornografia na internet e o que ele chama de masturbação compulsiva. Ali, ele permanece invisível e desconhecido, desvinculado e isolado, sozinho por trás de uma tela de computador.

Jefferson lembra de uma ocasião na infância quando ria com amigos, mas considerou demais e instituiu estritamente uma regra pra jamais ser livre daquele modo novamente. Ele sentia vergonha. A ansiedade e o sentimento de ser internamente destruído é o que permaneceu. Sua insegurança faz a vida parecer embrutecedora. Ele é muitas vezes internamente bombardeado pelo que deveria fazer quando tem tempo livre. Deveria ler, exercitar-se, tomar um café ou trabalhar em sua casa? Essa é a representação do que Jefferson chama o lugar fragmentado no qual regras substituem o si-mesmo espontâneo.

Ele diz que experienciar esse lugar fragmentado é doloroso, e se torna mais sozinho, já que muitas vezes não tem palavras para ele. Ele defende freneticamente a preservação do espaço privado, uma vez que experiencia o si-mesmo como frágil e agudamente vulnerável às respostas do outro (Modell, 1996, p. 78). Por exemplo, ele pode fazer sexo, mas não passa a noite com a pessoa, pois isso é muito íntimo. Estar com outra pessoa é difícil para ele porque o lastro interno parece ausente e ele não pode ser perfeito o bastante. Se passa a noite com a pessoa, sua vulnerabilidade e as personas reais podem ser vistas.

A falha em conter a função é outro modo de nomear o que Jefferson chama esse lugar fragmentado no qual se sente tão frágil e sozinho. O psicanalista britânico Wilfred Bion descreveu isso como caracterizado por cisão minúscula; uma experiência de fragmentação da mente e objetos; um sentimento de estar aprisionado; uma sensação inominável de medo; uma sensação de desintegração; a incapacidade de suportar a ausência, embora experienciando conexões como sendo repletas de crueldade; ser bombardeado com sensações e não ter tempo para compor pensamentos ou reações; intolerância ao sofrimento; buscas maníacas por um receptáculo, que Jefferson chama de necessidade de alguém para torná-lo inteiro (Stevens, 2005, p. 622). Jefferson diz que meus comentários o fazem perder seus pensamentos e sentimentos e foco em ser correto ou dar a resposta certa. Ele se torna internamente bombardeado por muitas possibilidades e confuso sobre como responder e isso pode paralisar sua mente. Ele é pego no que pensa ser desejado e isso o separa do que pensa e sente.

Green (1997, p. 146) chamou essa situação psicológica *luto branco* e a alinhou à vacuidade. Tem também a resposta física de se sentir apática. Uma pessoa sobrevive à negligência emocional e pesar iniciais, mas a vasta vacuidade permanece. Isso progressivamente e ao longo da vida se traduz em insensibilidade. O desespero se instala. Essa é uma parte das lágrimas que Jefferson derrama na terapia, e nada pode fazer senão permiti-las. Sua psique e corpo necessitam chorar – talvez pela falta de ressonância, o anseio não correspondido e a negligência e falta do pai propelindo a busca por seu si-mesmo.

## Corrigindo o desequilíbrio

Jung argumentava que o que passava por normalidade muitas vezes era a própria força que fragmentava a personalidade da paciente. "Era uma bela manhã de primavera, e muito calma. Isso traz de volta o sentimento de que tudo tinha de terminar" (Woolf, 1985, p. 84). Tentar ser normal, como seguir a religião coletiva ou a família, para Jefferson, violava sua natureza interna se fosse ela própria uma forma de patologia.

> Mas a situação fica difícil, quando a natureza do paciente se rebela contra uma solução coletiva. Neste caso, coloca-se para o terapeuta a questão de saber se ele está disposto a quebrar suas convicções ao confrontar-se com a verdade do paciente. Se quiser prosseguir com o tratamento, deverá impreterivelmente, e sem nenhum preconceito, sair com o paciente à procura das ideias filosófico-religiosas correspondentes aos seus estados emocionais (OC 16, § 184).

Processos autorreguladores na psique são ativados em tentativas para corrigir o desequilíbrio psicológico. Formas de individualidade e identidade para reparar a cadeia quebrada de circunstâncias. A percepção foi que Jefferson não importava, a ligação com o pai fora irreparavelmente rompida. A busca não foi respondida por um pai que poderia pensar nele e amá-lo, mas não era para ser assim.

Do exame de nossas tragédias, podemos encontrar uma capacidade para viver autenticamente. Isso significa tolerar a frustração e aprender a enfrentar a vacuidade sem tentar preencher ou negar o sentimento, desapontamento, dependência ou desejo. Gradual e lentamente como os domínios do corpo físico e a psique são conectados, Jefferson se libera do automatismo e o substitui com o aumento da sensibilidade para seu si-mesmo. Ele pode ver seu pai por quem ele é e decide não interagir com ele. Ainda carrega muito da sombra do pai, mas também separado de grande parte dela. Ele encontra algum conforto e facilidade em ser seu si-mesmo individual, mas intimidade em relações ainda são indisponíveis. O quanto sua vida poderia evoluir com outra pessoa e se poderia criar um espaço para expressar curiosidade, diversão e criatividade ainda está em questão.

> Afinal, cada vida é a realização de uma totalidade, isto é, de um "si-mesmo", motivo pelo qual esta realização também pode ser chamada de individuação. Pois toda vida está ligada a portadores e realizadores individuais e é inconcebível sem eles. Cada um destes portadores recebe um destino e uma especificidade individuais e a vida só encontra o seu sentido quando eles se cumprem (OC 12, § 330).

Em outras palavras, o quanto ele pode relaxar o controle ou tratar da profunda divisão interna depende das defesas da psique para proteger o si-mesmo da dissolução (Solomon, 1998, p. 229).

## Referências

Czubinska, G. (2020). Difference – Is it hated or desired? Reflections on the totalitarian state of mind. *Journal of Analytical Psychology*, 65(2), 325-344. doi: 10.1111/1468-5922.12587.

Derrida, J. (2003). *The work of mourning* (P.-A. Brault e M. Naas, eds.). University of Chicago Press.

Green, A. (1997). *On private madness*. Karnac.

Green, A. (2001). *Life narcissism, death narcissism*. Free Association.

Green, A. (2002). A dual conception of narcissism: Positive and negative organizations. *Psychoanalytic Quarterly*, 71(4), 631-649. doi: 10.1002/j.2167-4086.2002.tb00020.x.

Hillman, J. (1983). *Healing fiction*. Station Hill.

Jung, C.G. (1997). *Visions: Notes of the seminar given in 1930-1934* (C. Douglas, ed.). Princeton University Press.

Kay, D. (1986). Paternal psychopathology and the emerging ego. In A. Samuels (ed.), *The father: Contemporary Jungian perspectives* (p. 45-68). New York University Press.

Knox, J. (2003). *Archetype, attachment, analysis.* Routledge.

Knox, J. (2007). The fear of love: The denial of self in relationship. *Journal of Analytical Psychology*, 52(5), 543-563.

Kristeva, J. (1991). *Strangers to ourselves.* Columbia University Press.

Knox, J. (1992). *Black sun.* Columbia University Press.

Mathers, D. (2001). *Introduction to meaning and purpose in analytical psychology.* Routledge.

Mcguire, W. & Hull, R.F.C. (eds.) (1980). *C.G. Jung speaking*. Picador.

Modell, A. (1996). *The private self.* Harvard University Press.

Nussbaum, M. (1994). *The therapy of desire: Theory and practice in Hellenistic ethics.* Princeton University Press.

Rushdie, S. (2012). *Joseph Anton: A memoir.* Random House.

Samuels, A. (1986). *The father: Contemporary Jungian perspectives.* New York University Press.

Samuels, A. (2010). The transcendent function and politics: NO! *Journal of Analytical Psychology*, 55(2), 241-253.

Samuels, A., Shorter, B. & Plaut, F. (1986). *A critical dictionary of Jungian analysis*. Routledge and Kegan Paul.

Schwartz, S. (2020). *The absent father effect on daughters*. Routledge.

Shah, I. (1974). *Tales of the dervishes*. Octagon Press.

Solomon, H.F. (1998). The self in transformation: The passage from a two to a three dimensional internal world. *Journal of Analytical Psychology*, 43(2), 225-238.

Stevens, V. (2005). Nothingness, no-thing and nothing in the work of Wilfred Bion and in Samuel Beckett's Murphy. *Psychoanalytic Review*, 92(4), 607-635. doi: 10.1521/prev.2005.92.4.607.

Von Franz, M.-L. (2000). *The problem of the Puer Aeternus*. Inner City Books.

Woolf, V. (1985). *Moments of being: A collection of autobiographical essays.* Harvest Books.

Zoja, L. (2001). *The father*. Routledge.

# 4
# A recusa da dualidade na dependência sexual e na pornografia

## Os sapatos vermelhos

Na história, uma menina destituída recebe um par de sapatos vermelhos. Para consternação dos habitantes da cidade, a jovem, vestida com trapos, usa os sapatos no funeral de sua mãe, e uma mulher rica a vê e a adota. A mulher queima os sapatos com as velhas roupas esfarrapadas da menina. Mais tarde, a menina vê uma jovem princesa vestindo sapatos vermelhos, e fica obcecada por ter um par. Com mais idade e próximo de sua confirmação na Igreja, a mulher manda fazer uma roupa para ela num alfaiate. A menina escolhe um par de sapatos vermelhos da vitrina, sabendo que sua guardiã tem uma visão horrível e é praticamente daltônica.

Quando os integrantes da congregação revelam à mulher que sua filha adotada usou sapatos vermelhos em sua confirmação, ela fica chateada. Diz à menina que daqui para a frente não pode mais usar sapatos vermelhos e sim pretos. No domingo seguinte, a menina a desobedece e usa sapatos vermelhos.

Um soldado vê os sapatos vermelhos, toca-os com seus dedos, e diz: "Ei! Lindos sapatos de dança! Aperte bem os cadarços quando dançar!" E, depois disso, é como se os sapatos tivessem ficados possuídos, e a menina começa a dançar sem parar, até chutar as canelas de sua guardiã, e um cocheiro tirar seus sapatos. Esses são trancados em um armário, mas a menina não consegue tirar seus olhos deles. Não importa quão horríveis esses sapatos se tornem, ela está obcecada com a ideia de usá-los novamente.

Sua guardiã adoece, e a menina põe os sapatos, justificando para si que sua guardiã está morrendo, afinal, que se importa que use os sapatos ou não? Uma vez mais, os sapatos a fazem dançar sem parar. Só que, dessa vez, não pode removê-los. Eles ficam grudados em seus pés. A menina dança nos campos, em um cemitério e nas estradas. Os sapatos a controlam completamente. Os sapatos vermelhos que ela outrora amava se voltaram contra ela. Ela dança sem parar, dia e noite, sem descansar nem se alimentar.

Um dia, a menina dança perto de sua casa, e, dentro, ouve cantos e se apercebe de que sua guardiã morreu, mas, graças aos seus sapatos, não pode se despedir de uma mulher que cuidou dela como uma mãe. Finalmente, ela implora a um executor para cortar seus pés. Mas mesmo com pés de madeira e muletas, que o executor faz para ela, os sapatos vermelhos e os pés a perseguem. Onde quer que vá, os sapatos amaldiçoados a seguem! Finalmente, pede ajuda a Deus, e os sapatos vermelhos desaparecem, e a pobre menina tem paz.

Os contos de fadas de cada cultura são específicos e gerais à medida que adotamos caminhos similares ainda que diversos para nós mesmos, dependendo de várias influências pessoais e culturais. O tipo de pensamento egoísta exibido na história dos sapatos vermelhos é muito similar à lógica egocêntrica de uma pessoa viciada. Esse conto de fadas se compara à narrativa do homem neste capítulo que teve de conhecer e enfrentar seus demônios de modo que pudesse se libertar para ser ele próprio. "A vida não vivida é uma atmosfera irresistível de destruição que age em silêncio, mas inexoravelmente" (OC 10, § 252).

Mover-se da unidade para a dualidade é um processo psicológico que reflete relações inter e intrapessoais. Este capítulo vincula as perspectivas da psicologia analítica junguiana às do psicanalista francês André Green sobre a mãe morta ou ausente e narcisismo. As similaridades e diferenças entre eles descrevem situações nas quais a psique pode se tornar estreita e fragmentada, afetando a experiência pessoal do si-mesmo e de outros. Cada perspectiva oferece *insights* únicos sobre um lugar escuro e muitas vezes solitário, elucidado pelo exemplo composto de um homem chamado Daniel, que se descreve como viciado em sexo, que viveu "como-se" real grande parte de sua vida.

## Abertura ao vício

Inicialmente, Daniel enviou um e-mail dizendo ser viciado em sexo, e que era hora de entender isso. Fez a primeira de muitas consultas, várias vezes por semana, e continuou o que se mostrou ser uma busca complexa por um si-mesmo e por uma vida de paz interior e honestidade. Havia muitas camadas de sedimentos que o impediam de ter uma experiência de si. Com o tempo, ambos aprendemos como seus vícios, que iam de prostitutas a pornografia na internet, álcool, drogas e mentira, atraíam-no para, e o distanciavam de si. Ele era como o personagem principal de *O estranho caso do Dr. Jekyll e Mr. Hyde*, no qual a psique se divide entre persona e sombra, cada uma com um forte magnetismo que se torna mais díspar ao longo do tempo à medida que Mr. Hyde se torna mais sedutor.

Os afetos e desejos de Daniel por amor e afeição foram relegados às sombras e eram manifestados apenas no corpo; sem afinidade. Em sua mente, acreditava que esses encontros eram relações reais e as justificava como tais. Tristemente, não sabia a diferença. Seus comportamentos compulsivos tentavam mascarar as sombras da melancolia, fragilidade e falta de ânimo. Ele passou a se identificar com elementos seletos de sua personalidade e não estava aberto ao afeto, à fluidez do inconsciente, à voz da outra pessoa, o não "eu" ou si-mesmo como diferente do ego (West, 2008, p. 371). Nessa situação, o si-mesmo está em combate consigo, e a transformação é debilitada uma vez que os recursos internos permanecem não desenvolvidos.

Da perspectiva da psicologia junguiana, a sombra abrange mais do que o reprimido e inclui o inconsciente, tanto pessoal como coletivo. Pode se sentir desestabilizado diante da realidade de quem somos e da qualidade da vida à qual acedemos. Como Jung comentou:

> Quando alguém tenta desesperadamente ser bom, maravilhoso e perfeito, então a sombra desenvolve ainda mais uma vontade definida de ser obscura, má e destrutiva. As pessoas não podem ver isso; estão sempre se esforçando para ser maravilhosas, e então descobrem que ocorrem coisas destrutíveis e terríveis que não podem compreender, e ou negam que esses fatos têm algo a ver com elas o, se os admitem, tomam-nos por aflições naturais, ou tentam minimizá-los e transferir a responsabilidade para outro lugar. O fato é que se alguém tenta ser perfeito além de sua capacidade, a sombra desce ao inferno e se torna o mal (Jung, 1997, p. 391).

Em *A poética*, o filósofo grego antigo Aristóteles (384-322 AEC) observou: "nossa compaixão é provocada por infortúnios imerecidamente sofridos, e nosso terror por alguma semelhança entre o que sofre e nós... uma pessoa... envolvida em infortúnio não por vício deliberado ou vilania, mas por algum erro ou fragilidade humana". A referência à fragilidade humana aqui representa uma pessoa como Daniel, que foi envolvido em narcisismo, autorreferência alienante e um medo generalizado e evitação de outra separada, diferente ou outra que não ela mesma. Nada poderia ameaçar a sustentação frágil que tinha sobre seu ego e si-mesmo.

Daniel embarcou na psicoterapia analítica junguiana porque sentia que faltava algo; não conseguia nomear seu mal-estar, corrosivo, mas impreciso, que o distanciava de si e de outros. Embora os comportamentos viciantes de Daniel fossem atos alienantes compulsivos que refletiam confusão interna, também continham o objetivo inconsciente da autocriação para acessar seu espírito. Compulsões e vícios também surgem das profundezas curadoras do inconsciente quando desafia a imagem desejada e conscientemente sustentada do viciado.

> O dinamismo inconsciente poderia corresponder ao *sulphur*, pois o "estar-sendo-impelido" é o grande mistério da nossa vida humana, o cruzamento da nossa vontade consciente e de nossa razão por uma entidade inflamável, que ora se manifesta como incêndio destruidor, ora como calor a dispensar a vida. As causas eficiente e final dessa falta de liberdade residem no inconsciente e constituem aquela parte da personalidade que deveria ser acrescentada ao homem formado pela consciência para que ele se tornasse completo (OC 14/1, §§ 146-147).

O efeito é transformar a personalidade e liberar a pessoa viciada da escravidão a pensamentos e ações inalteráveis de modo que possa se libertar do sofrimento.

Daniel sonhou: "*Há uma senhora de meias vermelhas fora da livraria em Zurique, onde mais cedo naquele dia comprei* O homem moderno em busca de uma alma, *de Jung*. Conforme Jung, a imagem é uma expressão condensada da condição psíquica do todo" (OC 6, § 834). Essa ideia trata do problema complexo no sonho de Daniel e apresenta a abertura possível da unidade para incluir o outro em um movimento do singular ao relacional. Além disso, o sonho e a citação demonstram um modo na psique de Daniel assistida pelo feminino. A mulher, vestida como estava, implicava que poderia ser uma prostituta, como muitas das mulheres às quais pagava por sexo. Simbolicamente e em culturas antigas, a prostituta era uma iniciadora do sagrado, mas, para Daniel, ela representava culpa, vergonha, insegurança e falta de controle. Contudo, independentemente de quanto adquirisse ou experienciasse, suas necessidades, arrebatando-o insistentemente, permaneciam insatisfeitas. A busca viciante suprimia temporariamente seu distresse psíquico, mas a separação subjacente de desconexão e desilusão rapidamente se estabelecia. A desconexão do si-mesmo vem a um custo – vergonha duradoura e autodesprezo, dificuldade de se acalmar, conflitos e lutas internos, e complicações em relacionamentos. Sem coerência interna ou compaixão, essas pessoas fragmentadas são extremamente vulneráveis e defendidas.

Há alguns medos inconscientes. Há medo de desapontamento antecipado de que a experiência termine não sendo tão boa ou fabulosa quanto esperada. Viciados não confiam no mundo interior ou o sentem vazio e estéril. Como é desconhecido, pode não ser bom o bastante. O mundo interior pode conter forças tão perigosas e destrutivas que viciados devem camuflá-las. Temem evocar o ridículo e rejeição em vez de admiração e elogio. O medo do desconhecido leva à dominação e adesão a padrões rotineiros. Todavia, não pode haver mudança nem renascimento sem confusão, risco e sofrimento.

Para evitar qualquer ameaça ao seu sistema, a vida de Daniel é limitada por vícios por comida, bebida e sexo, que seriam para o desconectar de seu corpo e psique. Os vícios eram tentativas equivocadas de preencher o vácuo interno, erradicando a vacuidade e, com efeito, desviando-o do si-mesmo. O sonho o coloca no centro de uma cidade, ou simbolicamente no centro de si. Os vícios de Daniel lhe permitem viver em um mundo ilusório no qual poderia escapar da vergonha e culpa pesadas que perpetuaram em sua mente. Focado no olhar feroz da inadequação e insuficiência pessoal, não tinha certeza de seu amor ou amabilidade. Sentia o vazio da solidão, de não pertencer a ninguém ou a coisa alguma, ainda que fosse ambivalente sobre ser visto, conhecido ou revelado. Como evitava intimidade, seu si-mesmo secreto, mas real, e seus anseios emocionais permaneciam em compartimentos separados e inacessíveis.

A palavra *vício* (*addiction*) tem origem na palavra latina *addīcō* e é composta de *ad* (para, na direção, em) e *dīcō* (dizer, afirmar, contar). De acordo com o direito romano, *addictio* era uma pessoa que se tornava escravizada por meio de um procedimento judicial. Quando devedores não podiam pagar o débito, tornavam-se escravos, de modo que credores pudessem recuperar suas perdas. Hoje, uma pessoa é definida como viciada quando é limitada e escravizada por uma substância ou atividade qualquer da qual não pode afastar-se.

O vício, em suas manifestações únicas, é um problema crescente, independentemente da etnicidade ou classe social ou econômica. É complexo e multidimensional e envolve pessoas e seus ambientes. A Sociedade Americana de Medicina do Vício (American Society of Addiction Medicine) define vício como uma doença básica, crônica, de recompensa cerebral, motivação e memória com um circuito intricado e relacionado. Uma disfunção nesses circuitos leva a manifestações biológicas, psicológicas, sociais e espirituais quando uma pessoa busca, compulsivamente, recompensa e/ou alívio por meio do uso de substâncias e vários comportamentos.

Isso coincide com a descrição de Jung da pessoa ocidental: "O homem ocidental sucumbe ao feitiço das 'dez mil coisas': distingue o particular, uma vez que está preso ao eu e ao objeto, permanecendo inconsciente no que diz respeito às raízes profundas de todo o ser" (OC 12, § 8). Há uma crise generalizada de esterilidade, materialismo e superficialidade culturais. Hoje, muitas pessoas experienciam uma sensação de apatia psíquica, desincorporação, apatia interior e o sentimento de que não existem realmente (Connolly, 2013, p. 638). Há uma precariedade dessas defesas e, sem o uso da máscara, nada há, nenhuma representação interior da face ou do corpo. Essa vacuidade fomenta a ansiedade, o desespero e a perda de sentido. É necessário algo para combater a mortalha da vacuidade, e isso é geralmente um vício para erradicar o sofrimento psíquico e o distresse. O vício pode ser interpretado como um resultado do descarrilhamento do si-mesmo e de outros, exacerbando a apatia e a falta de conexão.

Pequenos ajustes e adaptações serviram inicialmente como um escudo impedindo o acesso ao cerne dos problemas. O que persiste é um sofrimento psíquico tedioso, caracterizado pela incapacidade de se conectar emocionalmente; o afeto fica embotado. Não é por meio da "afeição" que a pessoa está envolvida e, portanto, sente o peso inteiro da realidade. Psicologicamente, não se possui o que de fato não se experienciou. Uma percepção puramente intelectual pouco significa, pois o que é conhecido são meras palavras e não a substância interior. Sem sentimento não pode haver conexão.

Embora Daniel não se aperceba disso, seus comportamentos viciados eram formas de roubar e enganar, manifestadas para si e outros. Eram expressões de sua natureza controladora e um ataque fundamental à intimidade. Também o faziam sentir menos em vez de mais. Seu afastamento para a unidade se baseava em seu si-mesmo frágil, a continuidade de ser substituído pela necessidade de manter a singularidade e segurança em um mundo isolado de outros.

## A personalidade "como-se"

Uma doença da alma absorve a personalidade "como-se". O si-mesmo permanece oculto, intrigado pela fantasia, incapaz de tolerar a realidade. "[N]ão se chega à claridade pela representação da luz, mas tornando consciente aquilo que é obscuro. Mas isto é desagradável e portanto impopular" (OC 13, § 335). A pessoa é agudamente sensível à captura de sinais de outros reage consequentemente e apenas para seu ganho. Relações são manipulações para atenção e aprovação. Levou anos para Daniel começar sua jornada, como sua estrada estava cheia de comportamentos agitados e viciados orquestrados para esconder seu si-mesmo real. Os conflitos internos de Daniel o impeliram a desafiar continuamente convenções societais e familiares. Seus vícios sexuais representavam a divisão entre uma fachada aquiescente e de bom-moço e o olhar interior, acusatório, de sua vergonha e culpa: "A individuação retira a pessoa da conformidade pessoal e, com isso, da coletividade. Esta é a culpa que o individualizado deixa para o mundo e que precisa tentar resgatar" (OC 18, § 1095).

Daniel usava vícios porque não conseguia suportar a tensão entre psique e corpo, pesar e memória. Os vícios indicavam que o outro interior era ignorado, separado, como se fosse um estranho. "O empobrecimento do si-mesmo se deve aos efeitos da dissociação de experiências com um outro original e ansiado" (Solomon, 2004, p. 638). A ausência do outro, com referência a experiências iniciais e as reproduzidas ao longo da vida de Daniel, deixaram para trás e recriaram a vacuidade em seu núcleo. Ferimentos emocionais foram secretados nas sombras. A integração era difícil para Daniel, que vivia em um estado de singularidade, necessitando parecer perfeito. Para o mundo, apresentava uma fachada e ilusão em vez de seu si-mesmo real. Ele "se recolheu em um mundo onírico sem perceber sonhos efetivos, perpetuando a atemporalidade de suas fantasias" (Steiner, 1993, p. 99). Ator talentoso, Daniel não habitava plenamente o papel do palco no qual se encontrava. Os vícios lhe permitiam representar mal a realidade e perpetuavam uma visão de mundo romantizada, idealizada e distante em relação à qual era indiferente e intocado.

Cada tentativa de compreender esse tipo de pessoa é impedida. Viciados não investem emocionalmente em pessoas, lugares ou objetos, antecipando a falta de satisfação ou cuidado, tampouco sabem como cuidar de outros. Há também o problema da conexão danificada com o corpo quando os instintos estão ausentes, e o espírito desmotivado e sem genuinidade. Daniel se sentia anulado, falho, deficiente. Era motivado pela sensação de que algo terrível necessitava ser tratado e expresso, mas o que era isso permanecia incerto.

A personalidade que descrevi aqui está emocionalmente removida. Daniel admitia ser fraudulento e viver uma existência pretensa. Embora falso, sua roupa de sobrevivência lhe permitia se combinar, de modo que nada sugeria qualquer desordem a seu respeito. Ele não conhecia senão essa fachada e não tinha instrumentos para intimidade com pessoa alguma, principalmente consigo. Essa defesa do si-mesmo é um mecanismo protetivo que preserva o ego temeroso em vez de permitir que seja aniquilado. Uma crise psicológica termina ocorrendo enquanto sua fachada externa e as reservas internas colapsaram, revelando os problemas no centro.

## André Green e a mãe morta

André Green chamou a atenção ao conceito de *apatia materna*, referindo-se a uma ausência emocional no domínio materno. Seus temas refletiam a cultura francesa e estados de ausência, negação e nulidade (Kohon, 1999, p. 5) combinados à ideia de que a psicanálise clássica foi fundada no luto (Ogden, 1999, p. 142). Green descrevia a perda materna como falta da presença ou vivacidade, deixando vínculos fraturados e descontinuidade interna. Ele descrevia a "ausência de memória. Ausência na mente, ausência de contato, ausência de sentir tudo – todas essas ausências podem ser condensadas na ideia de uma lacuna... em vez de se referirem a um simples vazio ou a algo que está faltando, torna-se o substrato do que é real" (Kohon, 1999, p. 8). Uma mãe deprimida, emocionalmente indisponível, preocupada, ansiosa e emocionalmente apática é introjetada ou levada à psique. Interações com ela eram vazias quando deveriam ser vívidas. Embora fisicamente presente, devido à ausência emocional e energética, era percebida como inalcançável e incapaz de satisfazer as necessidades emocionais da criança.

Como essa foi sua experiência, Daniel aprendeu a ignorar sentimentos de modo que sua vida repetia a ausência inicial de vínculo suficiente. "Sempre amei o desejo. Certamente, não aquele desejo que acredita poder ser determinado de acordo com uma ausência que perturba e da qual depende, tanto que não se pode superá-la" (Cixous, 1994, p. 29). Isso surge de desapontamentos emocionais, de não ser mantido na mente parental, da ausência de ressonância parental. Daniel não teve uma mãe cuidadora acolhedora e amorosa que o pudesse nutrir para si. De acordo com Green, isso "constitui uma desilusão prematura e [...] carrega consigo, além da perda do amor, a perda do sentido, [...] sem explicação para justificar o que aconteceu" (Green, citado em Lussier, 1999, p. 150).

Estabelecidos desde o começo, padrões de pensamento, sentimento e ação são destinados a guiar um ambiente não amigável, inseguro ou opressivo. Esses se solidificam com o uso repetitivo e são resistentes a modificações com o tempo. Os padrões são mantidos em operação por hábitos automáticos, físicos e fisiológicos inconscientes. Desde jovem, o investimento de Daniel em si se desmantelou, deixando para trás o que pareciam fissuras psíquicas. Essas eram compostas de lugares feridos, arrependimentos, abandonos e traições. Daniel evitava todos esses sentimentos com seus vícios, que aumentavam em intensidade à medida que o tempo passava. Junto a isso, seu discurso interior era crítico, preocupado com julgamentos, com autoanulação de pensamentos e sentimentos. Debaixo disso havia um vão de vacuidade como "uma ruína psíquica que controla a pessoa de tal modo que toda vitalidade e vida paralisam, onde, de fato, é impedida... de ser" (Green, 1986, p. 152).

Daniel era incapaz de acessar e muito menos reparar o objeto enlutado ou de despertar o desejo perdido. O peso da tristeza não reconhecida e do desalento o mantinham emocionalmente separado dos outros. Seu entusiasmo ou paixão pela vida era comprometido; o si-mesmo se voltou para si, excluindo outros. Esse é um aspecto do que foi chamado *anedonia*, ou a incapacidade de tirar prazer de qualquer coisa. É comparável à situação de *anomia*, que significa uma deficiência nos padrões sociais ou éticos usuais, levando à sensação de Daniel de precariedade emocional. Isso não só indica instabilidade social como também se compara ao colapso psicológico de padrões e valores resultantes no desespero, pobreza interior e diminuição da prosperidade.

Consumido pela tristeza persistente, o apego se forma não para os pais que não têm apego suficiente, mas para a lacuna ou ausência. A vida é atenuada; dá-se uma dissociação entre corpo e psique pela falta de amor. Daniel ficou paralisado em um estado de sofrimento físico e alienação, de desapontamento; sentiu-se incapaz e não tinha confiança. A coisa que persistia era "uma natureza essencialmente conflitante, ambígua, do desejo, que é concebível como o desejo do desejo do Outro" (Green, 1979, p. 69).

A narrativa externa de Daniel ilustrou os efeitos devastadores de seu sentimento de si. Destituído de energia ou entusiasmo, desenvolve-se um pântano moral, falsamente estimulado por seus comportamentos viciantes. Para esconder tudo isso, Daniel afastava as pessoas, mentia para as fazer felizes, enganando-as e a si. Seus esforços eram orientados para agradar os outros e atuar, de modo que tinha de agir "como-se" fosse real quando se sentia apenas uma ficção de si (Sheehan, 2004, p. 420). O problema era que não sabia fazer de outro modo.

"Faço isso demais", ele disse. Uma série de emoções, raivas e frustrações desapareciam em seus rituais diários de pornografia, masturbação, drogas e excesso de bebida e comida. Eram todos mecanismos de ocultação. A pornografia é o problema ou reflete o problema mais severo da falta de conexão, distância do si-mesmo e outros, uma intenção de permanecer invisível?

"O medo de não haver coisa alguma ou de não haver alguém que valha a pena obedecer" (Phillips, 2015, p. 77) guiavam seus vícios. Daniel não podia controlar sua tendência para violar limites sexuais e tentar conquistar toda mulher que encontrava. Sua necessidade de controlar o feminino, a mulher e todos que representassem sua falta de controle. Seu desejo disfarçado de luxúria representava sua necessidade incessante de amor e atenção. Mesmo quando conseguia os objetos desejados, pareciam tênues.

A adaptação da imitação, as ficções protetivas e o papel de impostor começaram cedo em sua vida. "A realidade do si-mesmo da pessoa foi evitada por seus outros importantes, o outro experienciado como venenoso para o si-mesmo" (Solomon, 2004, p. 644). Sua mãe era ansiosa, deprimida e preocupada, e o *objeto catexe* de Daniel, ou o investimento naqueles fora dele, ficou perturbado. Em vez disso, seu si-mesmo ficou internamente enterrado, e ele não podia convocar a energia para tentar ter uma vida plena. Ele desenvolveu uma desconfiança pelo mundo, exacerbada pelo claustro semelhante a um culto da família e da religião. Desde jovem, deveria demonstrar fé e crença, mas não conseguia. Esse fato teve de ser oculto, de modo que adotava uma face feliz e fingia enquanto as raízes de seu si-mesmo ficavam cada vez mais soltas. Incapaz de se encaixar na família ou grupo, definia seu si-mesmo real com pensamentos e sentimentos proibidos, ainda que tivesse de se dissociar disso uma vez que era uma realidade inaceitável para outros.

Daniel sonhou: Desculpo-me com a doméstica negra que abandonei quando descobri que havia trabalho a ser feito. Perguntei-lhe se me ajudaria a ser responsável e ela consentiu. Quando acordei, fui surpreendido pelo fato de eu ser um mentiroso, e que a verdade não está em mim. Perguntei-me se havia me tornado um mentiroso compulsivo, e se havia alguma esperança para mim, uma vez que fora mentiroso por tanto tempo. Surpreendi-me com quanto minto e engano por medo de ser descoberto por que realmente sou.

Esse sonho ilustra a complexidade das atitudes de Daniel. Ele quer ajuda de sua psique na forma da doméstica negra, mas também observa que é um mentiroso. Daniel vivia em "um confinamento solitário do si-mesmo... Tinha medo de se abrir ao outro sob pena de aniquilação psicológica" (Solomon, 1998, p. 228). Faltava o si-mesmo total, e ele era capaz de reconhecer seus medos de desintegração. Tendo se sentido tão diferente dos outros quando criança, Daniel usava essas rotinas isolantes para manter a hegemonia de sua fachada e a singularidade da onipotência. Como a personalidade "como-se", isolado da vivacidade relacional, Daniel era guiado pelo desejo impotente, ressentido, por algo suprimido (Meredith-Owen, 2008, p. 462). Tornar essas atitudes conscientes por meio de imagens oníricas lhe permitiu revivificar naturalmente o contato com aspectos de sua personalidade. Ele teria de fazer o trabalho doméstico com atenção ao básico como o sonho declarou tão claramente.

## A sombra

A psicologia analítica junguiana reconhece o valor de integrar as qualidades da sombra muitas vezes projetadas, não desenvolvidas ou consideradas desagradáveis. "O encontro consigo mesmo significa, antes de mais nada, o encontro com a própria sombra. A sombra é, no entanto, um desfiladeiro, um portal estreito cuja dolorosa exiguidade não poupa quem quer que desça ao poço profundo" (OC 9/1, § 45). Coletar os fragmentos dissociados e trazê-los à relação elimina a oposição entre si-mesmo e não si-mesmo. "A dissociação é uma sobrevivente necessária para manter o si-mesmo seguro em relação à experiência tóxica, que pode incluir a ausência do outro" (Solomon, 2004, p. 638). A atração de Daniel por mulheres, bebida e comida representa a sombra cindida perpetuando a personalidade "como-se", a singularidade e sua necessidade desesperada de controle. Isso provoca insensibilidade psíquica, perda da paixão. Na necessidade de manter a certeza, a espontaneidade é sacrificada.

Não podemos nos individuar, ou seja, tornarmo-nos a pessoa que somos destinados a ser, sem nos relacionarmos com a sombra. Era a sombra para a qual Daniel era viciadamente atraído e da qual igualmente fugia.

> A sombra, porém, é uma parte viva da personalidade e por isso quer comparecer de alguma forma. Não é possível anulá-la argumentando, ou torná-la inofensiva através da racionalização. Este problema é extremamente difícil, pois não desafia apenas o homem total, mas também o adverte acerca do seu desamparo e impotência (OC 9/1, § 44).

Enquanto isso, Daniel, por meio de seus vícios, estava buscando o feminino e o masculino, bem como a mãe e os outros internamente desconhecidos. Mais tarde, na terapia, disse entrar em salas de conversação como mulher porque se sentia mais confortável do que quando achava que tinha de sustentar o que considerava a imagem masculina de força muscular. Sentia-se fraco, desconfortável em seu corpo, não masculino o bastante e necessitando de reafirmação constante de que foi percebido e apreciado.

Jung observou que o corpo, como a psique, é um comunicador simbólico de ferimentos, dissociações e conteúdos inconscientes. Como ele disse: "Não se afaste e se torne inconsciente de fatos corporais, pois eles o mantêm na vida real" (Jung, 2012, p. 66). Para Daniel, uma atitude duradoura de distância de seu corpo e a ignorância em relação às suas necessidades se tornaram a estrutura defensiva da qual dependia. Contudo, era precário – como viver em uma fundação de areia movediça.

A pessoa "como-se" caracterizada por um sentimento de onipotência e impotência evita a sombra. Isso leva a imaturidade afetiva e a uma impenetrabilidade defensiva, obscurecendo a fraudulência e precariedade subjacentes. A pessoa experiencia uma sensação desconexa de realidade devido a angústia, pânico e vazio subjacentes. Dissociações físicas e psicológicas ficam enterradas em um mundo artificial, mecanista e estéril. Autoestima e valor próprio dependentes da manutenção de imagens superficiais não apoiam a autenticidade.

Daniel sonhou que segurava uma bandeja de pequenas tortas para outras pessoas em uma festa. Uma delas tem uma mordida e outra está danificada, e ele as vira para que ninguém veja. As pessoas pensarão que as tortas estão boas de frente, mas a realidade é a falha oculta. Daniel associou as tortas à sua mãe e à madeleine do romancista francês, Marcel Proust, memoravelmente associada ao desejo por sua mãe em seu livro *Em busca do tempo perdido*, publicado em 1913. Daniel interpretou o sonho como tendo recebido coisas estragadas de sua mãe enquanto a comida melhor era dada aos outros. O sonho ilustrava as necessidades iniciais não satisfeitas de acolhimento e amor, a falta que o enviou a uma vida de isolamento, medo e separação governada por vícios. Ele dizia que não sabia como ou por que fora atraído por esses vícios. Sua personalidade se perdera há muito, não sabia o que estava tentando ressuscitar. Sentia-se culpado por seus comportamentos. Ele se apresentava com uma conduta gentil ainda que tivesse um lado voraz. Ou talvez esse fosse o desejo do si-mesmo, oculto no medo de ser real.

Viciados podem se enamorar de imagens ilusórias de si e de outros como vícios que fornecem um espelho distorcido. Enquanto isso, ele se defendia contra a sombra com a imagem de si como alguém extraordinário. O fator essencial é a dissociação da psique e como integrar a dissociação (OC 16/2, § 266). Os vícios eram afastamentos para impedir o contato com seu sofrimento depressivo e ansiedade. Esses evitavam que partes do si-mesmo fossem cindidas e projetadas em outros objetos. Aí permaneciam unidas, tornando partes significativas de sua personalidade indisponíveis (Steiner, 1993, p. 54). Dependências ocultas, a disjunção do afeto, solidão e despersonalização resultaram nos afastamentos psíquicos, que ele realizava por meio de vícios sexuais. Ele se afastava para se esconder e se proteger como um meio de evitar a intolerável ansiedade em todos os aspectos de sua vida (Steiner, 1993, p. 12).

Daniel não experienciava a vida, tampouco aprendera a ser um participante interior de sua vida mental. Como Jung comentou: "Enquanto for uma vida provisional, seu inconsciente estará em um estado de contínua irritação contra você" (1997, p. 194). Essa vida provisional denotava a falta de investimento na realidade. Ele recorria a fantasias grandiosas para anestesiar e compensar pelo que considerava uma sobra escura sobre ele. A sombra representava as partes que não conseguia aceitar, mas os vícios eram também a sombra o controlando, reforçando os espaços secretos que o separavam dos outros. Mesmo que o segredo também carregasse a esperança de que um dia pudesse emergir, ser descoberto e encontrado, ele, em vez disso, era subsumido nele (Khan, 1983, p. 105). Não havia outro interior que falasse ou objetasse, mas havia aquele interior que o acusava e era culpado. Ele tinha de escapar desse outro e o fazia com as mulheres que comprava, convencendo-se de que não eram somente parceiras sexuais, mas também amigas. Ele não conseguia admitir que as estava usando.

A aparência de Daniel, aperfeiçoada por anos de fachada, poderia ofuscar a transferência terapêutica que ele estabeleceu verbalmente desde a primeira sessão como intelectual. Isso o reassegurava de que não ultrapassaria as fronteiras, como estava habituado a fazer. Mas foi também um medo inconsciente de recorrência do distanciamento relacional original e da perda do amor. "Por trás das defesas havia uma parte infantil aterrorizada do si-mesmo, um tentador e sedutor enganador e astuto" (Colman, 1991, p. 360). As partes sedutoras o levavam a ocultar o caos e vacuidade de nossa relação terapêutica. Isso era equivalente ao muro erigido entre ele e o mundo e, paradoxalmente, continha seu desejo reprimido de se fundir.

Há "conflitos agudos com os que são próximos... um sentimento de impotência para se retirar de uma situação conflitante, para amar, para tirar o máximo de seus talentos, para multiplicar seus recursos, ou quando isso ocorre, uma profunda insatisfação com os resultados" (Green, 1986, p. 149). Daniel não conseguia se acomodar na vacuidade emocional, o estado doloroso de perda ou desolação. Encontros com outros se tornavam rapidamente nulos e vazios. Contudo, sentimentos de ser falso, invisível e sem valor se entremeavam a sentimentos de merecimento quando se esforçava para suprimir seu desespero indistintamente sentido. Essas atitudes podem levar a um esmagamento da personalidade e autoaniquilação. Isso suscita um inferno perturbador de opressão psicológica e uma necessidade de libertação de suas mutilações.

Os vícios de Daniel eram "defesas contra a separação e perda ao mesmo tempo que ofereciam a ilusão de onipotência e excitamento mágico" (Knox, 2011, p. 147). Ele poderia não desistir da fantasia da fusão com outra pessoa, uma dinâmica defensiva e agressiva em seu mundo interno realizada por meio de vícios. Nunca satisfeito, sempre necessitava de mais, mas nunca sabia o que era suficiente. Quando se divorciou, abandonou a religião e se aposentou, as ligações com sua ex-esposa foram desfeitas e seus vícios simultaneamente se intensificaram.

## O crime

Por anos, Daniel *teve um sonho repetitivo em que matava alguém.* Ao acordar, ficava incomodado e não compreendia. O sonho imediatamente o aborrecia, mas depois se esquecia. Não tinha ideia de quem matava. Não era consciente do crime. A imagem do sonho repetia sua evitação da ética e responsabilidade pessoais, sua autotraição. O inconsciente estava tentando chamar sua atenção, mas ele resistia, não ouvindo as vozes dentro dele. Tentar permanecer inconsciente era parte do assassino e do assassinado que lhe apareciam no sonho.

Ele queria se esconder do sonho. Sentia que se referia a seus pensamentos compulsivos, e que seria descoberto. Não considerava que o assassinado e o assassino fossem ele se obliterando de seu contexto de vida. Para ele, "os afetos assumem uma forma primitiva, poderosa, arquetípica, até serem conhecidos, humanizados e geridos pelo ego ou possam arruinar a personalidade" (West, 2008, p. 378). Daniel vinha atuando contra seu si-mesmo e evitava internamente descobrir a severidade da traição. Não podia arriscar expor o real freneticamente, e compensa se mantendo "como-se" porque isso é tudo que conhecia. Essa evitação o mantinha inconsciente, ansioso, incapaz de relaxar, necessitando recorrer a drogas, comida, álcool e sexo.

Em outro sonho, a drogaria não preencherá uma prescrição para dor porque lhe falta a identidade governamental correta. Ele se pergunta se jamais foi ele mesmo, o que seu si-mesmo é, quem é. Por trás dele há uma voz dizendo que a sombra sabe e repete essa frase. O sonho é muito direto sobre o que ele necessita – uma identidade que inclui a sombra. E também implica que não pode evitar a dor com a medicação.

Na terapia, a relação subjetiva com o mundo interior com seus símbolos informa a capacidade de criar significado, conecta-se a outros e se envolve com a vida ouvindo a linguagem do inconsciente. Jung afirmou: "A confrontação entre as posições contrárias gera uma tensão carregada de energia que produz algo de vivo, um terceiro elemento [...] um deslocamento a partir da suspensão entre os opostos [...] uma das propriedades características dos opostos aproximados. Enquanto estes são mantidos afastados um do outro – evidentemente para se evitar conflitos – eles não funcionam e continuam inertes" (OC 8/2, § 189). Daniel foi pego nesse lugar inerte.

## Narcisismo e a personalidade "como-se"

Daniel nulificava seu si-mesmo dependente de amor, e se identificava quase inteiramente com suas partes feridas destrutivas, narcisistas. Isso fornecia um tipo de inferioridade/superioridade negativa de autoadmiração para sua astúcia, mas também uma negação de seu ser total. Foi coberto pelo desejo obsessivo de mesmidade enquanto erradicava o outro para manter o *status quo*. Como a atenção individual é habitual e excessivamente focada na fachada da persona, os aspectos mais profundos, negligenciados, da personalidade continuamente sabotam as intenções conscientes da pessoa (cf. OC 9/1, § 190). O narcisismo indica uma capacidade reduzida para experienciar emoções. Elimina a oposição, retém a singularidade e uma forma estranha de certeza, embora o poder do desejo pelo outro permaneça secretamente.

"Esse mecanismo autoprotetivo se torna uma atividade viciante e autorreferencial com uma qualidade ruminante" (Solomon, 1998, p. 234). Com seu desenvolvimento emocional interrompido, Daniel rejeitava o instintivo – corpo, terra e tempo. Suas perdas emocionais iniciais se formaram em desilusões internas e incontroláveis. "Narcisistas se esforçam para manter tudo de valor no compasso de si, porque, paradoxalmente, são assolados por dúvidas quando há algo de valor em si próprios" (Colman, 1991, p. 365). Ele vivia na ilusão de que ninguém compartilhava de seu mundo imaginando que tinha controle de sua existência, embora em um universo muito vazio.

Daniel experienciava o mundo como se a vida fosse real quando sentia que não era. "O si-mesmo tem ainda de enfrentar a realidade interna por muito tempo reprimida, mas muitas vezes suspeita, uma sensação de fundo sempre assombrosamente presente de viver em um vácuo ou enfrentar uma vasta vacuidade" (Solomon, 2004, p. 636). O resíduo psicológico nega o tempo e torna a mudança inimaginável. Em meio aos seus vícios, Daniel estava ainda mais ausente de si. Não estar presente promovia a busca pelo ideal, mas era impedido por uma tensão sempre presente que suprimia o prazer. Isso o impelia a perseguir seus vícios, e os sentimentos incitados por eles se tornavam ainda mais proeminentes. Isso levou à dissociação do si-mesmo e burlava o movimento psicológico enquanto frustrava qualquer harmonia interna.

A vida não tem permanência ou significado enquanto sua impermanência também é negada. Como Daniel, aqueles que falham em seguir a vida permanecem suspensos no ar. Persistem na juventude, antecipando negativamente o declínio da vida. Com a idade, olham para trás, apegando-se aos antigos dias gloriosos e temem o declínio. "Subtraem-se ao processo vital [...] e por isso ficam paradas como colunas nostálgicas [...] sem nenhuma relação vital com o presente. A recusa em aceitar a plenitude da vida equivale a não aceitar o seu fim. Tanto uma coisa como a outra significam não querer viver. E não querer viver é sinônimo de não querer morrer" (OC 8, § 800). Por exemplo, Daniel tem um lembrete em seu relógio Apple de que morrerá, enviado cinco vezes ao dia, para lembrá-lo da vida.

O narcisismo é associado com solipsismo, egoísmo e retorno a si patológico em uma circularidade delimitada. Nada entra ou sai. O vício sexual, que se origina quando há perturbações no processo de formação de um si-mesmo saudável e estável, é também uma defesa contra a vulnerabilidade.

Narciso não poderia viver se se conhecesse. A recusa em aceitar os sentimentos e pensamentos desconhecidos, estranhos, descontrolados e perturbadores leva à dissonância psicológica. Isso ocorre quando o comportamento da pessoa não combina com sua autoimagem, ou a imagem que pensa ter ou quer que outros tenham dela. Quando projetam sua sombra, recusam o si-mesmo e há distanciamento e perda de si. A psicologia junguiana é fundada no reconhecimento das partes dissociadas, o desconhecido e as cisões na psique que levam ao, ou obstruem o, conhecimento do si-mesmo e do outro. Uma pergunta é se narcisistas podem aprender a se envolver com outros quanto tentam tanto negar imperfeição, depressão, vulnerabilidade ou dependência. Em vez de individuação, narcisistas mantêm uma autoimagem estática, falsa e ilusória às custas do ser real.

Chegada e erradicação, promessa e justificação constituem dois lados do autocancelamento que escala no autodesprezo. Ser libertado dos grilhões formados da fachada "como-se" requer um trabalho significativo por meio de vulnerabilidades arraigadas. O encontro com o outro é crucial por superar defesas narcisistas. "As relações de objeto narcisista onipotentes são parcialmente defensivas contra o reconhecimento da separação de si-mesmo e objeto" (Colman, 1991, p. 359). O "eu" nunca pode se tornar verdadeiramente presente e se afasta em um processo de si-mesmo contínuo e alienação do outro. Remover a armadura do "como-se" significa reconhecer que há subjetividades distintas da sua. Todavia, a pessoa sente ansiedade e apreensão, e fica cada vez mais impenetrável. Os muros psicológicos são altos, e ninguém entra ou sai. A personalidade de Daniel era pontuada por uma intolerância de diferença ou mudança, e foi perdida no narcisismo de coisas pequenas enquanto uma sensação de impotência o assolava.

Sua autoimagem foi distorcida de um modo negativo, refletindo pouco de seu ser verdadeiro (Jacoby, 2016, p. 158). Residindo na alcova de sua mente, as fantasias grandiosas de Daniel vinham de seu sentimento de inferioridade enquanto permanecia dependente de aprovação externa. Todavia, sentia que se fosse como todo mundo, então, seria ninguém. Por exemplo, seu objetivo de ser milionário a uma certa altura da vida fomentava um "frenesi de atividade compensatória à depleção internalizada do si-mesmo e da alienação do outro" (Jacoby, 2016, p. 156). Embora Daniel achasse que se importava com os outros, mostrava um ajuste social superficial para esconder sua incerteza, insatisfação e inveja crônicas.

Daniel necessitava de atenção, mas não conhecia intimidade. "Reconhecer o desejo pelo que é, dependente de outros e também proibido o revela como inaceitável para si, como em conflito, demasiado em perigo, perturbado por suas necessidades" (Phillips, 2013, p. 35). Embora, nesse ponto da terapia estivesse em um relacionamento monogâmico, seus sonhos com outras mulheres continuaram. Em um sonho *ele está com uma mulher muito mais jovem que parece estar com um homem em um corredor. O homem parte. Daniel diz que a ajudará. Ela diz: "Não, eu vou ajudar você". Ele coloca uma mão em seu braço, e se sente bem. Ela coloca seu braço sobre o dele.*

*Ilusão* é a palavra que não podia lembrar enquanto discutíamos seu sonho. Disse que o caso efetivo com a mulher no sonho era uma ilusão. Nesse comentário, tento cancelar o vício antigo e negar sua intensidade. A persistência do que chamou maus pensamentos continuava dizendo-lhe que era mau mesmo enquanto o atraíam. Essa situação psicologicamente conflitante apareceu no sonho. Daniel começou a entender essa situação onírica como indicando quando ficou inconsciente, porque não tinha ideia de como ou por que estava lá. Ele decidiu que não mentiria para sua parceira e muitas vezes em sonhos como esse se apercebeu de que deveria contar-lhe. Todavia, por anos no relacionamento, ele enfrentou dificuldades para revelar a extensão completa de sua vulnerabilidade e se sentia facilmente rejeitado.

Suas emoções estavam tão submersas que muitas vezes dificilmente as reconhecia. Passou sua vida evitando sentimentos mantendo o controle e agora se apercebia do quão rapidamente deixou seu corpo, como no sonho anterior. Ele dizia necessitar de intenção consciente para permanecer presente, como previamente sabia apenas se esquivar e se esconder. A intimidade emocional atual com sua parceira provocou a extensão de suas defesas narcisistas quando se apercebeu de que o problema era pior do que pensava. Daniel habitava o que chamava de compartimentos mentais separados povoados por encontros sexuais como os descritos no sonho e estavam frequentemente em sua mente. Esses significam a solidão da adaptação "como-se" que preenchia seu mundo, deixando espaço apenas para si e para ninguém mais.

Daniel sonhou com uma mulher fazendo sexo violento com um cara na parte de trás de um ônibus. Daniel estava na parte da frente do ônibus olhando para a mulher ao seu lado e para seus lábios. Não se preocupou com aquela que estava atrás com o cara irritadiço e talvez perigoso. No sonho seguinte daquela noite, ele estava com pessoas e tentava encontrar um lugar, mas não sabia por que estava com elas ou para onde estava indo e parecia estar apenas com elas. Sentiu-se vazio nos dois sonhos. Aponta para dissociações do si-mesmo, outro, corpo e emoção assim como para a atitude impassiva para com o feminino. Sem saber, estava sozinho e queria alguém para amá-lo. Disse que os pensamentos compulsivos estavam muito presentes; havia muita insegurança, atraindo-o para coisas indecentes e repreensíveis. Guiado assim por suas ações para erradicar o sofrimento, tudo que pôde registrar foi uma sensação de diferença que parecia desfavorável ao si--mesmo (Colman, 1991, p. 364), tornando os vícios mais insistentes para escapar desses sentimentos desconfortáveis.

Os vícios de Daniel substituíam o si-mesmo natural e instintivo. André Green considerava isso "uma destruição da atividade psíquica de representação que cria fissuras na mente, ou sentimentos de vácuo, vacuidade" (Kohon, 1999, p. 290). O vício sexual não preenche, mas perpetua a necessidade de revelar os segredos emocionais e encontrar o valor próprio.

## O simbólico emerge para a cura

Eu sonhei que *Daniel era um impostor, e que era pior do que ele pensava*. Na sessão seguinte, ele admitiu ter encontros sexuais em sua mente o tempo inteiro. Perguntei-me como sua parceira poderia confiar nele. Ele estava mentindo na terapia e também para si? Estava fingindo ser corajoso? No trabalho psicológico e por meio da transferência e contratransferência, a antiga esterilidade, falta de intimidade com o si-mesmo e com outros, gradualmente se tornou aparente. As imagens e símbolos nos sonhos expuseram os aspectos transformadores da personalidade. "A capacidade simbólica significa a possibilidade para integração e a vida simbólica por meio da coesão dos oposto e da criação, com isso, de uma terceira coisa" (Solomon, 2007, p. 159). Eles ajudam uma pessoa a sair da parcialidade dos vícios conectados aos seus sistemas de defesa. Todavia, houve meu sonho, que indicava que nem tudo estava terminado. A confiança de Daniel em sua fonte interior era ainda sem forma, e ele era incapaz de manifestar sua orientação para a individuação.

Jung disse: "Nesse mundo criado pelo Si-mesmo encontramos todos aqueles muitos a quem pertencemos, cujos corações tocamos; aqui não há distância, mas presença imediata" (Jung, 1973, p. 298 [*Cartas*, vol. 1, p. 307]). O reconhecimento da vulnerabilidade e incompletude é o trabalho psicológico de preencher a lacuna. James Hillman, psicólogo arquetípico, conceitualizou:

> o que individua não é nós, mas nossas paixões, talentos e lugares de ferimentos. Nossos complexos necessitam se livrar das associações infantis e encontrar a maturidade, a realidade e a conexão física com a psique. Então, a personalidade se torna uma tela rica e multidimensional (Slater, 2012, p. 30).

Para Daniel, a relação com sua interioridade e o simbólico evoluiu gradualmente com o tempo, enquanto sua inquietação psicológica levou à recuperação de seu espírito. Ele se tornou capaz de encontrar provisões internas para a autoestima em vez de buscar gratificação externa contínua. Aceitar os outros rejeitados e cindidos em sua personalidade não significava que o seu corpo nem os das mulheres fossem objetificados. No trabalho psicológico e por meio da transferência e da contratransferência a antiga esterilidade, falta de intimidade com o si-mesmo e outros gradualmente diminuiu. O apego à unidade abriu-se para a dualidade enquanto um par interno se formou e gradualmente emergiu em sua personalidade. Abandonar a antiga singularidade e isolamento significava aceitar a sombra e encontrar um lugar para o si-mesmo e a inclusão do outro. "Então, as conjunções de vários tipos podem começar a ocorrer, onde, poderíamos dizer, o par interno pode ser autorizado a se unir e gerar concepção e renascimento" (Meredith-Owen, 2008, p. 389).

Com o tempo, aceitar os outros rejeitados e cindidos secretados nas sobras dos vícios abre a afinidade com o si-mesmo, a alma e o mundo. Isso representa a fênix se elevando das cinzas, a melancolia no narcisismo explorada em vez de negada. A descoberta do que é significativo se contrapõe à falta de sentido existencial. Jung explicava a individuação do seguinte modo:

> Uso o termo "individuação" no sentido do processo que gera um *individuum* psicológico, ou seja, uma unidade indivisível, um todo. Presume-se em geral que a consciência representa o todo do indivíduo psicológico. A soma das experiências, explicáveis apenas recorrendo à hipótese de processos psíquicos inconscientes, faz-nos duvidar que o eu e seus conteúdos sejam de fato idênticos ao "todo" (OC 9/1, § 490).

Esse processo requer a capacidade de reunir pessoal múltiplo e os fios coletivos. A tensão entre ego e si-mesmo, superfície e sombra, são parte da formação de uma identidade na qual os vários si-mesmos podem coexistir no aberto. A consciência dos ferimentos emocionais é restauradora para esse processo. Desesperança e impasse mudam para a abertura ao desconhecido e não familiar. A personalidade do "como-se" fica mais relaxada e livre. O vício surge das profundezas curadoras do inconsciente, transforma a personalidade e liberta a escravidão interna de pensamentos inalteráveis, ações e sofrimento sem sentido.

Nossa relação subjetiva com nosso interior permeia nossa capacidade de criarmos sentido, conectarmo-nos com pessoas e nos envolvermos com a vida de formas gratificantes. A relação interna evolui ao longo do tempo e exige que nos enfrentemos de formas autenticamente honestas e confessionais. Mesmo que possa parecer um fardo para nossa imagem consciente preferida, encontramo-nos no real e no presente, não como poderíamos desejar.

Conectar a tensão entre o que foi e o que será é fundamental para a regulação da psique e para a emergência de novas atitudes.

> Por que você quer excluir de sua vida qualquer incômodo, infelicidade, depressão, uma vez que, afinal, você não sabe como essas condições estão operando dentro de você? Por que você quer se atormentar se perguntando de onde tudo isso está vindo e para onde está indo? Você sabe, afinal, que está em meio a transições e nada mais desejaria senão mudar. Se nada há de prejudicial em suas reações, tenha em mente apenas que a doença é o meio pelo qual um organismo se livra do que é estranho; assim, devemos simplesmente nos ajudar a adoecer, ter nossa doença inteira e romper com ela, uma vez que essa é a forma de melhorar (Rilke, 2001, p. 93).

A inquietação inata da psique busca mais do que o aqui e agora e deseja ser refinada, o espírito e a força de vida incorporados e voltados à consciência. Para a pessoa pega por comportamentos e segredos viciantes, isso significa enfrentar a vacuidade emocional e renunciar à fachada. Ao prestar atenção ao mundo interior, o si-mesmo pode curar e unificar corpo e mente. A pessoa pode se envolver e ser ativa no mundo externo com uma sensação renovada de propósito e significado na vida, não baseada em seu isolamento, mas se relacionando com outros. Continuar vivendo nos exige inclusão em vez da exclusão de quem ou o que quer que seja diferente em nós e outros. "[A] relação com o Si-mesmo é ao mesmo tempo a relação com o próximo. E ninguém se vincula com o outro, se antes não se vincular consigo mesmo" (OC 16/2, § 445). Por meio da relação terapêutica e seu processo ao longo do tempo, Daniel começou a confiar e se tornou mais conscientemente incorporado, intencional e autoconsciente.

## Referências


Colman, W. (1991). Envy, self-esteem and the fear of separateness. *British Journal of Psychotherapy*, 7(4), 356-367. doi: 10.1111/j.1752-0118.1991.tb01141.x.

Connolly, A. (2013). Out of the body: Embodiment and its vicissitudes. *Journal of Analytical Psychology*, 58(5), 636-656. doi: 10.1111/1468-5922.12042.

Green, A. (1979). *The tragic effect: The Oedipus complex in tragedy*. Cambridge University Press.

Green, A. (1986). *On private madness*. Hogarth.

Jacoby, M. (2016). *Individuation and narcissism: The psychology of self in Jung and Kohut*. Routledge.

Jung, C.G. (1967) *Collected Works 13*. Princeton: Princeton University Press.

Jung, C.G. (1973). *Letter to Mary Mellon, Letters*. Volume I, 1906-1950. Routledge & Kegan Paul, p. 298.

Jung, C.G. (1997). *The vision seminars [1930-1934]* (C. Douglas, ed.). Princeton University Press.

Jung, C.G. (2012). *Nietzsche's Zarathustra: Notes on the seminar given in 1934-1939*. Princeton University Press.

Khan, M. (1983). *Hidden selves*. International University Press.

Knox, J. (2011). *Self-agency in psychotherapy: Attachment, autonomy, and intimacy*. W.W. Norton.

Kohon, G. (ed.) (1999). *The dead mother: The work of André Green*. Routledge.

Lussier, A. (1999). The dead mother: Variations on a theme. In G. Kohon (ed.), *The dead mother: The work of André Green* (p. 149-162). Routledge.

Meredith-Owen, W. (2008). "Go! sterilise the fertile with the rage": Envy as embittered desire. *Journal of Analytical Psychology*, 53(4), 459-480. doi: 10.1111/j.1468-5922.2008.00741.x.

Ogden, T. (1999). Analysing forms of aliveness and deadness of the transference-countertransference. In G. Kohon (ed.), *The dead mother: The work of André Green* (p. 128-148). Routledge.

Phillips, A. (2013). *Missing out*. Picador.

Phillips, A. (2015). *Unforbidden pleasures*. Farrar, Straus e Giroux.

Rilke, R.M. (2001). *Letters to a young poet*. Modern Library.

Slater, G. (2012). *Between Jung and Hillman. Quadrant*, XXXXII, 2, 14-36.

Solomon, H.F. (1998). The self in transformation: The passage from a two- to a three-dimensional internal world. *Journal of Analytical Psychology*, 43(2), 225-238. doi:10.1111/1465-5922.00022.

Solomon, H.F. (2004). Self creation and the limitless void of dissociation: The as if personality. *Journal of Analytical Psychology*, 49(5), 635-656. doi: 10.1111/j.0021-8774.2004.00493.x.

Solomon, H.F. (2007). *The self in transformation: The passage from a two- to a three-dimensional internal world*. Karnac.

Steiner, J. (1993). *Psychic retreats: Pathological organizations in psychotic, neurotic and borderline patients*. Routledge.

Sellers, S. (ed.) (1994). *The Hélène Cixous reader*. Routledge.

West, M. (2008). The narrow use of the term ego in analytical psychology: The "not-I" is also who I am. *Journal of Analytical Psychology*, 53(3), 367-388. doi:10.1111/j.1468-5922.2008.00732.x.

# 5
# Esta é uma história de amor: Eco e Narciso

Exausto da caçada, o menino buscou alívio em um campo atravessado por um rio, um *locus amoenus* próximo ao lugar em que Eco estava escondida.

> "Tem alguém aqui?", Eco responde: "Aqui!"
>
> Ele fica perplexo. Lança seu olho em todas as direções e, em uma voz alta, grita: "Venha aqui!"
>
> Ela responde à pessoa que a chama.
>
> Ele olha à sua volta e, quando ninguém aparece, grita novamente:
>
> "Por que fugir de mim?"
>
> Ele retorna todas as palavras que gritou.
>
> Narciso fica ali, enganado pelo que parece uma voz que responde à sua, e grita novamente: "Vamos nos encontrar aqui".
>
> Ela não conseguiu responder mais prontamente a som algum e gritou: "Encontremo-nos aqui".
>
> Eco saiu e correu até Narciso, que agressivamente a rejeitou: "Tire suas mãos de mim! Pare com esses abraços! Prefiro morrer a deixar você se aproveitar de mim!"
>
> Tudo que ela respondeu foi: "Faça sexo comigo" (Ovídio, *Metamorfoses*, 359-401).

Mas Eco não foi a única pessoa que ele desprezou. Muitas antes receberam o mesmo tratamento. Uma delas, um menino, após ser rejeitado amaldiçoou Narciso, e a deusa Nêmesis concordou com isso. Movido pela sede, Narciso se deitou próximo ao rio e enquanto tomava água vislumbrou seu reflexo na água. Ficou tão encantado com sua imagem que não pôde mais partir. A figura para a qual estava olhando era tão amável que levou muito tempo para se aperceber de que estava se apaixonando por si.

> Sem um senso de vergonha, ele se deseja. Quem aprova é a pessoa que é aprovada, e, enquanto está buscando, está sendo buscada. Ele acende um fogo e queima ao mesmo tempo. Quantas vezes ele beija a enganosa fonte sem sucesso! Quantas vezes tenta alcançá-la para agarrar o pescoço que vê no centro da água, e, todavia, seus braços não conseguem abraçá-lo! Ele não reconhece aquilo para o que olha, mas o que vê... incendeia-o, e o próprio erro que engana seus olhos o excitam (Ovídio, *Metamorfoses*, 402-436).

Este capítulo é uma perspectiva parcial sobre por que os aspectos narcisistas da personalidade "como-se" tornam difícil para essa pessoa amar e ser amada, mesmo quando isso é o que deseja. O narcisismo é uma parte complexa dessa estrutura de personalidade. Essa pessoa tropeça e tem dificuldades para amar. Ela não corresponde facilmente; sente-se internamente inibida, antecipando facilmente ferimentos e rejeições. Com uma sensação de confusão interna e separada de outros, é incapaz de responder, ou sua resposta é insuficiente, focada em si e carente de conexão.

Todos nós começamos a vida desejando amor de outros e amando aqueles que nos amam. Contudo, a personalidade "como-se" é constituída de muitas complexidades, particularmente, em torno do delicado tópico do amor. Há inúmeras razões que levam os aspectos narcisistas desse tipo de personalidade a desafios no amor. A pessoa "como-se" tem dificuldade em qualquer relacionamento, mesmo com seu si-mesmo. Como percebido na personalidade "como-se", essa pessoa circula em torno, mas não entra facilmente em intimidade, sentimentos e emoções amorosos. Esse desejo de amor é muitas vezes frustrado, e a intimidade vacila no movimento contínuo para o e para fora do amor. A pessoa "como-se" teme acolher outras para o interior daqueles espaços não lineares, uniformes ou homogêneos.

Além da superfície lisa e confiante que essas pessoas apresentam, neste capítulo apresento vários exemplos do conflito interior e distresse psicológico que a pessoa "como-se" experiencia por meio da resposta narcisista. Os problemas se tornam aparentes por meio de sonhos, ilustrando, entre outros aspectos, a influência da ausência parental inicial e desajustes. Incluído também na resposta está o conceito junguiano de *puella* e *puer*, um tremor muitas vezes aplicado àqueles com dificuldades de crescimento, realização de potencial e de ser íntimo e comprometido com a vida. Acrescento também conceitos adicionais da psicologia junguiana sobre sombra, corpo e imagem com referência ao filósofo francês Jacques Derrida. Seu escrito sobre Narciso e Eco inclui o conceito francês de *différance*. Sua multiplicidade de significados se compara ao contínuo relacional interno e externo entre si-mesmo e outros. Tem havido um interesse crescente, em proporção ao seu aumento crescente pessoal e culturalmente, na compreensão da pessoa "como-se" com qualidades narcisistas.

## O dilema do narcisismo

O *narcisismo* foi descrito como um senso de grandiosidade do si-mesmo com exibicionismo, insistência em singularidade e relações de objeto perturbadas. *A capacidade para se iludir é enorme e surge do sentimento de decadência que a pessoa percebe vagamente logo abaixo da superfície*. Essa pessoa luta para estabelecer uma sensação integrada do si-mesmo. *Ela está vivendo de ilusões, e, paradoxalmente, o ilusório está baseado na evitação de ser completamente visto e conhecido*. A pergunta mais importante é: Se não sou visto como excepcional, o que sou?

Embora Jung faça poucas referências ao narcisismo em sua *Obra Completa*, seu pensamento sobre como as pessoas podem cair em estados nos quais evitam abraçar a vida pertence a esse conceito. Aparecendo muitas vezes como um objeto brilhante, adorado e idealizado, a pessoa "como-se" parece viver nas projeções de outras para se sentir viva e evitar colapsar no que parece um abismo de interioridade.

O amor é básico. Uma necessidade? Um instinto? Uma força de vida? Espírito? O amor é todas essas coisas e mais. Nossa vida nos envolve em uma série de imagens individual e coletivamente sobre o amor. A mitologia e a psicologia do amor revelam os elementos conscientes e inconscientes dos relacionamentos. Jung chamava os conteúdos do inconsciente coletivo de *arquétipos*, referindo-se a um protótipo ou a um modelo no qual outras interpretações são padronizadas. O amor em si pode ser visto como um arquétipo com seu movimento para unificar espírito e instinto, si-mesmo e outros, corpo e psique. Padrões de amor arquetípicos são intermináveis e intrigantes, catalisando inúmeros e inesperados encontros unicamente constelados para cada pessoa.

Cada um de nós é atraído a diferentes formas de amor derivadas de nossos ferimentos e necessidades únicos. Reconhecer as dimensões míticas na base de nossas experiências pessoais nos une na natureza universal do que é ser humano e amar. Mitos são representações metafóricas; seguir suas narrativas nos permite obter *insight* sobre as fontes de nossas reações, comportamentos e percepções. Eles ilustram os guias para lidar com situações experienciadas em cada estágio de nossas vidas. Como Jung exortou, encontrar nosso mito e vivê-lo plenamente. Neste capítulo exploro o mito de Narciso e Eco e o que revela sobre a singularidade na personalidade "como-se". A obstrução do amor e da afinidade, prevalentes no narcisismo, é um traço indicativo da personalidade "como-se".

O amor constela elementos positivos, negativos e desafiadores na personalidade. Abre-nos para as verdades sobre o prazer, sofrimento e confusão nos relacionamentos. Leva-nos para as ruelas que, de outro modo, evitaríamos. Leva-nos a nós mesmos; abala nossas fundações; é rude, chocante e iluminador. O amor sacode nosso mundo e nos coloca no caminho do inesperado.

O amor é transformador. Chega aos lugares que pensávamos que jamais iríamos e requer que os antagonizemos. Não podemos controlar o amor. Exige que enfrentemos as várias formas insuficientes e suficientes que damos, recebemos e necessitamos. O amor e a busca por ele nos mantêm em um extremo do autodesenvolvimento. É como um precipício do qual podemos cair, assim como uma caverna escura da qual podemos emergir para a renovação. Esse é o medo da parte narcisista da pessoa "como-se" que não gosta de mudanças. O que quer que toque na área do amor e do relacionamento traz problemas desconhecidos à superfície. Para o narcisista, o amor é uma dificuldade, não um prazer, porque relacionamentos trazem ameaça e ansiedade. Normalmente, é o amor que nos faz sentir vivos – amor por outras pessoas, pela atividade e pela natureza, pela quietude. Contudo, como as pessoas "como-se" não podem amar profundamente, sentem-se apáticas e insensíveis.

Isso é aparente no mito de Narciso uma vez que revela as perturbações na autoconexão. Pode ser visto com a pessoa "como-se" marcada pela necessidade de ser admirada por outros, que observa o mundo com um senso de superioridade, olhando para outros com desdém e exagerando suas realizações. A experiência narcisista de incerteza é sentida como insustentável. Centrada em si, ela tem dificuldade de ver como suas ações prejudicam outras pessoas. Ao menos, é assim que parece. Subjacente a isso se encontra uma personalidade instável, insegura, ansiosa para encobrir as fissuras psíquicas com uma série fantástica de personas.

Caso dedicasse minha atenção somente à psicopatologia do narcisismo, correria o risco de negligenciar ou obscurecer a urgência da autoconexão incrustada nesse tipo de personalidade. Como com a personalidade "como-se", a pessoa narcisista pode parecer fora do alcance devido ao seu nível de autoenvolvimento. Isso também é pessimista e nega o benefício considerável que o trabalho psicológico pode ter. A relevância mais ampla do sofrimento e desilusão da pessoa narcisista se aplica ao dilema de se relacionar com qualquer coisa além de si. Essas são as situações abertas à autodescoberta.

Do mesmo modo, sendo um estudo sobre autoilusão, o narcisismo é definido pela singularidade e parcialidade da existência. O drama narcisista se desenrola às custas da vida real. Essa pessoa olha para si demais para ver algo. Jung observou: "Na medida em que o indivíduo não reconhece o valor do outro, nega o direito de existir também ao 'outro' que está em si, e vice-versa. A capacidade de diálogo interior é um dos critérios básicos da objetividade" (OC 8, § 187). Além disso, e ao custo da totalidade da personalidade, essa singularidade obstrui a relação com o inconsciente, uma vez que também é uma forma do outro – diferente e desconhecido. Esse é um tipo de unidade que tem dificuldade de se integrar ou se expandir para incluir a dualidade. A pessoa narcisista não vê ou admite facilmente qualquer outra existência. Em vez disso, uma insistência na mesmidade se torna uma defesa contra o sentimento de inferioridade e vergonha, uma vez que recorre à proteção por trás do muro narcisista de impenetrabilidade. Uma questão central é se a pessoa narcisista pode aprender a se envolver com outras.

Como Jung disse: "Sua visão se tornará clara somente quando você puder olhar para seu próprio coração. Quem olha para fora, sonha: quem olha para dentro desperta" (1973 [*Cartas*, vol. 1], p. 33). No mito de Narciso, o vidente cego Tirésias contou à sua mãe que Narciso não viveria caso se conhecesse. A mensagem nesse mito está presente, até certo ponto, no inconsciente de todos nós. Implica se conhecer, abrir-se ao outro, e isso envolve não somente a morte do que era, mas também mudança.

Todavia, a pessoa impostora/narcisista é um composto de apelo exterior embora refletindo ausência interior. Essa pessoa carece de conexão com o si-mesmo, e a vida da alma parece desvigorada ou mesmo recusada. Em um cenário típico, ela apresenta uma atitude calma, uma aura de tranquilidade e distância indiferente fria. Ela poderia aparecer depois, apenas falar de si, sem comentário ou interesse em qualquer outra pessoa. Embora aparentemente focada em si, está distraída, sua atenção a leva para outro lugar. Nada parece sagrado ou especial e tudo é rejeitado com um comentário ou risada leve, como se fosse sem importância. Então, o que conta para ela?

Ela permanece desconhecida, um enigma, mas nem tão interessante. Há uma previsibilidade plana, uma falta de esforço, e ela mente. A pessoa narcisista não está onde diz que estará; ela finge. Quem é essa pessoa insípida? Ela é atraente? O que atrai as pessoas nela? Ela exibe uma aparência sedutora e uma fragilidade delicada, uma imagem perfeita, delicada, sem sombra aparente. Sequer há uma abertura para a psique? Um dos muros pode vir abaixo e ela pode confiar ou obter confiança de outras pessoas? Ela é charmosa, aquiescente, uma joia fria e cintilante, mas o que se encontra dentro dela?

Ela se apresenta como intocada, sem efeito de outros, tem poucas reações a eles e parece carecer de genuinidade. O processo analítico tem o objetivo de tocar o ferimento e a dor, os invólucros defensivos em que está envolto seu coração danificado inicial. É um dano relacional do qual pode se curar se ousar entrar no processo. A responsabilidade e confiança em outros e a integridade da conexão analítica deve ser feita. Esse tipo de impostora se apega fortemente ao espelho idealizado e ao *status quo*. Agir de outro modo é arriscar a perder muito. Assim, embora diga que deseja mudar ou crescer, quando chega a hora, ela pode afastar-se. Ou o relacionamento no processo analítico pode pegá-la e segurá-la.

## Por que mitologia?

Histórias mitológicas, com sua riqueza de simbolismo, equiparam-se a processos psicológicos. O mitológico é um modo de ser, pensar e expressar os vários caminhos da vida, os obstáculos ao longo desses caminhos e como passamos por eles. Descobrir a linguagem do mito é parte de um retorno aos fundamentos do ser de uma pessoa. Como uma ferramenta terapêutica e de vida, é uma experiência psicológica de entrada ao inconsciente, tanto pessoal como coletiva. Esse aspecto da psicologia junguiana nos ajuda a investigar as profundidades da personalidade, expandindo além e, todavia, relevante à rotina diária da existência.

As várias interpretações de um mito refletem uma era, pessoa e sociedade particulares. O mito expressa uma necessidade, sejamos ou não conscientes dela, e seu conteúdo nos conecta àqueles ao longo das épocas. Podemos sentir o fio disso pessoal e coletivamente. O tema de um mito não literal, mas simbólico, serve à necessidade psicológica para acessar e conectar o inconsciente à existência consciente.

Jung acreditava que a mitologia fosse a projeção e expressão do inconsciente coletivo (1969, OC 8, § 325). As figuras e motivos encontrados no inconsciente coletivo são imagens, simbólicas e impessoais, reveladas nas narrativas e enredos intricados sobre os numerosos mitos e contos de fadas ao redor do mundo. Expressam uma uniformidade sobre tempo e espaço e são significativos para as pessoas individuais e para a cultura. Mais do que uma história de fantasia, um mito é uma forma de experienciar o mundo e retratar uma visão de mundo. Uma função central do mito é revelar o psicológico com suas ligações com o exterior, criando significado e relevância para a pessoa.

A mitologia e seu simbolismo tecem narrativas que unem os domínios divino e natural. Narrativas míticas são antídotos para nossas ansiedades e medos diários enquanto expõem conhecimento e caminhos antigos na direção da consciência.

> Ele cria a partir da vivência originária [...], necessita das figuras mitológicas [...] para exprimir-se através delas [...], tal como uma visão num "espelho que não reflete" [...]. E nada falta na escala que vai do incompreensível e sublime até o perverso e grotesco (OC 15, § 151).

No mito grego antigo de Eco e Narciso, cada figura representa de diferentes formas o si-mesmo buscando por afirmação e intimidade.

Esse mito enfatiza o desejo e a negação do vínculo, perda, amor, vida e morte. Narciso e Eco expressam corpo e psique se desintegrando pela falta de amor. A natureza devoradora do narcisismo na relação do si-mesmo com outros foca os seguintes temas. O antigo poeta romano Ovídio retrata Narciso pagando um preço com sua vida por rejeitar como amante toda pessoa que não fosse ele próprio. Eco convida à conexão com sua voz e resposta emocional, ainda que tenha sido amplamente ignorada culturalmente em escritos psicológicos.

Qualquer história ou mito contém uma multiplicidade de interpretações fundamentais para seu efeito. Em uma cadeia de significados não há apenas uma interpretação, mas o entrelaçamento de muitas e somente algumas podem ser consideradas aqui. Essas estruturas conceituais foram coligidas ao longo dos séculos para expandir horizontes, em vez de se encaixarem em uma estrutura estreita. A força ou impacto do símbolo mitológico necessita ter uma qualidade local e étnica por meio da qual é permitido atuar sobre a alma (De Koning, 1998, p. 565). O mito de Narciso e Eco é ocidental e pode não ter a mesma relevância para outras tradições culturais. Seus aspectos transculturais e várias disciplinas são essenciais para destacar as camadas da história de Narciso e Eco. Um ponto aqui é também se mover de uma história dominada unicamente pelo masculino para uma que introduz o papel de Eco e o que ela significa para a psique moderna.

Por exemplo, a contribuição criativa do filósofo francês Jacques Derrida para a filosofia e o pós-modernismo exibe um elemento crucial através do conceito de *différance*, uma palavra francesa que se refere a diferençar (*differ*) e diferir (*defer*) (indicada pelo "a" em *différance* em vez de *différence*) e para a diferença entre ser e ser-do--ser (De Koning, 1998, p. 563). Aplicada ao conceito de narcisismo, o uso do termo *différance* por Derrida significa que não há um centro, e cada centro presumido dá lugar a outro. O pensamento de Derrida no texto e palavras é muito próximo às concepções de Jung sobre a imagem e o símbolo, nos quais não há paradigma ou teoria monoteísta dominante (De Koning, 1998, p. 559). Símbolos e significados arquetípicos são expressos por meio de diferentes imagens, pessoais e coletivas, desdobrando-se como um acordeão.

## O singular

O narcisismo no tipo de personalidade "como-se" revela a estrutura de um si-mesmo singular, isolado e solitário, coberto por uma aparência externa de grandiosidade e ignorando outros. Narciso representa processos desconcertantes de inversão do olhar de alguém. A pessoa não olha para fora de si nem seu voltar-se para dentro reconhece quem é. Narciso não pode se ver, e esse é o ponto de seu fim trágico. "Por que tentar / pegar uma imagem? Ele não existe – / aquele que você ama e deseja" (Ovídio 3.432-3.433). Esse verso de Ovídio chama nossa atenção para a dificuldade de Narciso e Eco, que morreram, falharam em amar e ser amados, deixando o si-mesmo insatisfeito. E isso apresenta também o dilema e a luta da personalidade "como-se". O desejo apaixonado tem dois lados: é a força que embeleza tudo e, sob certas circunstâncias, destrói tudo.

A morte de Narciso foi uma punição por ser incapaz de se envolver no amor com outra pessoa que não si próprio. Do mesmo modo, a pessoa narcisista está fadada a sofrer dor por ser incapaz de amar outra pessoa além de si. Mesmo quando trabalha para proteger, o amor-próprio pode sabotar ao negar a necessidade de amar outros, o amor que o amor-próprio sozinho não provê. O narcisismo pode nos levar a amar outras pessoas em um entrelaçamento complexo do si-mesmo com outros. Vemo-nos na outra pessoa, espelhando-nos e nos separando ao mesmo tempo.

A filósofa americana Pleshette DeArmitt (2013) reconfigura um tipo de narcisismo que é "aberto ao outro como outro".

> Ou seja, uma experiência na qual o si-mesmo é formado por uma relação com o outro, e na qual o outro impede o si-mesmo de se fechar em si, uma relação na qual o amor do si-mesmo e o amor do outro não podem mais ser

> pensados como mutuamente excludentes, mas devem ser compreendidos como inextricavelmente entrelaçados (Oliver, 2015, p. 37).

Dito de outro modo, isso indica o movimento de um aspecto transportado ou transmitido ao outro, e dessa ação a personalidade evolui e se transforma. Nessa interpretação de unir si-mesmo e outros, amamos outros porque encontramos um reflexo de ao menos uma parte de nós mesmos na forma do outro. Assim, o narcisismo saudável busca o familiar no outro, mas não exclui o outro. Ser reconhecido ocorre não sozinho, mas também está entrelaçado com outros. Com efeito, o si-mesmo é reestruturado e expandido por meio dessa experiência.

Conectando essa perspectiva à psicologia junguiana, o processo envolve a habilidade de administrar a tensão entre opostos que caracteriza a estrutura psicológica saudável (Schwartz-Salant, 1982, p. 67). A atração é o mistério de um para o outro, permanecendo separado e conectado, mas sem se cancelarem entre si. Esse é um conceito básico da psicologia junguiana, conduzindo o empurra e puxa entre o que parece ser forças opostas. Do lutar e conter recobramos o equilíbrio; mudamos. A tensão de opostos pode ser interpretada como o si-mesmo e outros, o que é o mesmo e o que é diferente, o que é confortável e o que é desafiador, e assim por diante. Sustentando essas várias visões, sentimentos, emoções, reações e crenças, podemos fazer algo acontecer com essa combinação. No processo, facilitamos o crescimento e o desenvolvimento distantes de nossos antigos padrões.

Do mesmo modo, o desejo por fusão e sentimento de um com o outro é uma característica de se apaixonar quando ambos os parceiros competem por atenção e oscilam de um para o outro. Um dos paradoxos é uma ameaça de perda dos limites e identidades de alguém como uma pessoa separada. A mesmidade ameaça nossa identidade distinta e separada e nossa sensação do si-mesmo porque nos leva de volta para um estado de funcionamento menos diferenciado, narcisista (Czubinska, 2020, p. 330).

Isso se torna aparente nos relacionamentos da personalidade "como-se", que revolvem em torno delas. De sua resposta narcisista, qualquer outra pessoa é percebida como um objeto para uso, para satisfazer necessidades e apoiar sua autoestima frágil. Como parte dessa personalidade, a pessoa narcisista tende ao desprezo, desdenhando outras. Isso estabelece distância emocional de modo que ninguém pode perceber a fragilidade associada. Embora surpreendente no início, o elo entre desprezo e autoestima frágil pode ser explicado pela vulnerabilidade do narcisismo. Narcisistas podem ser muito sensíveis a mágoas, provocam negligência às necessidades emocionais de outras pessoas e relacionamentos colapsam.

Além disso, a vergonha é um fator significativo da realidade interior da pessoa narcisista. Essa emoção representa o ferimento pré-verbal profundo quando uma pessoa começa a se sentir não amável e inaceitável. Essa sensação chocante inicial e inerradicável deve ser coberta com a fachada "como-se". Essa pode ser a atitude de orgulho presunçoso, projeção inflacionária de si própria, de ostentação flagrante. Narcisistas são cansativos com toda sua energia frenética focada em ocultar seus sentimentos inadmissíveis mais profundos de vergonha. Uma concha protetora cresce para proteger a fragilidade interna, mas é inflexível, e ninguém pode chegar perto o bastante para o amor ou para amar. A concha permanece no lugar.

Narcisistas se sentem superiores a outros ainda que dependam deles para refletirem uma imagem positiva. Desse modo, muitos narcisistas são codependentes. São hipersensíveis a qualquer desafio à sua ilusão de serem os melhores, muitas vezes, reagindo a insultos percebidos, mesmo quando inexistentes. Eles evitam que sejam reveladas suas falhas, suas opiniões ou autoridade questionadas ou sua autoestima e orgulho maculados. Eles farão o que for necessário para sustentar sua imagem e bloquear qualquer reação negativa.

Embora o dano narcisista comumente apareça, mesmo na terapia, a extensão de seus efeitos dolorosos pode passar despercebida. A pessoa narcisista é uma ilusionista hábil, insistindo na necessidade de ninguém, ainda que desesperada por atenção. É estranhamente desagradável estar ao redor dessa pessoa, e, após uma conversa, outras se sentem vazias. Ela estava fingindo? Sua existência separada nega outras, não permitindo diferenças na necessidade de preservar a mesmidade.

O narcisismo busca validação, ser visto, mas quando tornado consciente pode ser usado para expressar valor-próprio saudável. A pessoa que fala entusiasticamente sobre seu último projeto pode não estar se gabando ou pedindo por elogios indevidos, mas tentando compartilhar o que é significativo para ela. Ela não é necessariamente guiada por autointeresse, mas por interesse social por meio da comunicação sobre seu mundo interior. Ela está falando *conosco, não para nós*, e será apenas levemente desapontada, não violentamente enraivecida se a interrompermos, discordarmos dela, ficarmos aborrecidos ou mudarmos de assunto. Não estamos à mercê de sua autoadoração nem cativos de sua inveja. Essa pessoa está buscando respostas empáticas e reais. Podemos perceber a diferença entre esse tipo de troca e aquela orientada pela necessidade compulsiva da pessoa narcisista de admiração como confirmação de seu valor.

Por muitos anos, o narcisismo foi um dos conceitos centrais da psicoterapia e seu tratamento permanece um foco teórico. Representa a psique danificada e surgem perguntas sobre como pode ser reparada. O narcisismo pode ser descrito como uma perturbação de autoconexão, como autodesprezo, tendo dificuldade de se acalmar, sendo repleta de lutas e conflitos internos e complicações em relacionamentos. No culto da autoadoração, a dedicação narcisista ao corpo belo envolve paradoxalmente uma atitude ascética para com a vida, incapacitando a psique com a necessidade de perfeição, regras rígidas, limites firmes e ansiosos, criando um vácuo espiritual.

Necessitando ser vista pelos olhos de outros, a pessoa "como-se" se apega a uma precária sensação do si-mesmo. É "como-se" essa pessoa só pudesse existir se vista por outra. Há acesso insuficiente para seu interior. Apegar-se a outros se torna um mecanismo de sobrevivência, mas não a permite ser sua pessoa separada, capaz de se mover e se desenvolver no espaço. "Se as experiências e sentimentos que sustentam os sentimentos terríveis de dissolução não são investigados e transformados, o apego pode se tornar um comportamento viciante, um vínculo malévolo que funciona contra o desenvolvimento, baseado em uma ilusão" (Cavalli, 2014, p. 560).

A pessoa narcisista sente ansiedade a apreensão em relação à vida. Isso é oculto pelo desenvolvimento de uma persona idealizada e de uma postura grandiosa descontrolada. É muito desconcertante quando a pessoa se apresenta como uma estrela, desfrutando as luzes, mesmerizante para outras. Como a pessoa narcisista de hoje, no mito Narciso só vê sua beleza, pois é o ideal. Sua autoidentidade é inflada, irrealista, incompleta e não pode reconhecer qualquer sombra, uma vez que sua visão é parcial. A pessoa narcisista parece querer manter isso assim. Para nos tornarmos entes humanos completos, de acordo com a psicologia analítica junguiana, devemos aceitar as partes rejeitadas e cindidas, aquelas partes guardadas, o inesperado, residindo na sombra e no inconsciente.

A pessoa narcisista é a parte da pessoa "como-se" que parece ser confiante, segura, autocentrada e satisfeita. Essa aparência é um disfarce para o ego frágil e vulnerável de uma pessoa que não consegue amadurecer, sentir o si-mesmo inteiro e que existe em estase, incômodo e insegurança. A realidade é uma pessoa sozinha com baixa autoestima, uma comparação persistente com outras e isolamento interior.

## Déficits de vínculo inicial

Sejam benéficas ou tóxicas, relações infantis possuem influências formadoras nas relações adultas posteriores. Experiências infantis insuficientes indicam a presença de pais distantes, atonais, praticamente inanimados, emocionalmente mortos. Quando internalizadas, essas relações deixam sentimentos de infelicidade e uma falta de satisfação e desespero, expressa em termos de vácuo, vacuidade, futilidade e ausência de significado (Kohon, 1999, p. 290). O narcisismo se torna uma defesa contra a afinidade e surge da apreensão de reproduzir objetos dolorosos e iniciais experienciados como associados à ausência e perda.

Reagir realmente ou ser realmente significa mostrar uma dependência verificada desde cedo com essas figuras parentais inadequadas. A possibilidade de se relacionar com um objeto bom foi negada. Os desapontamentos físicos e psicológicos iniciais se formam em ciclos de desilusão e recolhimento. Há um poço profundo de solidão se a pessoa sequer dedica um tempo longo o bastante para parar e sentir. Tem seu desenvolvimento interrompido, rejeitando o instintivo, o físico, terra e tempo. Jung se referia a isso como associado a inércia, baixa autoestima e humores depressivos. "Este tipo de mulher aproxima-se do mundo desviando o rosto [...]. Nesse ínterim, a vida passa por ela como um sonho, uma fonte enfadonha de ilusões, desapontamentos e irritações" (OC 9/1, § 185).

Ou essa pessoa foi determinada por seus pais para ser muito especial, a favorita, criada para se exibir, pressionada a brilhar por seu prazer e para abrilhantar sua vida. Isso é transmitido por meio de mensagens verbais e não verbais. Confundir o imaginário com o real, e ainda sequer reconhecer o imaginário como espelho, como eco visual, de seu si-mesmo: "Involuntariamente, / ele se quer; elogia, mas seu elogio / é para si; ele é o buscador e / o buscado, o ansiado e aquele que anseia; / é o incendiário – e é o queimado" (Ovídio 3.425-3.426). Cedo, muito cedo, a criança aprende que não há escolha senão ser boa, fazer seus pais felizes, realizar, ser a melhor.

Efeitos prejudiciais ocorrem quando a criança deve agradar ou salvar os pais para obter uma aparência de parentagem. Ferimentos emocionais vêm da perda e de se sentir inamável. "A melancolia narcísica é tristeza fundamental vinculada à perda imemorial" (Oliver, 2002, p. 129). A pessoa narcisista desenvolve uma fome de objeto, uma necessidade de preencher a vacuidade com pessoas, lugares e coisas para compensar o vácuo e a sensação de ser insegura e negligenciada. A vida é precária. Posturas defensivas são erigidas e vinculadas a deficiências desenvolvimentais iniciais. O psicanalista Donald Winnicott disse: "A adaptação [dos pais] não é suficientemente boa. O processo que leva à capacidade para o uso de símbolos não começa ou então se interrompe... na prática, a criança vive, mas vive falsamente" (1960, p. 146).

## Quem está no espelho?

Identidade vem da expressão latina *idem et idem*, que significa literalmente "o mesmo e o mesmo", ou "repetidamente, vezes sem conta". A noção de identidade é compreendida em oposição à outridade. Contudo, a recusa de Narciso de se separar não permite a outridade por ser muito ameaçadora, e busca ser ele próprio espelhado em vez do que é visto no outro (Schwartz-Salant, 1982, p. 91). Essa pessoa pode reconhecer a necessidade de nenhum outro –

"O que desejo, tenho" (p. 91) – e o si-mesmo grandioso descreve os estados dissociados que permanecem no narcisismo, ocluindo uma relação mais profunda com o inconsciente. Há uma crença arraigada de que nada há dentro e nada de valor, e a pessoa narcisista teme mergulhar no inconsciente (p. 65). O dilema narcisista caracterizado pelo não amor significa falta de conexão com o si-mesmo e com outros, com efeitos sentidos tanto pessoal como culturalmente.

A pessoa narcisista parece ter orgulho demais, motivada por seus sentimentos inadmissíveis de vergonha. Experiencia um sentimento peculiar de irrealidade e se defende contra a depressão e o sofrimento; muito preocupada com administrar os medos e ansiedades daqueles ao seu redor, não desenvolve um núcleo interno próprio. Essas pessoas são camaleões sociais que jamais tiveram a chance de apenas ser, uma vez que estão constantemente atuando, fingindo impressões, preocupando-se, encenando *performances* aos olhares públicos, socialmente construídas.

A ausência da capacidade para auto-observação indica uma inabilidade para tolerar interpretação. Isso também representa o outro e, portanto, é ameaçador. Como um espelho, processos analíticos e psicológicos revelam o si-mesmo interior e verdades inescapáveis. "Aquilo que você sustenta é apenas a sombra de uma imagem refletida... com a reflexão interpretada como a alma ou um centro vital" (Schwartz-Salant, 1982, p. 88). Ser atraído ao espelho dia após dia pode representar obsessão com inflação e vaidade superficial. Pode também refletir perda e negação, contribuindo para sentimentos autodestrutivos, o si-mesmo divorciado do corpo. Pode também ser a busca pelo si-mesmo.

Portanto, atos de reflexão e espelhamento são psicologicamente complexos. Perceber-se em uma superfície refletora é também reconhecer a sombra, ou o fundo obscuro. "Algumas palavras estão condenadas como lilases em uma tempestade. E algumas são como mortos preciosos – mesmo que eu ainda prefira em detrimento de todas as palavras para a boneca de uma menininha triste"[1]. Essas são opostas ainda que essenciais ao brilho na superfície e ocorrência natural da luz que vem das profundezas. Se essas profundezas do ser permanecerem inexploradas, as superfícies refletoras da pessoa narcisista nada revelam. O mundo parece ameaçador, e ela oculta suas áreas preciosas.

A arrogância externa e onipotência da pessoa narcisista ocultam sentimentos muito reais de vacuidade, terror e medo disformes (Fordham, 1986, p. 159). Essas pessoas pensam ser especiais, e invejam formas em que não podem obter o que desejam. O narcisismo, que descreve pessoas egocêntricas, arrogantes, exploradoras, foi há muito associado à inveja (Mollon, 1994, p. 34). Embora possam não gostar, as pessoas narcisistas são vulneráveis, de egos frágeis e tendem a ser internamente autoconscientes, passivas, tímidas e emocionalmente introvertidas. "A inveja está relacionada ao funcionamento inicial da psique, com uma aversão implícita à separação e diferença" (West, 2010, p. 460). A negação do Si-mesmo e a necessidade de ocultar mentiras no centro do problema. O desconforto dos narcisistas e a fragilidade do ego se manifestam na ansiedade, e sentimentos de vacuidade desaparecem nas ações abertas de merecimento. Elas buscam o foco da atenção para esconder o sentimento de inadequação, inferioridade e de estarem a um passo do fracasso.

Como Julia Kristeva comentou: "A depressão é a face oculta de Narciso: aquela feição que – embora o leve à morte – permanece despercebida por ele, enquanto, maravilhado, contempla-se em

1. "Esta – noite", de Alejandra Pizarnik, o poema (1969) é de uma coleção de poemas não coligidos escritos entre 1969 e 1971, em um manuscrito de 17 páginas confiado à poetisa Perla Rotzait.

uma miragem" (Kristeva, 1992, p. 5). A defesa foca a sobrevivência enquanto tentativas de crescimento e individuação parecem perigosas. Os narcisistas buscam, mas não conseguem se encontrar em sua necessidade de possuir o si-mesmo e sua potência e beleza arquetípica nem sua outridade. No mito, essa atitude leva Narciso à morte (Schwartz-Salant, 1982, p. 91).

Em situações em que a habilidade para distinguir o si-mesmo de outros está danificada, tentativas de autoproteção podem criar as condições dolorosas e prejudiciais que o sistema tentou, antes de tudo, evitar. Para compensar a fragilidade do ego e do si-mesmo há uma pressão para ter sucesso completo sempre garantido. A intimidade é difícil. No incômodo e desconforto com a proximidade, embora desejada, essa pessoa "como-se" reage com pseudoafetividade e sem acesso à série completa de emoções. "A condição mais extrema traumaticamente gerada é aquela na qual qualquer capacidade de representar a experiência de si é interrompida: um estado de paralisia no qual mesmo a impressão vazia se perde em um vácuo" (Connolly, 2011, p. 5). O presente é apagado na expectativa do futuro imaginado.

## Ferimentos

Julia Kristeva descreveu os ferimentos da pessoa narcisista assim: "Odeio isso, porque amo isso, e, a fim de não usá-lo, coloco-o em mim; mas, porque odeio isso, esse outro em mim é um si-mesmo mau, eu sou mau, sou não existente" (Oliver, 2002, p. 186). O sofrimento surge devido a vínculos perdidos. A pessoa narcisista se torna uma observadora da vida, removida, colocando-se do lado de fora e desconectada, com o si-mesmo empobrecido. As ramificações podem permanecer não tematizadas por anos.

Os mundos interno e externo se separam. A pessoa narcisista está suspensa entre o que receia em sua mente e no mundo. "A facilidade com que esta regressão ocorre parece ser devida a certa indolência peculiar à libido, que não quer abandonar qualquer objeto do passado, mas retê-lo para sempre [...], uma retenção passiva da libido nos primeiros objetos da infância" (OC 5, § 253). O sentimento de dano sinaliza que a pessoa não pode permitir-se experienciar a realidade, por esperar que seja devastadora e assustadora. Isso é expresso ao recusar a introjeção ou projeção completa do outro (Britton, 1998, p. 61). Uma complexidade de desafios intricados confronta a pessoa narcisista. Embora dotada, inteligente e inusual, com o tempo se torna evidente que essas pessoas estão presas em respostas repetitivas previsíveis e, muitas vezes, em pensamentos internamente autodepreciativos.

O corpo e a psique são bombardeados com derrota; não faz sentido porque nada será perfeito o bastante. Não importa como pareça, a pessoa narcisista possui pouca relação natural com seu corpo. É algo para renovar, objetificar, do qual se distanciar. Em segredo, a pessoa narcisista se coloca em uma guerra contra o corpo e isso, é claro, bloqueia o amor. Todavia, essa é a pessoa "como-se" parecendo estar bem e ignorando suas reações de vida inadaptadas. Ela termina vivendo na terra do nunca, um lugar de infinitos adiamento e identidade parcial (Solomon, 2004, p. 639). Uma vez mais, a dissociação do real se desenvolve como uma tentativa de sobrevivência e as ilusões compensam a ansiedade e a vacância emocional.

Julia Kristeva se refere à noção de alienação ou cisão do si-mesmo como resultado da repressão de sentimentos. Ela disse que, quando um instinto se torna autodestrutivo, o ego, desde o início da vida, carece de coesão e se despedaça (1992, p. 19). O si-mesmo está dividido entre os aspectos agonizantes interiores e a fachada otimista exterior, expressando a dissonância entre a pulsão para realizar e o desespero da solidão e do recolhimento.

> O si-mesmo – ferido, incompleto, vazio, é sentido como tendo uma falha fundamental, uma deficiência congênita. Essa lógica pressupõe um superego severo e uma dialética complexa de idealização e desvalorização, tanto do si-mesmo como do outro. É uma identificação com o outro amado/odiado – por meio da incorporação, introjeção, projeção – que é afetada quando alguém assume uma parte ou traço ideal, sublime, do outro e que se torna o juiz interior tirânico (1992, p. 6).

A tristeza se torna o objeto de vínculo, um substituto ao qual a pessoa se apega, cultivando-o e amando-o na falta de outro.

Uma observação mais atenta revela o drama inconsciente interior compulsivamente dirigido. Fechada, apta ao disfarce, todavia, repleta de tristezas, há uma ausência de solidez. A pessoa experiencia o mundo "como-se" real, mas se sente, sem sua identidade, como uma marionete, manipulada por cordas e não livre para escolher. Há uma qualidade mecanicista em sua *performance*, embora finja que a vida é maravilhosa. A vida interior parece infértil, a concha externa muito firme, muito frágil, muito suscetível à quebra. Sua armadura não pode se dobrar, tampouco pode crescer ou respirar. Algo intangível e indefinível se impõe entre essa pessoa e outras, deixando-as com a pergunta: "O que está errado?"

## Eco

No mito grego, o apelo dramático de Eco por conexão, atenção e amor era composto pela declaração de Narciso e por sua pergunta e resposta ecoada, que pode ser comparada ao diálogo de investigação terapêutica que ocorre nos planos consciente e inconsciente. O crisol terapêutico de comentário e repetição evolui em um ritmo baseado na diferença, ainda que predicada na mesmidade do ente humano. "Como último recurso, devemos começar a amar para que não adoeçamos, e devemos adoecer se, em consequência da frustração, não pudermos amar" (Freud, 1949, p. 42). No trabalho terapêutico a fala verbal e não verbal entre participantes extrai o si-mesmo do inconsciente.

Eco interrompe o solilóquio de ensimesmamento e de autoafeição solitária de Narciso provocado pela visão de seu reflexo. Suas palavras chegam a ele como o outro (Oliver, 2015, p. 35). Eco realiza a busca pelo outro, mas sofre psicológica e fisicamente por ser recusada. O mito narra a sede de amor, uma vez que o corpo de Eco desaparece no anoréxico moderno, no ignorado, no corpo como não percebido e não desejado. Narciso quer a mesmidade e Eco, a diferença. A necessidade de união interior é expressa na história, e também observa a destruição fatal que ocorre quando não é satisfeita.

Eco foi pouco discutida em relação a Narciso, exceto como uma mera repetição. Todavia, ela representa aspectos além da si-mesmidade de Narciso que não consegue reconhecer qualquer outro como um centro equivalente de ser. Eco representa a necessidade de interação com a outridade, e isso é parte do que cria sua subjetividade. É por meio de seu amor que Eco transforma sua reiteração das palavras de Narciso de mera repetição em sua resposta (Oliver, 2015, p. 37).

Por outro lado, Narciso grita: "*Emoriar, quam sit tibi copia nostri!*" ("Prefiro morrer a lhe dar poder sobre mim!") (Ovídio 3.391). Ele não consegue compreender outra consciência senão a sua. Como muitas pessoas "como-se", Narciso é "pego em uma sala de espelhos ou uma câmara de eco, enlutando e celebrando que estamos sempre e somente caçando uma ilusão de si-mesmidade, uma ilusão de identidade estável, uma ilusão de um nós unificado" (Oliver, 2015, p. 36).

Eco incorpora o si-mesmo no espelho do outro (Oliver, 2015, p. 36). Ela declara repetidamente sua vivacidade e desejos emocionais e físicos, nomeia-se e declara sua subjetividade através de sua voz. Ao falar, desafia a punição divina imposta a ela no mito por Hera, a esposa invejosa de Zeus, rei dos deuses que era um mulherengo persistente. Eco é punida por Hera por testemunhar as ações ardilosas de Zeus e não lhe dizer. Muito brava e independentemente, Eco ouve, reage e responde ao que vê e ouve e não ignora.

Para Eco, a relação entre voz e imagem é comunicada por meio de suas repetições, e embora incapaz de iniciar, não significa uma completa remoção da escolha. Seu tom, inflexão, etc. ainda são dela. E, embora repita o que outros disseram, pode escolher o que repete. Eco não meramente imita o que ouve, mas se coloca ao enfatizar e repetir seus desejos. Até o fim, sua voz tem vida. "Assim, ela está escondida no bosque / e jamais pode ser vista nas encostas da montanha, / embora em toda parte possa ser ouvida; o poder / do som ainda vive nela" (Ovídio 3.401-3.404). Seu desejo não diminui; ela continua a perseguir o objeto do seu amor ao longo do mito.

O mito demonstra que Eco é um si-mesmo em seu desejo pelo outro e em sua insistência em ser ouvida por aquele que ama.

> A morte do outro estraçalha seu coração, silencia seus lábios e desfaz sua soberania, se jamais a tivera. E se o sujeito filosófico não é o homem apaixonado por si, mas a mulher – ninfa do bosque, ou talvez mesmo a voz desincorporada, fantasma ou espectro – que amava outro (Oliver, 2015, p. 37).

A figura de Eco ilustra mais do que a mera repetição uma vez que assina seu nome declarando seu amor. "Ela modela um modo de chegarmos a nós através de outros... Expressando nossos corações e mentes, como Eco, estamos em dívida para com o outro" (Oliver, 2015, p. 43). Eco não é um objeto passivo, mas a perseguidora, que segue Narciso até à poça, após ter sido violentamente rejeitada por ele, e inclusive até à morte fenecendo também. A extensão prolongada de seu luto, perda e desejo insatisfeito resulta em seu desaparecimento gradual. Sua agonia, com o fenecimento gradativo do corpo, simboliza os efeitos psicológicos de não ser recebida ou vista. Esses são ingredientes emocionais essenciais para o desenvolvimento e crescimento.

Jacques Derrida expandiu esse tema, descrevendo a situação em que "as defesas se transformam e de modo suicida se destroem pelo próprio ato de defender seu si-mesmo" (2005, p. 123). Ele argumentava que Narciso se ouve através das ressonâncias de Eco (p. 164). Suas palavras atraem Narciso, que a ouve e lhe responde. Eco convida ao diálogo e conexão e apresenta uma saída do impasse da mesmidade e da falta de intimidade. Contida no amor estão a conexão e a perda, e em cada si-mesmo existe uma multidão, não apenas o idêntico. Eco fala a linguagem do amor e do desejo, e é ativa, persistente, constante, determinada.

A falta de atenção cultural e psicológica para com Eco reflete a negação do feminino, do corpo físico, do anseio e desejo como aspectos da relação com o si-mesmo e com outros. Como tudo necessita ser o mesmo e previsível, a pessoa narcisista evita a multiplicidade característica de uma psicologia saudável. Do mesmo modo, essas pessoas possuem beleza e dons, mas podem ser preguiçosas, indolentes, isoladas, recolhidas, cercadas por poucos admiradores que as bajulam. Pessoas narcisistas não têm as habilidades necessárias para lidar com qualquer coisa percebida como negativa. Tendem internamente a ser sombrias e deprimidas, infelizes, críticas em relação a outras pessoas, ansiosas, invejosas, competitivas e têm reações extremas a insultos ou crítica percebidos.

Narciso retrata o ilusório, incapaz de incluir o outro ou o feminino, e sua paixão permanece não correspondida. Sua personalidade se protege contra a vulnerabilidade que um relacionamento pressupõe. Existindo na bolha do narcisismo, o si-mesmo e o mundo se tornam desunidos à medida que a pessoa narcisista se apega a juventude e fantasia, *videogames*, anime, Instagram e Photoshop, em um esforço para se manter jovem para sempre e promover uma realidade "como-se" que tenta escapar do tempo.

O processo da psicoterapia analítica junguiana abre um acesso através da agonia e perda para a vivacidade e o amor para com o si-mesmo e outros. Jung chamava isso a sustentação da tensão dos opostos. Pode ser interpretada aqui como ouvindo e respondendo à voz de Eco, em vez de permanecendo na singularidade de Narciso.

## Puella e puer

A personalidade "como-se", o narcisismo e o que Jung chama de arquétipo puella ou puer compartilham traços similares: a fachada de alegria, receber atenção, mas recusar intimidade e uma perplexidade quanto ao crescimento e maturidade. Puella ou puer se diferenciam do feminino e masculino, respectivamente, em especial quando o conceito em psicologia junguiana foi originalmente concebido. O mundo interior é difícil de acessar. Essa é uma personalidade caracterizada, de um lado, por uma falha em estabelecer objetivos estáveis ou realistas, de realizar conquistas duradouras de acordo com esses objetivos e uma proclividade para vínculos e experiências intensas, mas breves. De outro lado, um talento notável é também uma característica.

O analista junguiano James Hillman descreveu a puer como:

> narcisista, inspirada, efeminada, fálica, inquisitiva, inventiva, pensativa, passiva, apaixonada e caprichosa, atendendo

> o chamado do espírito. Esse é um chamado que envolve não apenas o começo, mas exige perseverança. Pega em atividade; um eterno tornar-se não é realizado e depois é reduzido apenas a possibilidade e promessa (Hillman, 1989, p. 27).

O problema é que a puella ou puer representando o entusiasmo no início em breve diminui e não consegue lidar com a rotina necessária para continuar o desenvolvimento. Não envelhecem facilmente, e, como Hillman argumentou (p. 25), "o espírito puer é o menos psicológico, possui a menor alma". A tarefa é encontrar a conexão para o contínuo da vida em vez de viver na parcialidade e ilusão eternas e atemporais.

A aparência da puella ou puer se mostra como indiferente e intocável e parece evitar confronto, antecipando ferimento. Há o foco em si-mesmo, negação da necessidade de outros; mesmo que negativa há evitação de intercessão do outro. Com base em aparências externas, aquelas pessoas identificadas com a puella ou puer são muitas vezes consideradas histriônicas e realizadoras, enquanto sua vida interior permanece deficiente, sem um sistema de apoio ou confiança interior. Essas pessoas podem parecer felizes, mas são geridas por um si-mesmo vazio faminto com pouca alegria. O foco na superfície e no ego mantém a vida interior não desenvolvida. A pessoa vincula através da mesmidade uma fusão que não permite diferenças. Está muito ocupada se preocupando por ser inamável e sentindo que o amor poderia ser falso (Hillman, 1989, p. 57). Não arriscam muito e hesitam emocionalmente (p. 69). Muitas vezes, seu corpo não pode sentir suas respostas físicas.

O narcisismo é um retrato do estado psíquico do singular, uma vida sem se sentir viva e com o si-mesmo divorciado do corpo. A fundação é insegura, e o espelho é narcisista sem as várias subjetividades do mundo. Em outras palavras, a vida se estreita para encontrar segurança e eliminar a outridade. Desejo e entusiasmo se dissolvem rapidamente. Todos se tornam mortos, incapazes de ser revividos e a fantasia se torna poeira. Como Jung afirmou:

> Quando sentires como estagnação e ermo estéril a tua falta de fantasia, de ideias súbitas, de vivacidade interior, e te puseres a contemplar isso com o grande interesse (= o tornares prenhe) que em ti desperta tanto o alarme por perceberes a morte interior, como também o clamor do deserto (não raro um "call of the wild"), então fica sabendo que poderá acontecer algo contigo, pois o vazio interior oculta uma plenitude tão grande como ele, contanto que apenas permitas que ela possa penetrar em ti (OC 14/1, § 184).

A despeito de sua frustração e sofrimento, Narciso não pode deixar o lugar na poça, mesmerizado por sua imagem, e ali fenece.

## O espelho

O mito prossegue:

> Ele não sabe o que vê, mas o que vê o convida. Mesmo quando a poça engana seus olhos, tenta-os com deleites. Mas por quê, ó rapaz tolo, persistes? Por que tentar pegar uma imagem? Ele não existe (Ovídio, *Metamorfoses*, 1993).

Na estrofe conclusiva do poema, Ovídio nos diz que, mesmo no além-mundo, após a morte, Narciso continua a olhar para a poça do Rio Styx, fixado para sempre em sua imagem.

O narcisismo, como me refiro a ele aqui, reflete os lugares nos quais existem ferimentos. Para evitar o sofrimento, a pessoa interrompe os processos da vida (Von Franz, 2000, p. 151). A perda de contato com um si-mesmo autêntico no isolamento de outros antecipando que os espaços internos serão erroneamente invadidos. Para narcisistas, expor o que parecem cacos despedaçados de si ameaça a falsa solidez de seu mundo. Esse esforço é para mitigar a depressão iminente, a queda no desespero e a perda antecipada de controle. Ser receptivo ao outro exige a habilidade para aceitar os minúsculos desapontamentos narcisistas quando falta sintonia. Isso leva ou ao crescimento, quando o desapontamento é pequeno o bastante, ou à patologia, quando o desapontamento é mais do que pode ser administrado.

Para a puella ou puer, as realidades dos limites e a mortalidade dificilmente podem ser encaradas. O tempo é fungível, tudo se torna possível na rebelião contra limites. Definida por uma natureza itinerante, pessoal e psicologicamente sem vínculos, a vida com outros é difícil. O apelo chamativo é um disfarce necessário, estimulando projeções idealizadoras, destinadas a manter distância emocional. A pessoa narcisista está ferida, isolada, amedrontada e se sentindo prejudicada, de modo que se envolve em fugas da realidade para grandiosidade. Todavia, relata sentir-se como um fantasma, invisível, sem substância.

Incapaz de acessar suas fundações psicológicas, sente-se imperfeita, fazendo com que as mudanças requeridas ao longo da vida pareçam ainda mais desencorajadoras. Esse é um narcisismo que não tem a ver com amor-próprio, mas com autodesprezo (Schwartz-Salant, 1982, p. 24). A distância emocional interna forma um vácuo; o sentir-se inamável traz alienação emocional e física, escalando para várias formas de insensibilidade.

Incursões ao passado se impõem no presente e retroagem aos ferimentos originais. As carências, o estranhamento ou desintegração da individualidade, o conflito entre ego e si-mesmo, superfície e sombra impelem a busca fundamental pela identidade. Enquanto a vida transcorre, dá-se o confronto com a sombra, irrompendo através de projeções. Há caos e melancolia. O confronto implica envolver-se com os ferimentos, recuperando as partes danificadas e integrando a sombra. Para a narcisista, pode parecer que a desilusão não tem fim.

É insuficiente simplesmente se basear em adulação externa ou adotar as muitas pretensas fachadas. A puella ou puer representa uma das ansiedades de nossa época, não respirar profundamente enquanto estamos emocionalmente desconectados. O foco na juventude limita e afeta adversamente realizações e intimidade, e promove idealização. A vida é baseada em negação. A puella ou puer resiste ao fluxo da juventude à senescência com energia, honra e respeito, inclusive da inteireza da vida. Contudo, ao perder o controle da necessidade do ideal, a narcisista pode acessar o si-mesmo, não apenas o ego, e pode se dedicar a ser, em vez de apenas realizar e fazer.

## A impotência do narcisismo

Um homem com mais de 60 anos, Jake, entra em meu consultório. Ele é magro, de raciocínio rápido, ansioso, triste. "[A]lguns pacientes adquirem uma consciência de si mesmos ou uma autoconfiança exageradas [...]. Outros, pelo contrário, sentem-se deprimidos, e mesmo esmagados pelos conteúdos do inconsciente" (OC 7, § 221). O que ele quer? Pergunto-me, ao sentir um lugar isolado. Por ferimento, vergonha de ser? Sinto tudo isso no começo, mas não é corroborado, disfarçado como a pessoa "como-se" está habituada a fazer. Jake conta as várias modalidades terapêuticas em que se envolveu. Todas funcionaram, mas apenas até certo ponto. Recorda que o ajudaram ao longo de muitos anos anteriormente quando abandonou as drogas e o álcool. Agora, está muito em forma e focado nisso.

Ele se orgulha de ser o número um. Trabalha duro, mas comenta desesperada e rudemente que seu lado artístico permanece em uma caixa. Não pode retornar a ele por não ser bom o bastante e enluta por essa perda, mas insiste que deve ser assim. Não está claro por que abandonou a criação de esculturas, ou se realmente se dedicou a isso. Fala como se falasse para si. Assegurando-se de que sua arte não pode ir a lugar algum, não mudará de ideia. Esse solilóquio ocorre muitas vezes nas sessões analíticas como se estivesse sozinho. Ou tem as respostas, e nada alterará suas crenças firmes. Parece que o que quer que tenha amado, deixa de amar ou repentinamente para de investir energia. Abandona e desaparece gradualmente. James Hillman (1989, p. 25) descreveu essa pessoa como incapaz de encontrar pertencimento, ou o nicho correto, sempre se sentindo precária.

Moveu-se pelo país muitas vezes em sua vida, querendo estar em um lugar ou outro, e, depois, abruptamente, necessitando partir para outro lugar. Tudo isso é dirigido por alguma força ou desejo, mas é amorfo. Jake é autodepreciativo; nada o satisfaz; não consegue realizar o suficiente. A tristeza é parte de seu confinamento narcisista. Ninguém o acompanha ali, uma vez que agora está só. Essa parte silente e suprimida é persistente, e é onde se esconde. A mudança emocional é um movimento para dentro que exclui o outro. Ele comenta que sua terceira esposa é muito gorda, não introspectiva e não o compreende, mas não diz isso a ela. Não estou certa de quão clara é sua comunicação com ela. Ou se ela representa aspectos dele que não pode aceitar. Ou se alguém jamais o satisfaria já que a intimidade lhe parece difícil e aparentemente sequer foi obtida.

Havia um profundo ferimento inicial de um pai brutal que Jake descrevia como insensível, fisicamente abusivo e verbalmente aviltante. Jake se tornou irascível e intransigente e aprendeu a não confiar. Assumiu que era inamável com uma feiura central, congênita, inerradicável. Isso é o que seu pai lhe dizia muitas vezes. O fracasso público poderia mostrar esse ponto fraco, de modo que se expunha pouco publicamente, incerto do sucesso completo. Ele afastava quem quer que tentasse se aproximar. O abismo emocional entre ele e outros se aprofundou, sem jamais ser preenchido, e ele se sentia oco.

Tendo sido tão envergonhado quando criança por seu pai, tinha de evitar a vergonha. Esse aspecto do narcisismo só quer ou pode lidar com a perfeição. Jake não pode ser mediano, por isso, nada faz. Aqui é onde ele repentinamente desiste, mesmo quando está prestes a ser bem-sucedido, e implode. Sua necessidade de se isolar do mundo o domina e fica só com suas ruminações e solidão narcisistas. Suas expectativas irrealistas de que tudo deve ser fabuloso torna qualquer espaço criativo repleto de conflito e insegurança. Jake admite se sentir uma fraude e inadequado; preocupa-se com não estar à altura do trabalho, de seu casamento ou de sua capacidade como pai. Pode ficar muito desencorajado, entediado e declina. Ele diz que é o ego, mas parece um impulso mais massivo para destruição interna e singularidade. Internamente preso e infeliz, sem dizer a ninguém, explica que tem sucesso sem esforço e depois determina que é preguiçoso.

Ele, frequentemente, sonha *em ser culpado por nada fazer*. Nunca descobriu o que é ou por que esses sonhos se repetem periodicamente ao longo de sua vida ou o que deveria fazer. Não vai adiante no mistério do sonho, parando, como de costume, ou porque teme as respostas ou por achar que não pode responder à exigência do sonho. Por exemplo, ele queria ter seu negócio, mas nunca empreendeu. Ele quer interminavelmente, mas nunca faz.

Uma infância de violência deixou Jake com um si-mesmo fragmentado, e isso levou a um mundo fragmentado. Internalizou as experiências e se identificou com o pai violento, de modo que agora inflige a violência a si próprio. Ele odiava seu pai, e esse ódio se tornou seu ódio internalizado, sua imperfeição e maldade, mesmo quando pensava de outro modo. Esse pai era seu único modelo de masculinidade.

O desenvolvimento emocional de uma criança é moldado pelos pais que são os modelos originais para confiança e amor. Jake não teve nem um nem outro, e foi traído. Não havia lugar seguro para vínculo, exceto com seu irmão igualmente traumatizado. Ambos eram diminuídos, ouviam que não eram bons e que eram culpados por inúmeras infrações tendo ou não as cometido. Tudo isso o deixou inseguro, com raiva, isolado, solitário, desejando conexão, mas incapaz de comunicar seus sentimentos ou de encontrar amor-próprio. Sua mãe não se protegia nem seus filhos. Jake experienciou traição emocional de ambos os pais com sua negligência e violência.

Um dos resultados desse tipo de trauma é vergonha e raiva. O mundo fica dividido em eu *versus* eles e é coberto de solidão e separação. A cada dia, Jake executa a mesma ladainha interior, dizendo-se que nada vale. Quando criança era solitário, com espaços privados sem ninguém saber. Ele se sente afortunado por ter sido bem-sucedido nas oportunidades que assumiu em sua vida ainda que temesse ser como seu pai violento, cheio de ressentimento e ódio brutal. Sua raiva e autodepreciação impedem qualquer pessoa de se aproximar, e parece ignorar o conforto da intimidade e está distanciado do inconsciente, com seus elementos sombra, potencial não utilizado e com seu si-mesmo central.

O processo de ódio começou cedo, quando não podia expressá-lo externamente aos pais que eram os perpetradores. Ninguém sabia o que experienciava, sentia ou a ternura que teve de enterrar para sobreviver. Não podia encontrar uma sensação de pertencimento já que algo estava sempre ausente. Ficava embaraçado e envergonhado por suas necessidades, e sua baixa autoestima tornava quase impossível se revelar. A vergonha o mantinha isolado.

Jake aprendeu a ignorar os sentimentos, e a vida repetia a ausência inicial de vínculo amoroso suficiente. O investimento no si-mesmo começou a se desmantelar, deixando para trás fissuras psíquicas. O reconhecimento dos lugares feridos, arrependimentos, abandonos e traições, grandes e pequenas, provocava perdas perturbadoras e profundamente desafiadoras. O pesar em torno disso permaneceu, embora resistido e não enlutado. Ele o evitava inconscientemente, uma vez que parecia muito grande, mas isso também levou à ansiedade debilitante e a uma sensação de inadequação.

Ele sonhou *com um grande tubarão branco e antes disso pensou em se mudar para a Califórnia*. O tubarão é a parte que ataca; ele o teme, mas ele domina e mata qualquer coisa boa. Concebe o mundo como perigoso. A contínua conversa interior é como uma fita de telégrafo. Ele não pode fazer isso, então, por que tentar? Não possui o que é necessário. Jake diz que está sempre com raiva, como o tubarão do sonho com seus pensamentos assassinos, e não expressa as coisas, comentando que os outros são distantes, mas que ele parece ainda mais assim. Ninguém o conhece completamente e ele prefere assim.

Ele quer ser criativo uma vez mais, mas derruba o entusiasmo e interrompe qualquer movimento nessa direção. Incomodado, quer saber como viver. A batalha interior o exaure, matando a própria vida.

Jake diz ser uma fraude e infantil, mas isso é dito em um tom destrutivo, rancoroso e derrotado. Esses são lugares autodepreciativos, atacando o si-mesmo que ele esconde dos outros. Por um lado, pode ser ingênuo, dizendo que entrega suas ideias sem ter crédito algum. Por outro lado, isola-se das pessoas, desviando-se, violentamente, do mundo. Tem dificuldade em expressar suas emoções e fica preso nas palavras quando não consegue. Consegue se virar, mas não quer e, todavia, é preguiçoso. Luta com o narcisismo da perfeição onde nada pode ser mediano, tão derrotado que muitas vezes nada faz.

Com o tempo, lentamente, começa a confiar e ser mais aberto sobre sua infelicidade interior. Não ter de ser ou fingir ser bem-sucedido e pode trazer às sessões de terapia suas reflexões e distresses. Não imaginava que poderia fazer isso e sonhou *comigo em uma sessão nossa, mas isso ocorrera 30 anos atrás. Naquela época, disse estar em terapia com uma mulher que tinha fé nele. Ela o encorajava e foi uma época muito importante de mudança*. Jung disse: "É por isso que devemos estar preparados para encontrar no sonho todos aqueles fatores que desde os tempos mais recuados tiveram sua importância na vida da humanidade. Da mesma forma que a existência humana, na sua essência, não se deixa reduzir a este ou àquele instinto fundamental, mas se constrói a partir de uma multidão de instintos, carências, necessidades e condicionamentos físicos e psíquicos, assim também o sonho não se pode explicar a partir deste ou daquele elemento" (OC 8/2, § 527). De fato, a transferência positiva implicada no sonho é muitas vezes a natureza das sessões psicanalíticas. Tendem a ser honestas e verdadeiras nas relações, até onde podem revelar. Há relacionamento suficientemente bom, de modo que o vínculo pode se manter e o desafio de abrir a psique e parte de seus segredos pode ser enfrentado. Tenho permissão ao seu mundo usualmente obstruído.

Com o passar do tempo, a relação terapêutica se torna um lugar em que ele se sente satisfeito. Ele diz que sou quem o conhece melhor e disse mais sobre si do que nunca. Sinto que há muito sobre o que ele ainda hesita, mas pode ser mais daquilo que luta para ser internamente. Está escrevendo em um diário e se sente mais centrado. Mantém a meditação, e seu passeio sozinho de bicicleta é igualmente importante. Jung disse: "Por mais instruídos que estejamos quanto à importância, aos efeitos e às características dos conteúdos inconscientes, jamais lhes penetraremos a profundidade e as possibilidades totalmente, pois são suscetíveis de variar ao infinito e sua potência a rigor não pode ser diminuída. A única maneira possível de tratá-los na prática consiste em assumir uma atitude consciente que permita a cooperação do inconsciente em vez de sua oposição" (OC 16/2, § 366).

Ele sonhou com módulos de cerca de 30cm de largura e 90cm de altura e se encaixam. Ele quase passou por eles quando as vozes no sonho chamaram sua atenção e lhe disseram que não são nada inusuais. Mas são práticos e feitos de plástico reciclado e estão organizados em quadrados e círculos como flocos de neve. Parecem mandala, figurando um senso de todo, um bom material de construção e com a força para se manterem juntos. Essas formas se encaixam, são organizadas, e agora ele está tirando ordem do caos interior. Finalmente há alguma resposta interna, pensamentos reflexivos e um retorno a si quando a singularidade do narcisismo se abre para incluir o outro.

Por outro lado, os lados obscuros retornam periodicamente, drenando sua energia e o envolvendo na bolha do narcisismo e da solidão. Jake relata aversão ao corpo quando ganhou um pouco de peso e quer ficar magro novamente. Sua aparência física conta enormemente, mas nunca está satisfeito com ela. Ele narra uma discussão que teve em sua cabeça com as amêndoas sobre sua mesa. Ele decidiu não comê-las e isso foi uma vitória. Mas o que significa envolver a mente de um modo restritivo assim? Em que isso reduz a vida? Há uma quantidade regulada para ser consumida, o que é feito muito rigidamente. Para ele, representava um certo triunfo contra as vozes negativas interiores. Poderia representar aumento do autocuidado? Poderia mostrar as regras dominando sua criatividade e usadas em pequenas coisas?

A análise é um tipo de câmara de eco por meio da qual, como Eco, analistas abrem o espaço com os analisandos para se ouvirem. Para Jake, isso significa se perceber, ouvir e sermos mais atentos ao que poderia surgir da relação terapêutica. Nesse momento, Jake está menos rígido e mais capaz de se aproximar em vez de se afastar. Isso ocorre porque a relação é forte o bastante para criar espaço para ele confiar, sentir que é ouvido e poder se revelar. Isso ocorre quando analistas devolvem aos analisandos duas palavras, os fins das sentenças, fragmentos de uma história, para facilitar o desenvolvimento e o conhecimento. É um processo como Jung reconhecia: "Os fatores que se unem na *coniunctio* são concebidos como opostos, que ou se opõem como inimigos ou se atraem amorosamente um ao outro" (OC 14/1, § 1).

## Possibilidade

O narcisismo contém o potencial, o charme, a energia e a possibilidade, se alguém puder se abrir para ser vulnerável, aceitando a sombra e o que significa ser real com outros. "O começo da vida consciente era o fim da ilusão, a ilusão de não ser, e a erupção do real" (McEwan, 2016, p. 2-3). Isso é parte da tarefa do aprender a amar. Pode ser os cruzamentos para crescimento e desenvolvimento, a fênix se elevando das cinzas, a melancolia explorada em vez de negada.

Há uma oscilação entre ansiar por transformação e fugir da constrição combinada à necessidade de apego às imagens apresentadas ao mundo. Soltar os si-mesmos muito grandes e fachadas muito usadas leva a nudez e renovação. Sobre manter o equilíbrio da psique, Jung disse:

> É assim que devemos viver – sem reserva, seja no dar ou no reter, de acordo com o que as circunstâncias exigem. Então, você chega ao fim. Afinal, se você ainda ficar preso, há sempre a enantiodromia do inconsciente, que abre novos caminhos quando a vontade consciente e a visão estão falhando (Jung, 1987, p. 156).

Uma pessoa aprender a amar seu si-mesmo e os outros significa revelar as camadas da sua personalidade e viver suas verdades cruas.

No fim do mito, Narciso é desfeito pelo amor à sua imagem e definha diante da poça contemplando nostalgicamente sua imagem. Não se apercebe que é ele próprio. O fim dramático é tristeza e pesar. Eco observa a distância, viva, mas sem corpo, invisível e despercebida, mas ainda com uma voz. Onde Narciso morreu é encontrada uma flor, com seu centro amarelo circulado por pétalas brancas. Conhecida como narciso ou daffodil, floresce na primavera, e é associada a renascimento ou ressurreição. O amor traz a autoconsciência, o desafio de uma profundidade de sentimentos e propele a uma unidade por incluir o outro. "A proximidade da outridade com o si-mesmo... o constitui e ao mesmo tempo desestabiliza qualquer certeza do si-mesmo, si-mesmidade e unidade do si-mesmo" (Oliver, 2015, p. 42).

> E isso não é feito sem perigos, sofrimento, perdas – de momentos do si-mesmo, de consciência, de pessoas que alguém foi, supera, abandona. Não acontece sem custo – de sensação, tempo, direção (Sellers, 1994, p. 43).

Somos feitos de muitos, não de um, que vêm a nós por meio de outros.

## Referências

Britton, R. (1998). *Belief and imagination: Explorations in psychoanalysis.* Routledge.

Cavalli, A. (2014). Clinging, gripping holding, containment: Reflection on a survival reflex ad the development of a capacity to separate. *Journal of Analytical Psychology*, 59(4), 548-565. doi: 10.1111/1468-5922.12101.

Connolly, A. (2011). Healing the wounds of our fathers: Intergenerational trauma, memory, symbolization and narrative. *Journal of Analytical Psychology*, 56(5), 607-626. doi:10.1111/j.1468-5922.2011.01936.x.

Czubinska, G. (2020). Difference – Is it hated or desired? Reflections on the totalitarian state of mind. *Journal of Analytical Psychology*, 65(2), 325-344. doi: 10.1111/1468-5922.12587.

DeArmitt, P. (2013). *The right to narcissism: An impossible self-love*. Fordham University Press.

De Koning, A. (1998). Beyond his story: From interpretation to impact from different cultures. *Journal of Analytical Psychology*, 43(4), 559-570. doi: 10.1111/1465-5922.00053.

Derrida, J. (2005). *Rogues: Two essays on reason*. Stanford University Press.

Fordham, M. (1986). *Explorations into the self.* Routledge.

Freud, S. (1949). On narcissism: An introduction. In E. Jones (ed.), *Collected papers*: Vol. IV (p. 3-59). Hogarth.

Hillman, J. (1989). *Puer papers*. Spring.

Jung, C.G. (1946/1966). *The collected work of C.G. Jung*: Vol. 16. *The practice of psychotherapy*. Princeton University Press.

Jung, C.G. (1959). *Four archetypes: Mother, rebirth, spirit, trickster.* Princeton University Press.

Jung, C.G. (1963a). *Memories, dreams, reflections* (A. Jaffé, ed.). Collins.

Jung, C.G. (1973). *C.G. Jung Letters*: Vol. 1. Princeton University Press.

Jung, C.G. (1987). *C.G. Jung speaking: Interviews and encounters* (R.F.C. Hull, ed.). Princeton: Princeton University Press.

Kohon, G. (ed.) (1999). *The dead mother: The work of André Green*. Routledge.

Kristeva, J. (1992). *Black sun*. Columbia University Press.

McEwan, I. (2016). *Nutshell.* Knopf.

Mollon, P. (1994). *The fragile self: The structure of narcissistic disturbance.* Jason Aronson. Oliver, K. (Ed.) (2002). *The portable Kristeva.* Columbia University Press.

Oliver, K. (2015). Psychoanalysis and deconstruction: A Love Story. *Journal of French and Francophone Philosophy*, 23(2), 35-44.

Ovid (1993). *The metamorphoses of Ovid.* Harcourt.

Schwartz-Salant, N. (1982). *Narcissism and character transformation: The psychology of narcissistic character disorders.* Inner City Books.

Sellers, S. (1994). *The Hélène Cixous reader.* Routledge.

Solomon, H. (2004). Self creation and the limitless void of dissociation: The as if personality. *Journal of Analytical Psychology*, 49(5), 635-656. doi: 10.1111/j.0021-8774.2004.00493.x.

Von Franz, M.-L. (2000). *The problem of the puer aeternus.* Inner City Books.

West, M. (2010). Envy and difference. *Journal of Analytical Psychology*, 55(4), 459-484.

Winnicott, D. (1960). *The maturational process and the facilitating environment: Studies in the theory of emotional development.* Karnac.

# 6
# Vazio, vácuo, vacuidade

Hansel e Gretel são os filhos de um pobre lenhador. Quando se abateu uma fome sobre a terra, a segunda esposa do lenhador lhe diz para levar as crianças ao bosque e as deixar lá para se defenderem, de modo que ela e seu esposo não morressem de fome. O lenhador se opôs ao plano, mas sua esposa afirma que talvez um estranho levasse as crianças e as sustentasse, o que o lenhador e ela simplesmente não podiam fazer. Com o esquema aparentemente justificado, o lenhador relutantemente é forçado a se submeter. Eles não sabem que Hansel e Gretel os ouviram do quarto. Após seus pais irem para a cama, Hansel sai da casa e recolhe tantos seixos brancos quanto consegue, e volta ao seu quarto, assegurando Gretel de que Deus não os abandonará.

No dia seguinte, a família entra no bosque e Hansel deixa uma trilha de seixos brancos. Após seus pais os abandonarem, as crianças esperam até que a lua surja e então seguem os seixos e voltam para casa com segurança, deixando sua madrasta enfurecida. Uma vez mais, as provisões se tornam escassas, e ela, furiosamente, ordena que seu esposo leve as crianças ainda mais adiante no bosque e as deixe lá. Hansel e Gretel tentam pegar mais seixos, mas encontram a porta trancada.

Embora muitas vezes apresentando uma capa de merecimento, esperando grandeza e exaltação, a pessoa "como-se" é consumida por tristeza e perda, a despeito das aparências em contrário. Essa pessoa vive de ilusões e da necessidade de continuamente restabelecê-las, o que exige muito esforço e autoevitação. Contudo, os efeitos deletérios de adaptação dessa personalidade são mitigados pela capacidade inerente da psique em reparar. Sonhos, relacionamentos e símbolos aparecem na vida cotidiana quando a força da vida parece reacender da vacuidade, um estado egoico de perda dolorosa ou desolação.

André Green, com seus conceitos de vazio (*blank*), vácuo (*void*), vacuidade (*emptiness*), ausência e negação expande os descritores da personalidade "como-se". "O abandono psíquico afeta o acesso ao si-mesmo... estabelecendo um ataque ao mundo interno, congelamento do tempo, investimento no si-mesmo desmantelado e o vácuo ocupando a mente" (Green, 2011, p. 193). Essas ideias e os exemplos clínicos neste capítulo são combinados a referências à psicologia analítica junguiana e retratam a natureza sombria desse tema. O conto de fadas de Hansel e Gretel exemplifica muitos aspectos das crianças deixadas para se defenderem, abandonadas, sem fontes suficientes de amor. Ilustra, contudo, sua resiliência e habilidade para sobreviver.

## A situação

Ethan passou sua vida moldando a si e seu corpo para se preparar para adulação e admiração de outros. Essa era sua inspiração. Necessitava ser notado, mas não se apercebia o quanto até que a atenção não fosse tão iminente quanto anteriormente. De algum modo, ao avançar em idade, pareceu mais duro. Ele sempre foi capaz de ser charmoso. O que aconteceu? Estava perdendo o brilho no qual costumava se basear? Vestiu-se para os outros, construiu sua carreira para eles, queria seu olhar para si. Em todos aqueles anos, fez um espetáculo. Mesmo quando criança, queria o estágio central.

Esforçava-se por isso. E lhe parecia chegar facilmente. Agora, tinha de admitir para si, relutantemente, que mais drogas ou álcool eram necessários para manter o esforço.

> Isso é uma alegoria, muito extravagante do que não mais é, mas que recupera para mim um significado mais elevado porque sou capaz de recriar o nada, melhor do que era e numa harmonia imutável, aqui e agora e sempre (Kristeva, 1992, p. 99).

Ele se perguntava se isso era um problema maior do que considerava. Seu sonho se tornou mais intenso; algo assustador o estava perseguindo enquanto estava parcialmente vestido, em pânico e sequer sabia para onde estava correndo nem do quê. Isso lhe parecia os pesadelos que tinha na infância com um lobo que vinha atrás dele. Não só os sonhos o perturbavam como estava mais só e com medo de não poder manifestar seus desejos profissionais ou encontrar o amor. Basicamente, não sabia o que estava errado.

Estava enfrentando o conflito entre desejos e medos, e o dilema psicológico de se afastar, desejar, atingir ou conseguir. Estava dominado por incerteza e desapontamento, e não podia ter uma visão mais ampla ou outras opções para sua vida. Essas reflexões perturbadoras o levaram à psicologia analítica junguiana. Por dentro, seu si-mesmo estava congelado, vazio e vulnerável. Ele evitava intimidade e se sentia insensível. "Parte da pessoa permanece muito jovem; experienciada com 'a criança', enquanto o si-mesmo erdadeiro permanece oculto na personalidade. [A pessoa] se torna um si-mesmo 'como-se'" (Wilkinson, 2003, p. 241). A doença da alma aparece nessa personalidade "como-se" baseada na fachada e em ilusões de que a máscara necessita, traumas e desesperança. Na terapia, o si-mesmo adulto sobrevivente aparece em contraste com seus aspectos mais jovens obscurecidos e maltratados.

Ethan estava agora na meia-idade e sentia ansiedade em seu peito com dores e sofrimentos. Preocupava-se com sua idade e com como poderia reter seu apelo. Estava acostumado em saber que era atraente para outros, mas agora estava entre relacionamentos. Seus relacionamentos passados haviam sido fáceis, mas esporádicos, principalmente de curto prazo, dissolvendo-se devido ao seu tédio, incômodo e por não desejar muita intimidade. Dificilmente poderia lidar com ela. Sentia-se muito nervoso. Estava em uma encruzilhada. Quem era? Não estava indo para onde queria. A vida parecia efêmera, parecia estar passando por ele. Todas essas dúvidas o perseguiam. Pela primeira vez não conseguia encontrar respostas fáceis.

Ethan estava sofrendo de muitos modos; estava desconectado, incomodado, confuso. Um sentimento não inusual para muitos com o tipo de personalidade "como-se". Essas pessoas vivem do alimento que recebem de fora, mas interiormente estão esfaimadas. Sentem-se vazias e secas. Há um conflito para encontrar uma sensação integrada de "eu", como o analista junguiano britânico William Meredith-Owen observou (2011, p. 674).

As palavras *vazio, vácuo, vacuidade* descrevem alguns aspectos das desconexões internas experienciadas pela pessoa "como-se", que muitas vezes possuem uma personalidade atrativa e são gostadas. Essa é uma defesa importante. Ethan sabe que há algo de que necessita, mas antecipa que só haverá fome e desejo não satisfeito. Esse tipo de pessoa pode sonhar com estar no espaço, desvinculada, flutuando, assustada somente com estar tão só, todavia, tentam eliminar a percepção vaga de que nada há no centro, uma vez que o si-mesmo parece vazio e incapaz de sustentar.

A sensação de nada é coberta por muitas camadas. Anos atrás, ele desenvolveu um mundo fantástico secreto para alívio, privacidade e contenção. Seus relacionamentos têm uma qualidade adesiva, mas somente por um tempo. A pessoa "como-se" se conecta combinando-se à outra para agradar, mas permanece desconhecida, com sua história inexplorada e sua sensação frágil do si-mesmo intacta.

## O simbólico para curar e preencher o vazio

Gradualmente, no tratamento analítico, Ethan começou a recordar de seus sonhos, honrar as sincronicidades em sua vida, as razões de seus pensamentos e mesmo empatizar com quão distante estava emocionalmente de seu mundo. Começou a fazer um diário com mais frequência e compartilhar esses escritos na análise. Por meio desse compartilhamento, somos capazes de nos conectar aos símbolos que emergiram em seus sonhos, sincronicidades, pensamentos e ideias enquanto evoluem por meio de relacionamentos e do processo analítico.

"Símbolos [como aqueles que aparecem em sonhos e na vida] estão incrustados em um contexto de comunicação e só podem se desenvolver no contexto de um relacionamento" (Colman, 2008, p. 275). Uma atitude simbólica amplia a vida e cria valor e autoestima. A habilidade para simbolizar se relaciona com encontrar significado, conectar eventos de vida, unindo consciência e inconsciente para formar algo criativo a partir do que era desconhecido. A relação analítica abre os antigos ferimentos de vacuidade de modo que novas formas de relação possam emergir. Os símbolos contêm vida e estão sempre mudando enquanto a pessoa desvenda o mundo interior, entrando em contato com seu mistério. "Podemos considerar a simbolização um jogo imaginativo verdadeiro. Promove a capacidade de fantasiar e organizar o espaço psíquico" (Gibeault, 2005, p. 297).

Embora, por vezes, mal-entendidos e confundidos, os símbolos surgem da relação entre interior e exterior, passado e presente em um processo emergente, em desenvolvimento. Com a habilidade para simbolizar, a psique se torna viva. Os símbolos se formam da aceitação da ausência dolorosa anterior, enlutando as perdas e se abrindo a outros desenvolvimentos da personalidade. "Esse aspecto relacional emergente do símbolo lhe permite assumir uma realidade viva no mundo imaginário e..., restaurar a fé na vida criativa" (Colman, 2008, p. 293). Isso pode assumir muitas formas e leva a esforços criativos anteriormente bloqueados.

Como Jung descreveu: "O símbolo... se transformará em uma imagem brilhante e enigmática, cujo significado se volta completamente para dentro, e cujo prazer radia para fora como um fogo incandescente, como um buda em chamas" (2009, p. 249). A habilidade para simbolizar depende do desenvolvimento de um ego suficientemente capaz de se envolver com o inconsciente. Símbolos ajudam a ampliar caminhos restritivos e nos abrir para visões mais amplas da psique e de uma vida mais plena. "A transformação leva as pessoas a se tornarem mais profunda e completamente do que são e potencialmente sempre foram" (Stein, 1996, xxiv). Ao longo das narrativas contadas aqui, você verá exemplos do simbólico e de como essas pessoas usaram o material para expandir a personalidade e se beneficiar da ampliação de consciência resultante. Também lerá sobre aqueles separados desse processo.

## Solidão

A próxima narrativa não é inusual em sua descrição da pessoa "como-se" como muito solitária. Uma mulher de 42 anos, chamada Vala, esteve em um relacionamento por mais de dez anos, mas nunca contou ao seu parceiro os detalhes e traumas significativos de sua vida. E seu parceiro nunca lhe perguntou. Era como se, por conveniência, tivessem um acordo não escrito de não entrar em coisa alguma dolorosa ou além da vida cotidiana. Não é que não tivessem momentos de alegria, mas a montanha de material inexplorado se mantinha crescendo. Vala terminou partindo. Não sabia por quê. Nada realmente tinha mudado, mas não conseguiu permanecer. Sentia-se sufocada, restrita, incômoda e com raiva. Começou o trabalho analítico porque lhe estava faltando algo, e, embora não tivesse ideia do que isso significava, sabia que tinha de descobrir.

Vala tinha um sonho recorrente que começara aos 20 anos, e voltara nos últimos meses. Está em uma casa com um quarto secreto no andar de cima. Ela está em outro quarto dormindo. Então, ouve alguém. Ela sobe as escadas. Há uma pessoa vestindo um casaco com capuz. Seu coração está palpitando. Vala volta para a cama e a pessoa também. Ela desperta com um sobressalto. O sonho levanta muitas questões. Quem é a pessoa? Por que estão na cama? O que Vala teme? Essa pessoa é uma parte dela? Por anos, não olhou para si. O que temia reconhecer? A pessoa com o casaco com capuz poderia ser suas partes com capuz agora vindo a ela em um lugar vulnerável em que o inconsciente pode emergir – na cama.

O trabalho analítico começa com um ritmo, uma consistência, preenchido com seus vários sonhos, imagens, questionamentos, perguntas e símbolos. Após anos dormindo mal, de fato, desde a infância, com vários meses no tratamento, ela começa a dormir. Quanto mais exploramos as profundezas psíquicas, mais calma ela fica. Todavia, coisas que ocorreram e que não estava disposta a tocar ou explorar como aqueles sentimentos estavam há muito descartados e trancados.

Mecanismos de defesa, independentemente da forma, possuem uma função protetiva. A psique parecia incapaz de ser penetrada antes. Ninguém conhecia sua solidão, os dias de infância passados vagando no pátio sozinha por horas, e onde, interna, quieta e metodicamente criou seu mundo. Não era apenas fantasia; ela estava em um lugar livre de restrições. Sua expressividade era sem restrição ou crítica dos pais ou irmãos. Ela estava criando um tipo de bote salva-vidas para si, um barco para sobreviver em uma casa com muitos murmúrios sob a superfície de aparência plácida.

Vala achava o processo de relacionamentos difícil, por vezes, tedioso, e evita intimidade com sexo. Em outras palavras, era muito livre e experimental sexualmente, mas sem intimidade. Sob seu exterior despreocupado, preocupa-se com tudo e não está certa do que quer. Usualmente, não diz quais são suas necessidades, mas deixa claro que é aceitável para outros. Pergunta-se agora se isso é como a falta de paixão de sua mãe. Teme deixar qualquer um bravo ou encontrar sua desaprovação. Por outro lado, uma ansiedade inominável sobrevém a ela, e adoece. Necessitar da aprovação de seus pais embotou sua natureza apaixonada e sua habilidade para tomar decisões independentes. Tinha de esconder seu lado selvagem. Muitas vezes sonhava que estava sozinha em um hotel, e o sentimento é o de esterilidade impessoal.

Vala aprendeu automaticamente a ocultar os detalhes de seus pensamentos pessoais. Seus pais não expressavam empatia, e não havia espaço para brincar com eles. Por muitas vezes sentiu-se enganada por eles e nunca soube se era seguro comunicar emoções ou honrá-los. Seus medos de abandono ressurgem quando se vincula enquanto começa a se preocupar. A ausência parental resultou em seu isolamento; tornar-se consciente de sua desolação é se lamentar.

Para ela não havia como ser pensada ou levada na mente de sua mãe emocionalmente ausente, uma personalidade vazia que cuidou pouco dela e não transmitia expressões de amor. Sua mãe era inexpressiva, tomava pílulas para os nervos, tendo pouca interação e nada fazendo para ensinar, orientar ou apoiar. Ocupada com a leitura de documentários sobre viagens e indo a lugar algum, sua mãe a ignorava. Vala sabia se defender e não a perturbava. O pai era um patriarca, ditatorial; suas regras deviam ser seguidas, e ela tinha que obedecer sem questionar. Ele desencorajava o pensamento independente, de modo que ela permanecia sob seu jugo.

Seus irmãos zombavam dela, pois seus interesses eram diferentes e mais criativos. Discutiam e brigavam entre si. Não encontrava segurança e a intimidade era indisponível. Ela cresceu com o medo de alguém se imiscuir em sua psique e interromper seus pensamentos e sentimentos.

Richard Mizen, analista junguiano britânico, referenciou Ester Bick, analista freudiana do século XX, sobre o desenvolvimento do que chamou "pele psíquica". Esse termo significa "o sentido incorporado de um si-mesmo. É a sensação de ter um interior e um exterior que existem ao longo do tempo e simultaneamente" (Mizen, 2014, p. 315). Quando falta pele da mente/corpo, para compensar, uma concha ou carapaça se forma sobre o centro do si-mesmo. Adotar papéis é um modo de sobreviver e de ocultar. Defesas são erigidas como um modo de nos sentirmos contidos, mas são coladas e carecem de solidez. A pele psíquica é necessária como parte do si-mesmo.

Essa pele psíquica permite responsividade emocional e estar presente para as experiências do si-mesmo. É um mecanismo protetivo contra sentimentos desintegradores e ansiedade (Mizen, 2014, p. 329). Em outras palavras, é assim que as pessoas individuais se sentem coesas, unidas com segurança, e passam a ser apropriadamente correspondidas e apreciadas, bem espelhadas por cuidadores. Em vez de segurança, Vala se preocupava constantemente se alguma coisa ia dar certo. Quando criança, preocupava-se se o Papai Noel a encontraria; quando amadureceu, temia não entrar na equipe ou encontrar o amor.

Ela não dormia bem quando criança e usava o tempo para sonhar e inventar histórias. Seu si-mesmo interior e exterior continuaram a ser desconhecidos de seus pais. Consideravam óbvio que se sairia bem na escola. Embora fosse brilhante, seu pai limitava os livros que podia ler, e tinha de acessar furtivamente a estante de leituras dele quando não estava olhando. Mesmo sendo tão estrito quanto ele era, ela esperava pela hora de ele chegar em casa todos os dias, mas após o abraço funcional ele se recolhia para seu quarto, muito ocupado para brincar ou interagir com ela. Ele exigia aquiescência quase militar às suas regras. Era frio e distante, focado em *status* e dinheiro. Intimidante e hostil, não brincava com seus filhos e estava sempre preocupado.

A mãe era letárgica, desinteressada de muita coisa além de que seus filhos ficassem quietos. Era uma concha fria, incapaz de mostrar acolhimento ou afeição a qualquer pessoa. Era uma mulher meio viva, sem personalidade e pouca expressão de prazer ou alegria. Residia em sua caverna psicológica, dificilmente lidando com seus filhos, contratando pessoas para realizarem as coisas, de modo que pudesse ficar só. Foi só após certo tempo de trabalho analítico que Vala conseguiu entender isso o quão inexpressiva e ausente sua mãe era. Por muito tempo, ninguém pareceu notar o vazio (*blankness*) dessa mãe, que assumia os papéis de mãe e esposa sem expressar sentimento materno, reações ou interesse. Sua mãe era social, mas nunca emocional, acolhedora ou íntima. Ninguém falava sobre isso e não havia esperança de que algo mudasse. Vala teve de aceitar a falta de presença ou vivacidade de sua mãe.

Em questão, estava a mãe vazia, ausente de emoção ou resposta. O conceito do complexo da mãe morta proposto por André Green se aplica a essa mãe e a seu efeito sobre Vala. "A mãe não está, de fato, morta, mas psiquicamente morta, ou seja, transmutada de uma fonte de vitalidade em uma figura distante, atonal, praticamente inanimada" (Green, 2001, p. 170). Vala disse: "Sinto-me obnubilada de novo". Isso passou a significar que está paralisada, sem sensação, inclusive um pouco tonta. Essas sensações muitas vezes surgem de forma espontânea, tendo entusiasmo, ouvindo-se, fazendo algo que sua mãe jamais faria. E, com o tempo, isso ficou claramente conectado a uma mãe que, nos conceitos teóricos de Green, é vazia.

A mãe parece estar ali, mas a criança está confusa. Seu corpo está presente, mas o resto dela é um espaço vazio.

> O que é necessário é uma pessoa de fato para absorver a projeção, não uma produção plana bidimensional que não pode interagir... o centro não desenvolvido do si-mesmo da paciente [necessita ser] autorizado... a se libertar de seu encarceramento no "buraco negro"... para antagonizar o poder massivo da ausência no centro do abismo (Waldron, 2013, p. 106).

Essa mãe não se dá conta do dano que provoca. Vai a reuniões, joga cartas, inconsciente e indisponível.

> Sem a experiência sentida de existir (o que, nesse estágio, equivale a existir na mente do outro) não há possibilidade de representar o que está faltando, uma vez que não há um sujeito a quem pudesse ser representado (Colman, 2008, p. 277).

A não presença psíquica da mãe deixa uma marca indelével na psique em desenvolvimento da criança. O objeto ausente (mãe) começa um processo no qual, em uma tentativa desesperada de ter sucesso, a criança se cinde e se torna sua mãe.

André Green comentou sobre pessoas sofrendo do complexo da mãe morta e experienciando imagens de buracos negros. Quando a possibilidade de uma relação real emerge, como a analítica, a mãe morta se amplia e se abre um buraco negro (Green, 1986, p. 162). Vala não teve anteriormente um lugar de onde ser interpretada, tampouco esperava ser reconhecida, que dirá ser vista. A possibilidade de intimidade real era indisponível.

Green descreveu a depressão do luto da mãe como perda e talvez uma decepção baseada em um segredo (1986, p. 149). O pai poderia prover um vínculo substituto, mas o pai de Vala permaneceu inacessível. Ansiedade, pouco sono e pesadelos podem resultar quando nenhum dos pais é capaz de colocar seu coração em uma criança. Outro efeito é a perda do sentido de si quando a infância é destituída de amparo e empatia. Para superar o desalento na perda parental, a criança desenvolve uma "compulsão para imaginar, pensar, dominar a situação traumática e para mascarar a fissura deixada assim como a beira do abismo da vacuidade" (1986, p. 152). Resta à pessoa uma perda contínua e dolorosa.

Todavia, Vala manteve uma relação em sua mente com uma mãe ausente, e não poderia abandonar o que nunca teve, enlutar o processo ou substituir o espaço. Como resultado, sua vida pausou emocionalmente, e permaneceu desconhecida para ela enquanto ficou presa na posição familiar de evitar a aversão de sua mãe. Qualquer movimento dessa posição envolveria enlutar e renunciar ao si-mesmo embotado anterior por aquele ainda desconhecido.

Um mundo simbólico interior que é valorizado se constrói pelas experiências de conexão e separação ótimas (Feldman, 2002, p. 399). Contudo, Vala não experiencia essa conexão, uma vez que seus pais não mostram afeição por ela ou entre si, ainda que não briguem. Com essa mãe, nenhuma conexão humana real foi formada. O pai era zangado – um homem do qual era melhor ficar longe. A vida familiar revolvia em trono de uma ordem mecanizada que mascarava a vacuidade. De fato, Vala não lembra de seus pais estarem juntos, exceto durante grandes ocasiões familiares. Ela não gostava desses eventos quando tinha de vestir algo que não queria e usualmente ficava vagando ou sentada em um canto sozinha. Ela reflete sobre a influência de uma mãe irresponsiva e sobre como seu corpo acomodou e respondeu a essa forma de energia intrusiva e controladora. Ela sabe que afetou o modo pelo qual buscou segurança quando se aproximou de muitas situações na vida.

Os medos de abandono de Vala emergem quando é atacada. Ela não conhece seu valor e não sabe por que as pessoas gostam dela. Continua tentando consertar quem quer que esteja com ela, mas, é claro, jamais consegue. Quem ela está tentando reparar e tornar melhor? O foco também está fora dela. Ela se preocupa em ser um fardo para outros, de modo que não verbaliza suas necessidades ou depressões. Respostas defensivas habituais são associadas a uma série ampla de padrões rígidos que governam o si-mesmo e o outro e a experiência muito vazia dos relacionamentos. Isso cimenta os sentimentos de vergonha, culpa, pesar ou ansiedade enquanto inibe e reprime outros sentimentos como raiva, curiosidade ou vivacidade.

Como as crianças aprendem a se defender contra os espaços vazios dos pais? Quando sentimentos são cindidos e uma pseudomaturidade predomina, elas sentem a falta de uma identidade sólida ou têm uma sensação fluida do si-mesmo (Mizen, 2014, p. 316). O mundo interior permanece não desenvolvido e suas riquezas, inexploradas. Isso não é aparente para o mundo externo, uma vez que já na infância pessoas como Vala se tornam aptas a ocultar reações e são autoconfiantes, não expressando necessidades de dependência, pois aprendem que nada de bom vem de as expressar.

O corpo revela aspectos não verbais e somáticos da psique. Os lugares feridos, linguagem subjetiva e sabedoria são expressos em um complexo corporal cindido que possui conhecimento sobre as exigências para equilíbrio psíquico. Sempre que suas necessidades são negadas ou suas mensagens ignoradas, ele fala. Jung comentou:

> Trata-se simplesmente de um assunto importante, tudo que é acentuadamente sentido torna-se difícil de ser abordado, porque esses conteúdos encontram-se, de uma forma ou outra, ligados com reações fisiológicas, com os processos cardíacos, com o tônus dos vasos sanguíneos, a condição dos intestinos, a inervação da pele, a respiração (OC 18, § 148).

Incorporar-se é se arriscar a ser subjugado pelas sensações intensas de angústia pela perda de conexão e subsequente falta de espelhamento. Vala experienciava o que poderia ser chamado "nojo da vida", um temor existencial; ela carecia de segurança. Ela tomou calmantes sem prescrição por anos antes de se aperceber disso, mas ainda não tinha consciência da causa ou do que estava se defendendo.

Na infância, Vala se afastava para o vazio quando se tornava um lugar solitário para confinamento do si-mesmo (Solomon, 1998, p. 228). Ela se sentia distante dos outros, exceto de sua babá e tia. Sem pais confiáveis para conexão ou vínculo, criou um mundo si-mesmo-para-si-mesmo em seu brincar e em sua mente. Vala se fechou em si nesse mundo interior, bloqueando a entrada a qualquer outro. Lá, sozinha, podia ser ela mesma e sabia como se enriquecer. Por outro lado, a necessidade de refúgio e segurança permanecia suprema, não satisfeita.

O envolvimento com outros era muitas vezes experienciado como não envolvimento. Muitos mecanismos foram estabelecidos contra esse sentimento perturbador. Por ser tão doloroso e ocorrer tão cedo, a criança adota defesas para se proteger contra danos antecipados. Todavia, os micromomentos de dor, desilusão e desapontamento são repetidos enquanto a vida prossegue até que sejam valorizados e subsequentemente transformados.

O sonho inicial de Vala abre seu mundo. Sua repetição a mantém envolvida e gradualmente destaca as camadas de sua personalidade, como que coladas por tanto tempo. Por vezes, é assustador, desconcertante e a faz chorar. Todavia, ela persiste e sua jornada tanto interior como exterior traz recompensas que não imaginaria no começo.

A pessoa "como-se" atinge uma quantidade módica de segurança quando outros estão contentes ou não deprimidos ou de algum modo a situação é restaurada a uma forma de equilíbrio. Em algum ponto, a pessoa terminará enfrentando o vácuo – uma vacuidade enorme – bem como a angústia existencial primária e o pânico reprimido para sobrevivência. Vala viveu em um estado paralisado por muitos anos. "Experiências iniciais de internalização da presença de um objeto ausente criaram a sensação de um vazio interno no centro do Si-mesmo" (Solomon, 2004, p. 635). Para muitos, o desejo é morto, e isso impede a transformação psicológica. Todavia, o si-mesmo evolui naturalmente, uma vez que as sementes da identidade estão lá desde o começo. A psique de Vala permaneceu oculta até que finalmente começou a emergir e se desenvolver, levando a síntese e transformação.

Para Vala, a realidade psíquica repousava em uma prateleira precária, à medida que vivia em um estado de suspensão, medo, como se caminhasse sobre uma corda bamba. A impressão predominante é de internalizar um vazio sem vida, e a questão é como sobreviver a essa experiência sombria e potencialmente mortal (Solomon, 2004, p. 642). Defesas são erigidas, bloqueando a prontidão para se defender contra o impacto de outros, uma vez que se sentiram ameaçadas no passado. Vala fala sobre não ter aprendido a ser, confiar, deixar entrar, mostrar emoção, ser real. Não havia modelos. Em vez disso, a aniquilação poderia ocorrer a qualquer momento, como quando sua querida babá foi demitida repentinamente e sem explicação. Suas questões se depararam com nada – nenhuma resposta, vaguidade. Vala foi deixada triste e enlutando uma pessoa que cuidava dela e a entendia. A reação dos pais foi ir adiante, e as emoções de Vala foram ignoradas e desconsideradas, como sempre. Essa era a mensagem predominante. Ela traduzia isso como devendo estar no controle completo porque o mundo exterior não era receptivo e inclusive denegria seus sentimentos. Tornou-se estranho para ela realizar interdependência, ser intimamente conhecida por alguém, sem assumir artifícios. Ela necessitava de ser totalmente autoconfiante e controlar os outros.

Há inúmeras interpretações da pessoa "como-se" difíceis de atingir (Proner, 2017, p. 568). Todas essas interpretações e descritores são uma tentativa de compreender e fundamentar o que parece elusivo. A pessoa existe em uma concha protetiva, vivendo em sua realidade inventada. Esse é um lugar seguro que protege contra as ameaças, inseguranças e perigos assumidos do mundo exterior. A fragilidade do ego, ou a parte "eu" da personalidade, é forte e, muitas vezes, inconscientemente defendida contra ansiedades básicas quanto à habilidade para sobreviver. Em algum nível, a existência está sempre em risco. Isso se manifesta quando o si-mesmo está em conflito consigo, ataca por meio de fala interior dura, hábitos alimentares destrutivos, desconexão corporal uma vez que a pessoa "como-se" vive uma existência solitária em um universo vazio (Solomon, 1998, p. 232).

Relacionamentos são difíceis, uma vez que a pessoa "como-se" é moldada pelo rio subjacente de abandono temido ainda que antecipado (Proner, 2017, p. 569). O compartilhamento se tornou estressante e internamente proibido. A desconfiança prevalece, desenfreada de dentro, mas invisível e inimaginada para o mundo exterior. Helene Deutsch, que na década de 1940 apareceu com o conceito da personalidade "como-se", descreveu sua experiência interna como completamente excluída (1942, p. 302). Não só é excluída de outros, mas a pessoa está tão ocupada criando uma imagem e desviando energia das áreas dolorosas que permanece alheia ao que está fazendo ou sentindo. A pessoa evita e evade, mesmo que pareça cooperar e aquiescer ao que é querido ou desejado por outros. Tudo com vistas a manter as partes desconhecidas e carentes distantes. Isso pode ocorrer por meio do pensamento concreto e de estar tão ocupada que não há tempo para pensar.

Vários descritores foram aplicados a esse tipo de personalidade como a *síndrome da impostura* usada na psicologia *pop* atual; o *falso si-mesmo*, observado por Donald Winnicott; e a *personalidade "como-se"*, mais recentemente descrita por Hester Solomon. Atenção à personalidade "como-se" na literatura psicanalítica tem sido basicamente associada às mulheres. Contudo, sentimentos fraudulentos e medo de ser descoberta insuficiente não são baseados em gênero, mas indicam problemas mais amplos de má conexão com o si-mesmo e com outros.

No trabalho analítico, a pessoa "como-se" é aquiescente, segue o que pensam que esperam dela, buscando regras, querendo aprovação, tentando ser correta e agindo corretamente. Se alguma coisa está fora ou sente que não é aceita por algo, a vergonha se espalha pela psique. A transferência poderia ser estabelecida como uma mesmidade com a analista ou terapeuta de modo que nada novo emerge. Isso cria uma estranha díade, inconscientemente simbiótica, defensiva e sem diferenciação. Internamente, a pessoa permanece intocada de modo que nada pode abalar o sistema. Mudar essa frágil casa de cartas é ameaçador.

Há uma tendência a ser reservada sobre tudo que diz respeito ao pessoal, doloroso ou no extremo de seu ser. Há um murmúrio subentendido de desintegração, e isso deve ser evitado. Portanto, o mundo se torna muito estreito e contido. Qualquer movimento fora das antigas rotinas é frustrado, a imaginação esvaziada e comprometida devido a um sentimento interno de esvaziamento, uma câmara de eco com pouco mais nessa paisagem árida (Proner, 2017, p. 571). Adaptação superficial e sucesso social são necessários, e a criatividade compensa, embora seja acompanhada por sentimentos de fraudulência e uma solidão interior não admitida a pessoa alguma.

## Desincorporação

Com a pessoa "como-se" há perda de investimento no corpo – mesmo que pareça prestar atenção física ao corpo ou tente deixar uma impressão excepcional. Contudo, o ato é baseado em manter o distanciamento, necessitar de adulação e permanecer uma estranha. Uma negatividade preenche o corpo. Qualquer forma de subjetividade que reduza, simplifique e torne uma pessoa uma superfície já é uma forma de aniquilação e um desaparecimento voluntário do corpo. Isso pode ocorrer através de muitas formas de desincorporação. Algumas pessoas que possuem personalidade "como-se" ficam preocupadas com pornografia, casos, esportes compulsivos, dietas. Por vezes, há uma inundação de energia, mas a pessoa é drenada e carrega uma sensação de peso e a vida é novamente sem sentido. Estados de afeto incontrolável e o ataque ao ente psicossomático espontâneo do si-mesmo ocorrem com essa forma de autodesprezo e autodivisão (Colman, 2008, p. 351). Há também uma apatia do si-mesmo. Por que se preocupar? Um atordoamento acomete a pessoa e então isso não importa.

A apatia psíquica se manifesta em estados de desincorporação (Connolly, 2013, p. 636) e se relaciona com a perda da posse do corpo e das imagens do corpo de modo que interior e exterior são dissonantes. "Avançar em idade é basicamente uma tribulação da imaginação – uma doença moral, uma patologia social..." (Sontag, 1978). É o corpo que nos conecta ao mundo e onde nos sentimos reais. Contudo, a pessoa "como-se" não se sente próxima do seu corpo nem se sente viva. Em vez disso, o corpo é um objeto a ser adornado, modelado e artificialmente moldado. É uma imagem corporal "que envolve uma representação abstrata e parcial do corpo na percepção, pensamento e avaliação emocionalmente, e a pessoa presta atenção a um aspecto corporal por vez" (Connolly, 2013, p. 638). O corpo está em pedaços e separado da mente. A pessoa se sente desconectada, despedaçada, não um todo; a impressão de si é "como-se" removida. A pessoa não sente muito mais e, portanto, pode facilmente desaparecer, parecendo estar sem sentido ou afeto. "O corpo é simplesmente um corpo, um objeto que nada tem a ver comigo" (Connolly, 2013, p. 639).

Um exemplo dessa desincorporação é uma paciente que chamarei de Sophie. Ela se descrevia como envolvida há anos no que chamava de dissipação. Ela simplesmente não se importava e necessitava de perigos intensos e de parceiros distantes e elusivos para sentir alguma coisa. Levou muitos anos em tratamento analítico para descobrir as razões. Quando criança, diziam-lhe continuamente para se aquietar, não ser tão ativa, que era demais. Sua energia física incomodava seus pais, que só queriam decoro. Eles não eram apenas distantes; eram desconectados, não só ignorando, mas também desencorajando seus movimentos corporais. Temperamentalmente, conflitavam, e Sophie carecia de espelhamento físico ou psicológico. Como resultado, sua "imagem corporal era externa ao si-mesmo, algo mecânico, inanimado e, por vezes, inclusive morto" (Connolly, 2013, p. 645). Quando adulta, permaneceu distante de si, envolvendo-se em casos sexuais, sem se importar realmente, mas buscando algo, uma conexão, um sentimento, mas isso também permanecia elusivo. Usualmente, era desconectada e se mantinha em forma para ser atrativa e interessante a outros. Contudo, não pensava em saúde ou bem-estar, e não estava certa de sequer se preocupar com isso. Estar em contato com a verdade natural em seu corpo poderia dar uma sensação de vivacidade, mas ela não tinha experiência disso. Todos nós contemos informações dentro do corpo para nos conectar à terra e a uma realidade sólida. As experiências difíceis e o condicionamento de Sophie a desconectaram da sabedoria de seu corpo.

Incorporar-se era arriscar ser subjugada por sentimentos intensos de angústia pela perda de conexão e falta de espelhamento. O corpo expressa aspectos não verbais e somáticos da psique. Cinde-se, mas também contém o potencial e a necessidade de equilíbrio psíquico. O corpo não esquece, nem a psique. Sempre que as necessidades físicas são negadas ou suas mensagens ignoradas, ela fala – talvez, construtivamente, se ouvimos, e, destrutivamente, caso não. Como Jung disse:

> Tudo que é acentuadamente sentido torna-se difícil de ser abordado, porque esses conteúdos encontram-se, de uma forma ou outra, ligados com reações fisiológicas, com os processos cardíacos, com o tônus dos vasos sanguíneos, a condição dos intestinos, a inervação da pele, a respiração (OC 18/1, § 148).

Sophie vivia desconectada de si. Mantinha todos os ferimentos iniciais dolorosos como segredos internos. Toda energia ia para sobrevivência, encontrar segurança, ser autoconfiante, não depender de pessoa alguma, e jamais para como se sentia. Julia Kristeva descreveu pungentemente o que ocorre interiormente e é mantido inconsciente. Esse é "o sentimento de se despedaçar que pode ser provocado pela não integração iminente da coesão do si-mesmo, ou pela desintegração e ansiedades que provocam a cisão psicológica" (1992, p. 18). Sophie se absorveu no trabalho, encontrou amigos que não eram íntimos, manteve-se ocupada enquanto a vida parecia irreal, vivia a distância. Ela não era apegada a coisa alguma interior e fechou as portas firmemente há muito tempo. Ela não se preocupava com rejeição e trabalhou muito para se certificar de que ninguém realmente a conhecesse o bastante para encontrar as falhas.

Ela continuava tentando conquistar um relacionamento com a família, mas, toda vez que os visitava, voltava desapontada, infeliz e depletada. Sempre perdia peso. Sentia que sua presença lhes era irritante. Ela se perguntava o que tinha feito de errado, por que não gostavam dela e determinava que da próxima vez ela seria melhor. Não pensava muito que pudesse ser eles, que eram eles que eram emocionalmente apáticos e distantes, incapazes de se conectar ou mostrar amor e acolhimento. Continuamente, ela os desculpava e seu comportamento para com ela, considerando que ela fosse o problema.

O que acontecia com Sophie? Ela escolhia parceiros que reproduziam não somente o casamento de seus pais, mas também uma qualidade de indisponibilidade experienciada tanto na mãe como no pai. A própria forma de os pais se relacionarem, tanto consciente como inconsciente, foi internalizada e se tornou parte da criança e depois do mundo de fantasia adulto.

Sophie focava o corpo e estilo, mas como um escudo para invisibilidade e distanciamento. Internamente, tudo permanecia inexplorado, vazio e esvaziado. Ela controlava seu alimento como um modo de se manter emocionalmente apática. Isso se manifestava em privação de comida, ou em excesso de comida, seguido de nova privação e de exercícios intensos. Especialmente, quando ansiosa, voltava-se para pensamentos sobre comida, ou comendo demais ou se privando, exercitando-se com frequência ou se preocupando com seu corpo. Isso submergia qualquer foco em si, a não sensação interior, os pensamentos vazios e opressivos de que nada era e não ia a lugar algum.

É por meio da unidade de psique e soma que acessamos a chave para a predisposição para a vida. Isso é o que Winnicott chamava "o sentimento do real" (1971, p. 80). Mas Sophie passou sua infância respondendo às intrusões de outros que não estavam sintonizados com ela, e a continuidade de seu ser não foi reforçada. Sophie tinha de lidar com a não representação da vida, a angústia, o nada e o terror de não haver pessoa alguma lá. No início de sua vida, ela aprendeu a banir a mostra de sentimentos. Com um pai emocionalmente abusivo e uma mãe preocupada, todos na família tentavam apenas sobreviver. Às vezes, havia comida, às vezes, não. Ninguém verificava para ver se chegou à escola. Ela recorda ter sido próxima de suas irmãs, mas ficava desconfortável com seu irmão assediador. Nada era estável ou previsível, exceto que a cada dia sabia estar em alerta máximo.

A situação emocional e fisicamente instável era repleta de caos e do tipo de ausência descrita na seguinte citação:

> Aqui, a ausência externa é também e ao mesmo tempo interna porque é uma ausência de e a partir do si-mesmo, uma dissociação. O trauma psíquico da ausência então se transforma em "algo", enquanto a própria ausência fica marcada como "nada", um nada que, de fato, opera como se fosse "algo" com um impacto profundo e profundamente intrusivo no vulnerável si-mesmo (Colman, 2008, p. 277).

Uma pessoa dificilmente se apercebe do impacto completo de sua ausência. Alguns disseram que é como um medo, um terror que está sempre presente e à espreita.

Sophie sonhou com casas repetidamente ao longo de vários anos. Nos últimos sonhos, reconheceu sua importância, mas não exatamente o que significavam. Aqui, está o primeiro sonho:

> Há uma casa de aparência precária, e não parece boa. Sabia que era eu e não queria que fosse, já que era decrépita e não parecia bem. A próxima cena era uma casa forte, de dois andares, com uma videira ao seu redor. Ela seria pintada de rosa, mas isso não aconteceu. A casa velha foi separada, desconstruída, e agora foi reconstruída como a casa forte. Nada se perdeu da casa velha para a nova.

Sophie despertou sabendo que nada se perdera das experiências difíceis do passado e estava sendo reusada para criar uma casa melhor. Anteriormente, sentia-se tão desolada quanto a casa precária e agora no sonho tinha a energia para reconstruir a nova casa rosa grande e bonita na qual viver. Sophie ficou contente por conseguir rearranjar a casa – maior, com mais classe, rosa e feminina. Cada viga tinha sido movida da velha para a nova enquanto estava sendo transformada. Ela disse que a casa era como ela e podia agora seguramente se tornar diferente com um estilo de vida mais elegante e forte. Ela queria viver na segunda casa, que lhe interessava. Conversamos com algum detalhe sobre a casa simbolizar o si-mesmo e as vigas os seus ossos. Todo o material velho foi reusado, separado e reunido de um modo mais forte.

Sophie fez associações adicionais ao seu sonho na sessão seguinte. Ela se apercebeu de que representava duas partes da sua vida. Uma chamou "Não sou mais" e a outra "Sou". Disse que a última parte não estava terminada. Recordou-se de estar deitada perto de seus pais, com seus sentimentos sendo negados, ou ouvir que tinha de guardar os segredos da família. Como o tempo em que disse à mãe que seu pai estava bêbado, um alcoólico que bebia toda noite. A mãe negou isso e disse a ela para não contar a pessoa alguma. O real era rapidamente negado.

A sabotagem diária ao sistema ilustra que algo crucial não era fornecido, mantido ou visto. Ela enfrentava "desconexão do corpo, ou não estar completamente 'incorporada': a presença de um si-mesmo idealizado, dinâmico e potente – mas elusivo –, e de uma versão do si-mesmo mais fraca, passiva, que era desconsiderada em um sentido sombrio ou mesmo desprezado" (Goss, 2006, p. 681). Sophie comentou que passou anos extraviada, incapaz de encontrar qualquer um para compreender, amar ou orientação. Estava sem rumo e confusa.

Em um sonho posterior ela estava em uma casa assombrada. Foi forçada a subir ao sótão onde foi abusada como menina. Um fantasma estava lá, mas havia um homem que oraria com ela e a protegeria. O quarto foi esvaziado e não estava mais cheio de coisas. Foi pintado de branco, e ela não tinha mais medo. O fantasma havia sido exorcizado. Ela ficou contente porque estava conectando os sonhos e não com tanto medo. Sabia que não queria ir até àquele quarto, mas depois entrou. Embora assustada no início, teve de entrar no medo antigo. Quando entrou, não estava sozinha, e um sacerdote estava com ela. Ele representava uma figura paterna melhor, e sua energia era transformadora para a história. Podia protegê-la, tinha conhecimento espiritual, e ela sabia que se preocupava com ela. O quarto não estava mais escuro, mas branco, uma escuridão se transformou em luz, assim como o pai útil se transformou a partir do abusivo. Ela chamou esse um sonho de liberação. O sacerdote realizou um exorcismo para erradicar o mal. Ela estava começando a se recuperar da energia ruim recebida de seu pai fisicamente abusivo e dos traumas que a aprisionaram por anos na confusão e no desespero. Na figura onírica do sacerdote, um homem do mundo espiritual, ela tinha uma figura interna boa para a guiar. Sua personalidade foi reforçada e com ela também seus esforços criativos. Ela começou a falar sobre suas experiências por meio da arte, podcasts e apresentações, não mais se escondendo ou se sentindo insegura, aprisionada em um quarto escuro assustador.

Enquanto continuamos a discutir o sonho, lembro de sua similaridade com o conto de fadas do Barba-azul, um tema comum no qual o esposo, sob a forma da energia masculina negativa e destrutiva, mata as esposas e as tranca em um quarto secreto do qual somente ele tem a chave. A heroína deve conseguir a chave e ludibriar essa força masculina malevolente, odiosa ao feminino e um assassino destrutivo de todas as formas de mulheres. No fim do conto de fadas, a heroína reúne coragem, e se apercebe de que tem a força para matar a energia má, que é substituída por uma figura diferente com um amor compatível e afetuoso.

Mais tarde, Sophie sonhou:

> Começou com um confronto com um homem. Estávamos cerca de 3m de distância um do outro em um quarto, ambos portando revólveres. Eu estava atirando em seu peito continuamente, mas ele não se feria. Seus tiros em mim também não estavam funcionando e fiquei sem munição. Necessitava recarregar e corri ao banheiro ainda que não tivesse ideia de como recarregar a arma. Meu olho estava sangrando, uma única gota de sangue correu pelo duto lacrimal. Não sei qual seria meu próximo movimento. A cena muda e estou me aproximando de um grande túmulo decorado com videiras. Havia um homem sentado sobre a tumba observando. Não queria me aproximar dele. O túmulo tinha uma forte presença que não sei como descrever, mas parecia instigante demais.

Enquanto conversávamos sobre o sonho, mais memórias foram incitadas, coisas há muito enterradas. Por anos ela vinha lutando como no começo do sonho com o homem. Ela estava em um conflito de poder com ele e homens como ele por muito tempo, em função de ser intimidada pelo poder masculino. Ela associou isso ao assédio de seu irmão, que lhe dizia desaforos, implicava com ela e a degradava. Parecia que também poderia ter sido abusada sexualmente por ele, mas isso estava pesadamente velado. Ela também se entristece como mostrado pela gota de lágrima de sangue. Ela associou isso ao fato de ninguém a compreender, seus pais quererem que ela se desse bem com seu irmão e ignorando que implicava terrivelmente com ela, e seu desconserto e medo dele. Sophie não tinha ideia de como carregar a arma ou o que a levou ao túmulo, onde encontrou mais outro homem. Todavia, descobriu ser uma guerreira corajosa, usando suas habilidades e qualidades para se proteger, afirmando-se. Ela não era mais impotente. Tudo isso ocorreu no sonho, espelhando uma situação inconsciente, trazida, agora, à consciência.

Para acrescer um termo clássico e controverso na psicologia junguiana, esse homem poderia ser denominado o *animus*. Ele assume várias formas nesse único sonho, cada uma representando várias formas da energia masculina. Sophie está começando a acessar essa energia masculina ao enfrentá-lo e se aperceber de sua habilidade, coragem, força e poder, não somente para lutar contra ele, mas também para ser ela mesma e se engajar plenamente na vida. Até agora ela havia sucumbido aos homens, cedendo sexualmente, não desenvolvendo seus talentos nem se levando a sério. Os homens violaram seu corpo, e ela diminuiu simultaneamente seu intelecto. No sonho ela é mais capaz do que pensava e pode agora aceitar essas qualidades e as usar. Pode utilizar sua energia masculina em vez de ser dominada por ela, seja dentro de si ou no mundo externo.

Seus relacionamentos espelhavam a distância e frieza em sua família. Ela se contentava em não se revelar já que aprendeu cedo que era mais seguro. Suas necessidades emocionais não satisfeitas a deixaram com uma fome torturante. O impasse em sua vida, como confrontar o homem em seu sonho, indicava a necessidade "não somente pelo modo que estabelecemos relacionamentos seguros e amorosos, mas também pela repetição de padrões inadaptados e destrutivos de relacionamento" (Knox, 2003, p. 82). Ela escolhia parceiros que reproduziam o relacionamento que seus pais tinham entre si e o relacionamento com seu irmão implicante, mas também havia uma qualidade similar de indisponibilidade experienciada tanto com a mãe como com o pai. As vidas interiores dos pais de ausência e falta de proteção, apoio e afeto apropriados foram internalizadas, tornando-se o mundo de Sophie. O silêncio emocional se aprofundava ao redor dela. Ela esquecia a dor, ocupada com parceiros que não se aprofundavam nem a compreendiam. A vida era vivida pelo antigo acordo de existir na superfície, fazer poucas perguntas e apenas aceitar. Sophie se negligenciou e se ausentou de si. Embora a riqueza de sua personalidade não fosse percebida, como em sua família, começou a se dar conta do quanto fugiu da intimidade que tanto desejava.

Sophie podia estar viva em pequenas doses, basicamente, desempenhando no trabalho ou sexualmente, mas não em sua alma. Tudo isso lhe era familiar assim como a necessidade de não alterar coisa alguma, mas permanecer em estase. Mas, então, algo começava a emergir de dentro. Ela sentia um vago desconforto, era irritável e começava a buscar outros relacionamentos, ainda que fossem algo não emocionalmente íntimo. Ela não se apercebia completamente, mas estava conquistando alguma consciência da desumanização de si que se solidificou ao longo do tempo. Na análise exploramos isso por meio de sonhos, imagens, poesia, livros e da própria relação analítica. Todos se tornaram catalisadores para que continuasse o desenvolvimento de sua personalidade.

Na análise ela começou a responder às minhas reações. Minhas expressões faciais e tom de voz começaram a se manifestar, e ela começou a se sentir uma pessoa ao se ver correspondida. Foi um processo de encontro não somente em palavras, mas também em reações não verbais para criar segurança. A concha de sua fachada estoica começou a rachar e o que parecia um vazio interior se abriu para uma riqueza de materiais. Seus livros, a leitura de poesia e o amor às artes apareciam sonho após sonho. Lentamente, os antigos segredos e solidão emergiram. Esses também foram revelados em sonhos. Era como se todo seu si-mesmo começasse a encontrar um lugar receptivo e, nesse solo, começasse a florescer. Isso incluía a afirmação de sua vitalidade não só física como emocional, que não tinham sido experienciadas anteriormente. A relação analítica e seu processo honravam suas imagens pessoais e seu modo se ser, envolvendo examinar e criar espaço para os lugares secretos e liberdade emocional de expressão. Ela não se considerava mais tão excêntrica, e poderia respeitar o quão diferente era do que lhe disseram que deveria ser.

## Sentindo-se um rótulo vazio

O termo *vacuidade* pode descrever vários estados. Cada experiência da pessoa "como-se" é única, pungentemente carregada de falta de sentido e autoalienação. A vacuidade é acompanhada pela dissociação ou apatia. *Dissociação* é a sensação de distanciamento e falta de conexão de si e da realidade externa. Algumas pessoas manifestam flutuação, uma base incerta, ou uma falta de sensação, uma sensação de náusea – tudo executado por meio de uma miríade de formas de insensibilidade psíquica.

Ao evitar, uma pessoa não pode reconhecer o que está obstruindo sua vida. Internamente isolada e paralisada, a personalidade "como-se" aparece na necessidade de ordem externa, inclusive de sucesso, mas não em sua vivacidade e ser. Arranjar-se, não incomodar, não pedir coisa alguma e tentar não ser desagradável impede o crescimento e o movimento. Tudo se torna tão arraigado, moldando tudo para não expor medo, ansiedades, necessidades e dependência. De fato, pouco é seguro para compartilhar. São os vácuos psicológicos provenientes de falhas no ambiente e provocando descontinuidades do si-mesmo. A falta de boas representações internas se expressa em termos de um vácuo, vacuidade, futilidade e ausência de sentido (Kohon, 1999, p. 290).

Na análise de todas essas pessoas, juntos nos admiramos com a resiliência em sobreviver e buscar despertar desejo por uma vida mais plena e livremente imaginada. Ser capaz de simbolizar e encontrar a expansividade na personalidade é o que a pessoa "como-se" lutou para aprender e usar. "A alternativa para ser é reagir, e reagir interrompe o ser e aniquila. Ser e aniquilação são as duas alternativas" (Winnicott, 1990, p. 47). Isso foi restringido pelo vácuo, vacuidade e, para alguns, não há como romper o vício. Para outros, espaço pessoal e confiança evoluem. Por meio do trabalho analítico e relacional os recursos valiosos do simbólico e do inconsciente são acessados. Através da exploração e experiência das primeiras origens do si-mesmo há a possibilidade de reparação de um relacionamento deficiente com o si-mesmo, e os processos de individuação podem ser nutridos e postos em movimento (Feldman, 2002, p. 405). "Surpreendeu-me, em minha caminhada, ontem, que esses meus momentos de ser eram andaimes no pano de fundo: eram a parte invisível e silente de minha vida como criança" (Woolf, 1985, p. 73).

## Referências


Colman, W. (2008). On being, knowing and having a self. *Journal of Analytical Psychology*, 53(3), 351-366. doi: 10.1111/j.1468-5922.2008.00731.x.

Connolly, W. (2013). Out of the body: Embodiment and its vicissitudes. *Journal of Analytical Psychology*, 47(3), 636-656. doi: 10.1111/1468-5922.12042.

Deutsch, H. (1942). Some forms of emotional disturbance and their relationship to schizophrenia. *Psychoanalytic Quarterly*, 11(3), 301-321.

Feldman, B. (2002). The lost steps of infancy: Symbolization, analytic process and the growth of the self. *Journal of Analytical Psychology*, 47(3), 397-406. doi: 10.1111/1465-5922.00327.

Gibeault, A. (2005). Symbolization and creativity: The analytical adventures of Mr. A. and Sabrina Spielrein. In L. Cowen (ed.), *Barcelona 2004 – edges of experience: memory and emergence: proceedings of the 16th international congress for analytical psychology*. Daimon.

Goss, P. (2006). Discontinuities in the male psyche: Waiting, deadness and disembodiment. Archetypal and clinical approaches. *Journal of Analytical Psychology*, 51(5), 681-699. doi: 10.1111/j.1468-5922.2006.00617.x.

Green, A. (1986). *On private madness*. Hogarth.

Green, A. (2001). *Life narcissism, death narcissism*. Free Association Books.

Green, A. (2011). *The tragic effect: The Oedipus complex in tragedy*. Cambridge University Press.

Jung, C.G. (1935/1977). Tavistock lectures. In *The collected works of C.G. Jung: Vol. 18. The symbolic life*. Princeton University Press.

Jung, C.G. (2009). *The red book: Liber novus* (S. Shamdasani, ed.). W.W. Norton & Co.

Knox, J. (2003). *Archetype, attachment, analysis*. Routledge.

Kohon, G. (ed.) (1999). *The dead mother: The work of André Green*. Routledge.

Kristeva, J. (1992). *Black sun*. Columbia University Press.

Meredith-Owen, W. (2011). Jung's shadow: Negation and narcissism of the Self. *Journal of Analytical Psychology*, 56(5), 674-691. doi: 10.1111/j.1468-5922.2011.01939.x.

Mizen, R. (2014). On the capacity to suffer one's self. *Journal of Analytical Psychology*, 59(3), 314-332. doi:10.1111/1468-5922.12080.

Proner, B.D. (2017). The latency complex: The dead hand of anti-development. *Journal of Analytical Psychology*, 62(4), 567-584. doi: 10.1111/1468-5922.12337.

Solomon, H.F. (1998). The self in transformation: The passage from a two to a three dimensional internal world. *Journal of Analytical Psychology*, 43(2), 225-238. doi: 10.1111/1465-5922.00022.

Solomon, H.F. (2004). Self-creation and the limitless void of dissociation: The as if personality. *Journal of Analytical Psychology*, 49(5), 635-656. doi: 10.1111/j.0021-8774.2004.00493.x.

Sontag, S. (1978). *Illness as metaphor*. Farrar, Straus and Giroux.

Stein, M. (1996). *Transformation*. Texas A&M University Press.

Waldron, S. (2013). Black holes: Escaping the void. *Journal of Analytical Psychology*, 58(1), 99-117. doi: 10.1111/j.1468-5922.2013.02019.x.

Wilkinson, M. (2003). Undoing trauma: Contemporary neuroscience. A Jungian clinical perspective. *Journal of Analytical Psychology*, 48(2), 235-253.

Winnicott, D.W. (1971). *Creativity and its origins: Playing and reality*. Routledge.

Winnicott, D.W. (1990). *The maturational processes and the facilitating environment*. Karnac Books.

Woolf, V. (1985). *Moments of being: A collection of autobiographical essays*. Harvest Books.

# 7
# A inveja como uma busca perturbada pelo si-mesmo

No conto de fadas alemão "Os três homenzinhos no bosque", uma donzela é perseguida por sua madrasta má e sua meia-irmã, e a primeira a manda buscar morangos no bosque. Lá, ela encontra três homenzinhos (anões, ou, por vezes, referidos como "gnomos") e bondosamente partilha sua comida com eles e faz limpeza para eles. Por sua bondade, cada um dos três homenzinhos a recompensa com um desejo: um declara que ela se tornaria mais bela a cada dia; outro, que um pedaço de ouro cairia de sua boca toda vez que falasse, e o terceiro, que um rei se casaria com ela...

A donzela volta para casa e, ao verem os presentes mágicos que ganhou, sua meia-irmã exige os mesmos presentes para si. Ela entra no bosque e encontra os três homenzinhos, mas se recusa a compartilhar sua comida com eles e a fazer limpeza para eles. Os três desejam puni-la por sua arrogância, então um declara que ficará mais feia a cada dia; outro, que um sapo cairá de sua boca toda vez que falar, e o terceiro, que terá uma morte infeliz.

Nessa história, a inveja e ganância da meia-irmã é estimulada pela madrasta. Ambas representam os aspectos negativos da inveja, mas também demonstram carência e ganância de tirar da outra. Revelam a virada contra o feminino, internalizado de formas autodestrutivas.

## A inveja ao longo do tempo

> Então, se você reflete e se pergunta de onde veio o acidente, lembrará que veio da região de coisas fora da vontade, que não são nossas (Epíteto, *Discursos III*, p. 105-106).

Ao longo da história, houve várias definições de *inveja*. Foi vista como uma foça poderosa e uma emoção difícil, muitas vezes vilificada por suas associações destrutivas em relações. Abaixo, apresento apenas algumas definições, pois, é claro, há muitas mais.

Ftono, um antigo deus grego, era a personificação da inveja na mitologia grega e a outra metade da deusa da retribuição chamada Nêmesis. Ele estava particularmente preocupado com as paixões ciumentas do amor. Em vasos gregos antigos pintados, ele aparece como um *erote*, ou o deusinho alado do amor que acompanhava Afrodite. Era o filho de Nyx (noite) e Dionísio, embora algumas fontes o citem como filho de Afrodite, a deusa do amor. Ftono matou várias de suas esposas das quais desconfiava que foram infiéis. Também contou a Hera sobre os casos adúlteros de seu esposo, Zeus.

Em outro mito grego, que explorei no capítulo 5, Narciso não percebia a inveja de outros. Eles o desejavam ainda que ignorasse seus apelos, permanecendo inacessível, como se suas qualidades fossem apenas para ele. Uma maldição proferida por um dos seus amantes rejeitados e concedida pela deusa Nêmesis o condenou: "Que ame, mas não obtenha aquilo que ama".

A palavra "*inveja*" deriva do latim *invidia*, que significa "não ver". O "Inferno", a primeira parte da *Divina comédia*, o poema épico do século XIV do escritor italiano Dante Alighieri, descreve a jornada através dos círculos do Inferno guiada por Virgílio. Nele, Dante se refere ao "domínio daqueles que rejeitaram valores espirituais cedendo a apetites bestiais ou violência, ou pervertendo seu intelecto humano para fraudar ou maliciar contra seus semelhantes" (Ciardi, 2005, p. 14). Os invejosos, definidos como aqueles que derivavam prazer de ver outros rebaixados, são privados de visão. Trabalham sob mantos de chumbo, e seus olhos são selados com fio desse material. A etimologia da palavra e sua referência sugerem que a inveja surge de, e resulta em, uma forma de cegueira ou falta de perspectiva. Implica também um voltar-se para um olhar interior.

A história do século XIV de Guillaume de Deguileville, chamada *A pereguinação da vida humana*, personifica o Vício da Inveja com lanças vindo de seus olhos. Como uma figura feminina, ela é acompanhada pelos vícios adicionais do Orgulho, Traição, Blasfêmia e Raiva.

Textos budistas classificam a inveja como parte da hostilidade, uma emoção perturbadora provocada pelo foco nas realizações de outras pessoas. Para os invejosos, que são excessivamente apegados ao seu ganho em relação a tudo o mais, isso indica a incapacidade de suportar as realizações ou excelência de outras pessoas. A pessoa invejosa está preocupada consigo e com o que está faltando, embora também sendo fortemente tomada pelo desejo e hostilidade em relação à vantagem imaginada do outro.

A inveja foi caracterizada como um dos sete pecados mortais, retroagindo do século VI, quando foram pela primeira vez agrupados por São Gregório o Grande, o papa de 590-604 EC. Os pecados do orgulho, cobiça, luxúria, inveja, gula (incluindo embriaguez), raiva e preguiça eram as transgressões consideradas a causa da morte não do corpo, mas da alma.

Geoffrey Chaucer, em "O conto de Parson", o último dos Contos de Cantuária, composto entre 1387 e 1400, escreveu: "Certamente, a inveja é o pior pecado que existe. Na verdade, todos os outros pecados são por vezes contra somente uma virtude especial; mas, de fato, a inveja é contra todas as virtudes e contra toda bondade" (2000). Os sete pecados capitais são orgulho, inveja, ódio, preguiça, ganância, gula e luxúria; são curados pelas virtudes da humildade, contentamento, paciência, coragem, misericórdia, moderação e castidade.

Shakespeare também escreveu sobre a inveja:

> Quando a inveja provoca divisão desagradável: Daí vem a ruína, aí começa a confusão (*1 Henrique VI*, 4.1.195-196, Exeter).

## A inveja e a personalidade "como-se"

A inveja é a marca da personalidade "como-se". Essa pessoa é perseguida pelo sentimento de inadequação, pela necessidade de brilhar, ainda que antecipe a derrota. Os outros são melhores, e ela não é boa o bastante. Tudo isso é alimentado pelo impulso tremendo para ser a melhor. Contudo, a inveja da pessoa "como-se" indica sua baixa autoestima, senso de falta de valor e carência. É uma reação a más conexões emocionais iniciais, mas também pode inspirar excelência. A inveja pode levar uma pessoa a realizar menos do que o esperado devido ao peso da antecipação do fracasso ou da ascensão, pela necessidade de responder à dor e ao desejo interiores. O invejoso não pode repousar.

Várias formas de ferimento e exclusão psicológicos e culturais criam a reação e emoção da inveja, que deriva da falta de conexão e apoio suficientes da família, parceiros, grupo social ou do si-mesmo. Nessa emoção residem desespero, desesperança, anseio e luto pelo que era e não era. A pessoa "como-se" aprende a se tornar uma imagem, talvez inclusive uma caricatura, sem confiança no que é real. Embora defesas psicológicas possam servir a uma função adaptativa para aplacar ansiedade e medo na circunstância em que a inveja surge, se generalizada muito rigidamente em outros contextos e relações, as percepções de alguém se tornam imprecisas. Essas reações contribuem para a paixão que poderia existir, mas é, em vez disso, substituída por depressão, ansiedade e atuação "como-se". Na busca por compreensão, as emoções internas e externas perturbadoras provocadas por inveja, vários fatores, como os complexos pessoais e culturais, afetam o curso do tratamento psicológico. Na psicologia junguiana, o processo de individuação ou de se tornar alguém envolve compreender as camadas do inconsciente que levam ao desenvolvimento da personalidade como revelado no tratamento analítico.

A literatura psicológica e popular sobre a inveja é extensiva e misturada a vários modelos que seguem diferentes caminhos. Embora delineada, a inveja é usualmente considerada se distanciando e desconfortável de sentir e receber. Muitas vezes, associada à vergonha, constrange, restringe, dificulta e transforma o coração em um lugar árido embora reluzente. É uma percepção de inferioridade na qual a pessoa se sente diminuída e os outros são imaginados como tendo mais. Essa emoção se torna mais difícil quando a pessoa invejosa antecipa o desapontamento. Verdadeira ou não, a tragédia dessa atitude é se desenvolver numa renúncia do si-mesmo. Incluídos nela está a vacuidade, o isolamento, a alienação e a instabilidade, sentimentos aparentemente impossíveis de negociar. Pessoas invejosas sentem que sofreram terrivelmente, e querem, esperam e necessitam de privilégios especiais. A grandiosidade resultante é, proporcionalmente, tentar ofuscar os sentimentos de privação interior.

O desconforto da inveja se aloja na pessoa "como-se". Nunca lhe ocorre que o que é assumido estar em outros também reside nela. A inveja pode "nos levar ao que necessita de reparo em nossas identidades... indicando-nos do que temos sede... e fechando o vão que seus ferimentos abriram" (Ulanov & Ulanov, 1983, p. 10). Pode começar cedo a partir da insegurança parental e ciúmes dos filhos que muitas vezes têm habilidades que os pais não têm, ou a criança é aparelhada de um modo diferente daquele que os pais desejam, esperam ou podem lidar. O desconforto com a singularidade da criança e as diferenças transmitem mal-entendidos e confusão à criança. Recursos para solidez e confiança estão presos em uma história inicial frustrada na qual a criança trabalhou para ganhar amor e atenção, mas isso foi desconsiderado. Pais satisfeitos sabem como segurar o espelho que diz: "Gosto e aprecio quem você é". Isso permite a uma pessoa reconhecer e honrar a inveja em vez de aperfeiçoá-la por ser destrutiva. Afinal, a inveja é natural, e a saúde não é a ausência de inveja, mas como a usamos.

Quando figuras parentais amorosas e seguras são, em troca, ausentes, negligentes ou desconectadas, a inveja entra na psique da criança, afetando relações futuras. Ninguém deveria ser melhor do que a pessoa invejosa e, todavia, todos são considerados sê-lo. Relações são inseguras, carecem de equilíbrio. Outros são considerados ter a vantagem. A inveja dos outros se torna um modo de evitar a si. Essa emoção promove o impulso para dissolver, recolher-se em imagens fantásticas e magnifica ilusões e desilusões românticas. Também assume a forma de insegurança criadora no mundo ou na habilidade de tolerar os ônus da vida.

A inveja usa muitas máscaras. Também atinge a antecipação temida do abandono seguido pelo colapso catastrófico. Os exemplos clínicos compostos aqui ilustram o distresse da inveja que provoca dano à personalidade com sua interminável falta de satisfação. Essas pessoas demonstram a dificuldade na terapia de penetrar a superfície e acessar as raízes da dor e do sofrimento. Compreender as nuanças e o significado da inveja requer que nos voltemos para nós e para o caminho da individuação e enfrentar essa emoção evitada e, muitas vezes, temida.

Pega na inveja, a pessoa é incapaz de confiar devido a um rompimento na intersubjetividade, levando a bloqueios no reconhecimento do outro bem como de si (Bonovitz, 2010, p. 427). Sua complexidade surge nos momentos em que a pessoa é invejada por dar certo, quando então a invejosa se torna invejada. Algumas se desculpam ou se diminuem para evitar a inveja mordaz de outras. Nesse cenário, são diminuídas, apagadas, e a inveja vence. A inveja leva ao sentimento de privação e a comparação com outras pessoas se torna carência em vez de mera diferença. A inveja é facilmente projetada sobre outros, de modo que a culpa é colocada em outros, os efeitos perniciosos da inveja substituindo o autoexame (Ulanov & Ulanov, 1983, p. 18). Quando a pessoa invejosa olha para fora, buscando validação, em vez de para dentro, encontra apenas insuficiência e derrota.

Algumas pessoas não admitem a inveja, embora aquelas do tipo de personalidade "como-se" sintam suas dores excruciantes. A inveja é uma emoção natural, embora crie muito distresse quando subsome a personalidade. O poder e atributos da inveja podem levar-nos a examinar seus efeitos e reconhecê-la em nós mesmos. Isso libera sua energia do inconsciente para transformação psicológica, ampliação da consciência e força da personalidade.

Jung não tratou diretamente da inveja, exceto em seu prefácio ao *I Ching*, onde escreveu: "Como uma parcela em algo grande sempre provoca inveja, o coro dos invejosos é parte da imagem" (Jung, 1979, p. xxvii). A inveja envolve comparação e competição, uma vez que as pessoas invejam o que lhes falta ou pensam que falta. O analista junguiano americano Nathan Schwartz-Salant (1982, p. 105) descreveu a inveja como a rejeição do si-mesmo pelo ego, projetado odiosamente no mundo. A inveja dos outros é acompanhada pelos segredos, autocondenação, vergonha e o desejo de ser o objeto da inveja. Egoísmo, ganância, raiva e fúria aparecem junto à inveja. Serve como uma rede de segurança contra a intimidade e como um remédio contra o caos e vazio subjacentes (Britton, 1998, p. 181). Portanto, a inveja não é objeto de posse. Um ataque de inveja é cruel na medida em que "Quero tanto o que a pessoa tem, e, para que ela não tenha, destruirei o que ela tem".

"Os danos perturbadores da inveja e do ciúme estimulam identificações projetivas inconscientes e sua natureza corrosiva desnuda o mundo interior" (Stein, 2017, p. 94). Quando inconsciente, a inveja pode danificar esperanças e sonos porque nada jamais é o bastante. A pessoa tem muita idade, é muito gorda, sem educação, oportunidades ou dinheiro suficiente. As comparações não têm fim. Enfrentar a vulnerabilidade e incompletude parece impossível. Crenças dolorosas levam a pessoa invejosa a fugir de si. A hostilidade provocada pela inveja pode se voltar contra ela em desapontamento e temores de fracasso tão paralisantes que nada fazem. Pode se manifestar como vozes interiores ridicularizando desejos; sonhos não compensam ser perseguidos.

Há uma fragilidade que encontra caminhos para fechar a discussão. A inveja destrutiva tem o efeito de minar a bondade e capacidades da pessoa, uma vez que se torna contaminada pelo desprezo. Frustra-se na efetivação da mudança desejada. Como a pessoa não pode se conectar ao si-mesmo, não pode se conectar ao outro. Não pode haver alegria em relação às realizações de pessoa alguma, e isso destrói sua bondade. Ela se encontra no extremo de um abismo doloroso, renunciando seu si-mesmo, uma defesa limitando em vez de abrindo a pessoa invejosa para sua vida. A inveja encerra a possibilidade de tratar de ferimentos emocionais impossibilitando a promessa de algo melhor.

A fissura na pessoa invejosa dói. No centro da inveja estão a carência e uma vacuidade tão profunda que dificilmente pode admiti-la. A inveja revela o que mais nos interessa, profunda e desejosamente. Estimula o relacional, uma vez que desejamos o que o outro tem. Na inveja há o desejo de resposta, presença, de sentir. Contudo, isso também significa sentir o vazio, o desejo intenso e a necessidade de ser preenchido pelo outro. A inveja está conectada ao sentimento de se estar fora do controle. De que modo a pessoa invejosa pode conceber como viver quando está perplexa e se sente impotente. A inveja envolve sentimentos e emoções selvagens. Desejos parecem grandes demais. Apresentam-se como defensivos e indefesos combinados à necessidade de autoproteção contra a vulnerabilidade.

A inveja possui um elemento de autopunição sobre não ter feito mais, realizado ou obtido o que o outro parece ter. Raiva para com o outro é raiva para consigo. O amor é suprimido. A pessoa "como-se" assume que não compreende, e inveja a outra que ela pensa que compreendeu.

A pessoa invejada se torna vazia, apagada, não mais sequer humana. A inveja generaliza e projeta. A causa do sofrimento e infelicidade está localizada fora. Ser invejado é ameaçador em seu intento de destruir e ser invalidado, cooptado no esquema da outra pessoa (Ulanov & Ulanov, 1983, p. 18). Tanto a pessoa invejada como a invejosa ficam impotentes em uma cadeia interminável, desconectadas uma da outra. O mundo é percebido através dessas lentes distorcidas, complexas e emocionalmente tensas. Em um cenário assim, ninguém pode existir, muito menos ser bem-sucedido.

Contos de fadas reproduzem personagens da vida e situações e emoções conscientes e inconscientes que experienciamos de alguma forma. Como no conto de fadas da Cinderela e em muitos outros como "Os três homenzinhos no bosque", a inveja aparece sob a forma do bem oposto ao mal, do jovem oposto ao senil, do belo oposto ao feio. O último deseja não somente ter o que o outro tem como também destruí-lo. Isso pode ser comparado aos fenômenos de cisão psicológica, idealização, projeção e negação da posse coletiva e das sombras pessoais.

O tópico da inveja é difícil de tocar uma vez que é desconfortável e usualmente parece inseguro. Muitas pessoas são relutantes em admitir a inveja porque a emoção é percebida como socialmente inaceitável. Portanto, é muitas vezes oculta, ainda que exista publicamente. A inveja envolve desejar, incluindo uma sensação de autotraição e ressentimento, e contém o desejo desconfortável de vingança. É o medo e a negação da própria vulnerabilidade que provoca ódio e exploração da vulnerabilidade de outros (Kristeva, 1992, p. 55).

Há também um tipo de inveja sem essa qualidade perniciosa. Jung disse: "É na intensidade do distúrbio emocional que consiste o valor, isto é, a energia que o paciente deveria ter a seu dispor, para sanar o seu estado de adaptação reduzida" (OC 8/2, § 166). Esse uso da inveja pode levar a pessoa a encontrar e imitar bons exemplos. Por exemplo, a criança inveja o objeto bom em um dos pais, e isso fornece estrutura e apoio à personalidade. Em vez de recorrer ao dano e à destrutividade, a inveja, então, reconhece qualidades boas, habilidades e beleza. Nisso, a inveja pode ativar desejo e objetivos.

Todavia, muito frequentemente, a inveja machuca. Tem uma fome voraz que não pode ser saciada. Tampouco, satisfaz roubar os bens de outros. Warren Colman percebe a inveja como provindo basicamente de sentimentos de carência baseados em comparação pessoal (2007, p. 99). A inveja é uma emoção que denota sofrimento, tristeza e raiva resultantes da percepção de diferenças adversas ou lacunas entre a pessoa e outras. As qualidades dos outros são atacadas, muitas vezes levando não à satisfação, mas à autodestruição e infelicidade. O analista junguiano britânico Barry Proner propõe a ideia de que a inveja era destruição do objeto interno bom, resultando na inveja da pessoa e tornando o si-mesmo o objeto último de inveja (2017, p. 470). Isso representa um ataque à própria vida, tornando a pessoa invejosa incapaz de adquirir o que deseja. Tudo se dissipa e a personalidade se desintegra em ruínas.

A pessoa invejosa é muitas vezes aquela que não pode prosseguir vivendo, que permanece rígida, insegura, vulnerável e com pouca relação com o presente, uma vez que sempre deseja mais ou algo além do que tem. A inveja pode fragmentar a personalidade, separando bem do mal, criando solidão e separação, exaurindo energia. A pessoa invejosa não pode incluir o bem e fica faminta e confusa. Os ferimentos residem em muitos níveis, internos e externos, agudos e cumulativos, pessoais e culturais. A inveja pode ser debilitante e destrói relações, obliterando a confiança.

## A dor da inveja

Embora esse exemplo composto ocorra no tratamento terapêutico, problemas similares ocorrem em todas as relações. Francesca, com quase 50 anos, em um relacionamento duradouro, com formação superior, faz comentários negativos, degradantes e rancorosos sobre se sentir invisível e não reconhecida de vários modos. Ela se apresenta com um comportamento confuso e distante desde a primeira sessão. Em breve, fica aparente que essa atitude mascara necessidades de dependência, apreensão em ser compreendida e assumir alguns riscos emocionais. O que quer que sinta é suprimido. Ela quer ser compreendida, embora assuma que isso não ocorrerá. Confia apenas em seu parceiro. Em questão, está o sentimento de carência interior, distorcida e mascarada por inveja e raiva. Como o Buda disse: "Não sobrestime o que recebeu, nem inveje outros. Quem inveja outros não obtém paz de espírito".

Francesca está sempre certa. Como se o resto do mundo estivesse a atacando, algo está sempre errado. A transferência terapêutica se torna predominantemente negativa, e os elementos de inveja criam distância emocional, solidificando sua solidão. Suas partes dissociadas e rejeitadas são facilmente projetadas em outros, e em mim como a analista que é inadequada, não compreende e detém a posição de poder.

Ela começou a vida com estadas hospitalares mais longas do que o usual, sozinha, com seus pais incapazes de estar presentes. Desde cedo, enfrentou o que Michael Fordham descreveu como as defesas primitivas do si-mesmo. Esse conceito se refere às barreiras entre o si-mesmo do bebê e o ambiente estabelecidas para repelir o que considera prejudicial à sobrevivência (Colman, 1991, p. 365). Essa privação emocional e trauma iniciais da solidão a deixaram com a apreensão subjacente de descer ao fundo do pesar e jamais emergir. Portanto, nunca podia se entristecer profundamente nem ficar alegre o bastante. Na infância, seus pais eram prostrados e impassivos. Ela necessitava mais do que podiam dar, e ficou sozinha com um terror que não podia processar. Não compreender por que as coisas eram como eram, por que estava obtendo menos que outros, especialmente porque era boa.

A negação defensiva do si-mesmo surge dessas experiências formadoras do sentimento de impotência (Meredith-Owen, 2008, p. 468). Do tempo que era uma criança pequena, Francesca foi pressionada a desempenhar, mas não podia. Mais tarde, implicavam com ela na escola por ser fisicamente desajeitada, e ela sentia vergonha. A mãe não era disponível para cuidado ou atenção emocional suficiente, uma vez que havia outras crianças para atender. O pai era um homem frustrado, um tirano com críticas e diatribes diárias dirigidas aos filhos. Ele era brutal, controlando com suas palavras violentas, e a mãe não dava proteção contra ele.

Francesca é hipervigilante, esperando raiva e rejeição de mim na relação analítica. Supostamente, dou-lhe o poder e ela não quer um, repetindo o terror induzido do pai. Não há modo de dar apoio quando suas necessidades são expostas na medida em que relata apenas se sentir pior e mais impotente. A dependência natural fica insatisfeita e a enche de inveja. Cobre a vacuidade provocada pela falta de conexão emocional, provocando ódio e raiva do outro e do si-mesmo. Aqui, percebo a inveja como relacional, inclusive uma emoção social como vinculada a outros.

Francesca expressa isolamento existencial, um sentimento de impotência e ameaça de desintegração (Colman, 1991, p. 366). Os efeitos de se sentir assim quando tão jovem e sem o amor de que necessitava em casa se manifestou como ansiedade sobre sua aparência sobre ser interessante. Ela se sentia feia, não atraente. A batalha contra o peso era diária, o que a perseguia obsessivamente. Ela ficava embaraçada e envergonhada por discutir esses problemas inteiramente. Ela os menciona brevemente, mas não persiste, uma vez que considera isso um sinal de fraqueza e vulnerabilidade.

Francesca há muito construíra uma barreira metafórica que ninguém penetrava. Isso protege sua crença firme de que, o que quer que seja, outros obterão mais e ela menos. Ela expressa solidão e sente que ninguém realmente conhece ou se importa com seu distresse. Esse é o sofrimento psíquico derivado do que é chamado na literatura analítica *ferimento narcisista*. Na transferência, ela diz que não sou tão capaz quanto ela, nem bem-humorada, e que não a apoio ou confio nela. Ela diz necessitar de mais aprovação externa para se conquistar. E não obtém isso de mim na relação terapêutica, uma vez que não a elogio o bastante nem listo suas boas características. Isso reflete suas necessidades iniciais não satisfeitas, uma vez que seus recursos internos parecem obstruídos e não podem se apresentar. Especialmente, quando está chateada, não posso chegar a ela, e minhas palavras são experienciadas como ataques, alimentando sua raiva e defensividade. Por um tempo, essa agressão e desprezo me deixa irritada e frustrada. Cria um sentimento de impotência, fracasso, desconfiança. Embora reconheça essas projeções, tento verificar se há verdades nelas. Todavia, sei que estamos envolvidas em uma atuação de seu sofrimento interior e necessidade de atenção para suas partes vulneráveis e frágeis detrás da concha protetora externa.

"Ataques de inveja na relação terapêutica revelam uma pessoa presa pelos paradoxos de desespero e merecimento. A inveja pode bloquear a habilidade de unir internamente" (Meredith-Owen, 2008, p. 478). O ego em pessoas como Francesca é frágil e frequentemente ameaçado pelo que sente como desintegração. A sensação do si-mesmo é muitas vezes fragmentada ou cindida, e a pessoa se sente sem um centro. A transferência é muitas vezes negativa, caracterizada por ninhos sutilmente ocultos de desconfiança que são difíceis de confrontar. A negatividade, embora desafiadora e emocionalmente difícil, produz a angústia, pressões, ansiedades e depressão. Essas são áreas muitas vezes repletas de vergonha e profundamente inseridas na personalidade.

A expectativa de obter menos é projetada no tratamento psicológico. A transferência negativa parece muito intratável, e minhas reações de contratransferência são cada vez mais impotentes e frustradas nesse impasse criado. Ambas sentimos os encontros fracassados na análise, a acumulação de uma insatisfação após a outra. Francesca tem uma história de parar no meio do caminho de qualquer coisa, tomada pela inevitabilidade da derrota. Por vezes, pensa em ir até o fim, decide que não pode ter o que quer e para. Então, expressa tristeza, inveja e raiva daqueles com sucesso. Ela diz que isso se deve a etnicidade, classe social, privilégio. Ela se sente desprovida. Já eu, por outro, lado, pareço ter tudo isso e não compartilhar ou dar o bastante, de acordo com sua visão de vida muito torturada da vida.

Os repetidos encontros fracassados na análise emergem como expressões de insatisfação, derrota, sentimento de impotência e vazio. Muitas dessas reações são compartilhadas, ainda que muitas não. Não posso dizer se alguma coisa de importância além da desconexão está ocorrendo entre nós. Ela pode aceitar algo além do fato de eu ter poder sobre ela e de ela se sentir impotente, indefesa e incompreendida? A vociferação de seus ataques contra qualquer conexão mostra que sente não haver espaço para ela. Sob reflexão, sua raiva expressa é uma tentativa de se manter coesa porque se sente à beira de desabar. Aqui, a inveja também está destruindo relações e a psique fica sozinha em tristes ruínas.

Presumo que a explosividade de Francesca significa que há algo que necessita comunicar e não sabe como. Essas são as necessidades e anseios velados que indicam um conflito interno difícil por trás de toda a resistência. A raiva parece conectada à sua necessidade de ser valorizada em si, na família e na cultura. Ela não consegue encontrar em parte alguma lugares de aceitação ou segurança. Os obstáculos colocados pela inveja deixam pouco espaço para autorreflexão ou para uma relação segura. Como Jung disse:

> O que ela quer é o vínculo humano. É este exatamente o núcleo do fenômeno da transferência, que é impossível eliminar, porquanto a relação com o Si-mesmo é ao mesmo tempo a relação com o próximo. E ninguém se vincula com o outro, se antes não se vincular consigo mesmo (OC 16/2, § 445).

Warren Colman argumenta que a inveja resulta em uma perda da autoestima, uma vez que está "associada a uma falta de diferenciação" e uma falta "da capacidade de a pessoa valorizar a própria singularidade como uma pessoa separada, diferente de, embora intimamente conectada com, outras" (1991, p. 356). Pode provocar uma incapacidade de se separar da pessoa invejada; a invejosa está vinculada à pessoa que inveja por essa forte emoção. A inveja pode provocar aumento da depressão e é muitas vezes associada a vergonha. A invejosa se sente inferior e insegura, internalizando a autoculpa e depois a substituindo pela atribuição de culpa aos outros. O resultado é a distância de conexões pessoais; a vida em toda parte é amarga e desesperadora.

Jung não tratou de muitas emoções específicas, mas comentou:

> A emoção é por um lado o fogo alquímico, cujo calor traz tudo à existência e queima todo o supérfluo (*omnes superfluitates comburit*). Por outro lado a emoção é aquele momento em que o aço ao golpear a pedra produz uma faísca: emoção é a fonte principal de toda tomada de consciência. Não há transformação de escuridão em luz, nem de inércia em movimentos em emoção (OC 9/1, § 179).

Como todas as emoções, a inveja é uma experiência natural e humana, mas a chave é o quão consciente somos dessa emoção difícil e o que podemos fazer para lidarmos com ela e usá-la.

## Melanie Klein e a inveja

Melanie Klein, psicanalista britânica de meados do século XX, foi famosa por situar a centralidade da inveja e suas origens na agressão no início do desenvolvimento da personalidade. Em uma versão muito reduzida de seus conceitos, localizou a inveja experienciada pela criança mamando quando a gratificação é ou suprimida ou retardada demais e por muito tempo. Isso, às vezes, ocorre naturalmente, mas depende de muitos fatores caso se volte negativamente contra a criança. Klein considerava a inveja inata e oral, proveniente de uma pulsão por alimento e intimidade na resposta saudável do querer.

No esquema kleiniano, a inveja é destrutiva e surge diante da privação, ainda que seja inconscientemente combinada à esperança de conforto, proximidade e saciedade. Mesmo quando gratificada, a criança também aprende que o conforto lhe pode ser retirado a qualquer momento e ela ficar desconectada da provisão de bondade. De acordo com Klein, essas experiências de bondade e maldade, na mente de uma criança recém-nascida, parecem inerentemente irreconciliáveis. Isso se refere à reação psicológica de cisão, trazendo divisão interna e separação dolorosa da fonte esperada de cuidados.

Melanie Klein assumiu que o primeiro objeto de inveja é o seio, e se as perdas e ganhos são tolerados e trabalhados, o processo leva ao desenvolvimento normal ou desimpedido. Contudo, quando a experiência de inveja é excessiva e associada a demasiada falha na resposta parental, o ego pode enfraquecer, resultando na diminuição dos recursos internos resilientes. Essas experiências se multiplicam e o sossego e conforto de ser continuam insatisfeitos e subalimentados. Essencialmente, a inveja se origina quando os objetos parentais amorosos e seguros são ausentes, negligentes ou desconectados. Em reação, a fantasia da autorreferência e onipotência significa que a criança aprende que só pode confiar em si e que os outros a desapontarão. Isso se transfere aos desapontamentos na própria vida.

Quando repetidamente não tematizados, déficits iniciais de amor e atenção não podem ser combatidos, criando derrota interna. A raiva e a necessidade de danificar qualquer bondade são reações que buscam remover a fonte de sentimentos invejosos. Melanie Klein atribuiu isso na terapia a "infelicidade, sofrimento e conflitos [dos pacientes] contrastados com o que é presumido como a paz de espírito da analista – na verdade, sua sanidade – e isso é uma causa particular de inveja" (1975, p. 222). A terapeuta é transformada em um objeto não satisfaciente pela projeção de todo bem e todo mal sobre ela. A inveja é então acompanhada pela autopiedade e destrutividade, e isso se torna um ciclo autoperpetuante, criando impasse no processo terapêutico. A inveja permanece oculta nas sombras e a experiência analítica é filtrada pelos olhos verdes da inveja.

A inveja é uma emoção – quieta, oculta, persistente e insidiosa (Abraham, 1927, p. 397). Quando muito frustrada, a pessoa não pode admitir coisas dos outros ou manifestar prazer. Seja a invejosa ou a invejada, a experiência que cerca a inveja é usualmente desagradável, raivosa e vingativa, estimulando a inadequação e o dano experienciado nos ferimentos emocionais iniciais. Todavia, a inveja pode indicar as áreas emocionais delicadas acompanhadas por respostas agressivas, apagando a compreensão enquanto busca alívio do sofrimento.

Embora todos necessitemos do outro de um modo muito dependente para preencher as lacunas e necessidade emocionais e relacionais (Colman, 1991, p. 356), Francesca diz que tenho inveja dela. Não respondo, mas fico interiormente chocada. De onde tirou isso? É uma defesa? É um exemplo de como a inveja interrompe o processo analítico/relacional, tornando-o desequilibrado e inclusive colorindo-o com um tom cruel? Seu comentário mostra que nenhuma outridade pode ser tolerada. Indica a falta de conexão suficiente e que "a inveja é uma perturbação no valor básico da pessoa" (p. 357). Francesca ataca, desvaloriza ou destrói qualquer coisa dada, qualquer intepretação, pensamento ou sentimento, e não pode admitir coisa alguma boa. Tudo se torna mau e intrusivo. Ela "fica com sentimentos de invalidação e alienação que podem terminar levando a dúvidas sobre sua existência. [Suas] reações certamente indicam que sente que sua sobrevivência estava ameaçada, como se fosse eu ou ela" (p. 577). A inveja confronta uma pessoa com as forças de anti-individuação reunidas em torno do desejo, consciente ou não, para se vingar ou destruir. Uma variedade de compensações e adaptações tentam evitar, administrar e defender contra esse desejo poderoso. A inveja inclui ambivalência quando a pessoa invejosa deseja tanto realizar como não realizar a destruição impiedosa.

A inveja é difícil, associada ao proibido e indizível, é opressiva, deixando a emergência do si-mesmo distorcida e presa. Uma pessoa pode recorrer ao que é chamado um *afastamento psíquico*. Esse é um sistema de defesa no qual uma pessoa se retira de relações para evitar contato com a analista no tratamento terapêutico e de pessoas em outras situações (Steiner, 1993). A fragmentação da personalidade e as partes perdidas do si-mesmo são mantidas isoladas nesses afastamentos psíquicos embora o objetivo da individuação seja integrá-los. Falhas em expor os afastamentos, como aqueles instigados pela inveja, obstruem a superação de impasses e, até serem compreendidos, impedem a análise.

> Além disso, o que é mais difícil para a compreensão dos leigos é que, em geral, os doentes não têm qualquer pressentimento da batalha que se trava em seu inconsciente. Se considerarmos, no entanto, o número de homens que nada sabem acerca de si mesmos, não devemos nos admirar de que também haja os que nada pressintam acerca de seus verdadeiros conflitos (OC 7/1, p. 145).

A transferência e a contratransferência, ao fomentarem um terceiro espaço na análise, são centrais ao processo analítico. A união progressiva na relação analítica permite a reexperienciação afetiva do reprimido. Isso cria a possibilidade de um resultado diferente e um ponto de saída das relações internas e externas invejosas e destrutivas anteriores. O tratamento analítico fomenta o processo de individuação e, por meio da relação entre paciente e analista, cria espaço para a transformação do si-mesmo. Como Jung disse: "A própria natureza humana tem uma aversão pronunciada pela conscientização. Mas aquilo que leva o homem a essa atitude é justamente o si-mesmo, que exige o sacrifício, sacrificando-se de certo modo a nós" (OC 11/3, § 400). A individuação pode ser compreendida como a pulsão para a consciência, que termina se expandindo para a constrição na personalidade por meio da relação analítica.

Contudo, assumindo que será maltratada, Francesca se afasta para um lugar distante – rancorosa, com raiva e superior a outros em sua mente. Muitos de meus comentários são rejeitados e experienciados por ela como cruéis e a atacando. Ela se sente diminuída, incompreendida; diz que não faço as perguntas certas, não analiso seus sonhos o suficiente ou corretamente, e que suas interpretações são melhores. Ela fica chateada por eu não conhecer ou ler sua mente suficientemente. Um fluxo de comentários vituperativos é seguido por sua energia abruptamente parando e o vento emocional se dissipando. E, nesses momentos, correm lágrimas sem palavras.

Francesca expressa raiva defensiva sarcástica, protestando contra o custo do tratamento psicológico e acusa os terapeutas de serem ricos. Ela comenta sobre o eurocentrismo e a classe social no campo da psicologia. Embora ambos tenham sido fatores nas perspectivas psicológicas, são interpretados como ataques pessoais e alimentam seus sentimentos de ser desvalorizada. Essas reclamações, mesmo que bem-fundadas, têm o efeito de deslocar a atenção de seus ferimentos pessoais, enquanto argumenta continuamente sobre desigualdades e preconceitos.

Após muitos meses ela alude à vacuidade interior e questiona se pode ser plenamente ela própria. Pergunta-se por que o processo necessita de uma relação. No fim dessa sessão, admite seu ódio por quase tudo. Nisso, aparece uma conexão sentida, uma vulnerabilidade e abertura, mas isso é rapidamente seguido por raiva. Ela espera ser abandonada e tratada como menos. Sua argumentação e raiva parecem defletir de sua confusão interior, incerteza, inveja. Ela insiste em estar certa, mas inevitavelmente perderá, uma vez que, em sua visão, eu estou no controle e não a permito ser.

Francesca protege sua psique, desconfiada de que será prejudicada, desconsiderada e incompreendida. Ou, talvez, ela sentiria mais sofrimento e dependência e não soubesse ou confiasse que pudesse trazer-lhe cura. "As defesas primitivas e iniciais revelam os medos da relação autêntica" (Solomon, 2007, p. 241). Isso ocorre quando há pouca experiência de afinidade sólida e sustentadora com outros. Como é, seu mundo é mantido distante e separado de outros pelo muro da inveja com sua barricada contra qualquer pessoa vendo o que ela considera fraqueza pessoal e ansiedade.

"A inveja ocorre com a crença de que ninguém se importa... levando à transferência negativa" (Schwartz-Salant, 1982, p. 87). Inveja, raiva e defesas operam de modo que nada bom ou generoso é experienciado, deixando pouca cognição ou concessão para relações. A ressonância se torna impossível. Toda atenção é restrita a um foco na raiva e na inveja. "A relação perversa com a realidade leva à deturpação e distorção da verdade... e essas deturpações são um obstáculo ao progresso na análise" (Steiner, 1993, p. 94). Toda vez que, uma conexão parece impossível na terapia, é rompida com raiva renovada e uma litania dos desapontamentos e infrações passados que ocorrem na terapia, o que ela não consegue esquecer. Repentinamente, resistência indignante se torna impotência, e Francesca colapsa internamente, assumindo que não pode ter o que quer, e seus sonhos não serão respondidos.

Ela diz que não gosta de pessoas. Como mencionado anteriormente, na teoria kleiniana, isso pode ser interpretado como: "a fantasia de ser excluída da bondade receptiva do seio deixa sentimentos impotentes ressentidos" (Meredith-Owen, 2008, p. 470). Embora se afaste ficando consigo, não está diligentemente presente para si. Ela diz com tristeza e frustração que se distrai facilmente com a tarefa doméstica seguinte e depois perde o foco. Francesca ainda não se apercebeu da extensão de sua inveja e do quanto suas ramificações se voltaram contra ela e a afetaram.

> Somente então se tornará claro para ele que o conflito pertence a ele e que a cisão interior constitui sua riqueza repleta de sofrimento, da qual a gente não se desfaz atacando os outros, e que a culpa está de fato nele mesmo, quando o destino reclama dele a culpa. Com isso reconhece ele o valor de sua alma (OC 14/2, § 175).

Respostas invejosas são uma defesa contra necessidades de dependência, mas também refletem experiências de separação e solidão intoleráveis. A arrogância onipotente de Francesca indica a personalidade "como-se" como um "si-mesmo jovem aterrorizado, vacilando entre o sentimento de onipotência e de impotência manifestados na transferência terapêutica" (Meredith-Owen, 2008, p. 466). Francesca é defensiva, desdenhando do tratamento psicológico e dizendo que não sabe como usar as sessões. Sua "força vital e criatividade foram frustradas, obstruídas pelo espaço preocupante de inveja em sua psique" (Meredith-Owen, 2008, p. 478). Dentro dela, a inveja mina sua capacidade para relações, vínculos sólidos, vida, interesses ou alegria. Qualquer empatia é ignorada e magnificada em seu ser desconsiderada.

Todavia, embora resistisse, ao longo da transferência terapêutica, Francesca entra em contato com seus anseios emocionais. Vários sonhos a mostram desejando estar na casa da analista embora se sentindo expulsa por outros que já estavam lá. Ela se sente despercebida, insuficiente e questiona sua importância e impacto. Suas palavras e reações descrevem inveja e desejo, mas não o diz. Isso seria muito vulnerável, e ela necessita parecer forte. Ela antecipa que não há modo de ser seguramente vista, devido a desilusões, dominadas pelo sentimento de impotência e medo junto a uma inveja não tematizada. Ela se exclui, torna-se secretamente deprimida e desiste, desesperando de conexão ao assumir que é negada.

Ela frequentemente fala de ausência de sentido no trabalho terapêutico, uma vez que ninguém se importa e não faz diferença. Ela não reconhece que o "niilismo autoinfligido a aprisiona na raiva e inveja" (Meredith-Owen, 2008, p. 467). A raiva é automaticamente dirigida para fora, para a relação analítica, e para outros e simultaneamente contra si. A crueza e dureza da raiva dos primeiros ferimentos são reencenadas na terapia. Isso poderia trazer consciência quanto a usar a energia em vez de continuar atacando a si e os outros. Não nesse caso, porém. Ela permanece onde começou –

frustrada em uma busca duradoura para expressar seu si-mesmo genuíno e espontâneo e para encontrar um lugar com outros.

## A sombra da inveja

A psicologia é fundada no reconhecimento das cisões na psique que, quando reparadas, podem levar à relação entre si--mesmo e outros.

> Um homem inconsciente de si mesmo age instintivamente, sendo além disso o joguete de todas as ilusões provenientes do fato de que tudo aquilo que é inconsciente lhe parece vir do exterior, sob a forma de projeções que faz sobre o próximo (OC 13, § 391).

A inveja e seus aspectos dolorosos, não lamentados, vivem nas sombras, ocultos nos pensamentos, sentimentos, intenções, emoções, instintos, desejos e crenças secretos. Como resultado, o desenvolvimento do si-mesmo sofre. Aqui, está a pessoa "como--se" lutando, mas sozinha e solitária, tentando parecer como se de nada necessitasse.

> Se quisermos imaginar uma pessoa bastante corajosa para se desvencilhar de todas essas projeções devemos pensar, em primeiro lugar, num indivíduo que tenha consciência de possuir uma sombra considerável. Tal homem sobrecarregou-se de novos problemas e conflitos. Converteu-se numa séria tarefa para si mesmo, porque já não pode mais dizer que são os *outros* que fazem tal ou tal coisa, nem que são eles os culpados e que é preciso *combatê-los*. [...] Seja qual for a coisa que ande mal no mundo, este homem sabe que o mesmo acontece dentro dele (OC 11/1, § 140).

O confronto com a sombra ocorre durante o desdobramento da individuação, irrompendo através da melancolia e do pesar e perda reprimidos. Jung acredita que

> a sombra constitui um problema de ordem moral que desafia a personalidade do eu como um todo, pois ninguém é capaz de tomar consciência desta realidade sem dispender energias morais. Mas nesta tomada de consciência da sombra trata-se de reconhecer os aspectos obscuros da personalidade, tais como existem na realidade. Este ato é a base indispensável para qualquer tipo de autoconhecimento (OC 9/2, § 14).

Expor os dilemas pode levar à integração por meio da abordagem do si-mesmo e do outro, a sombra. A sombra inclui os conteúdos reprimidos no inconsciente pessoal e o material do inconsciente coletivo. Muitas vezes, o sofrimento do si-mesmo funcionando mal empurra a pessoa para o trabalho terapêutico para acessar a habilidade de sobreviver e encontrar sentido. Todavia, o espaço psíquico se fecha quando a inveja toma conta, deixando a pessoa invejosa com a antecipação do fracasso e a vacuidade das traições emocionais e desilusões, refletindo a suposição desconsolada de que as mágoas não podem ser controladas.

A raiz da inveja é um coração descontente e insuficientemente satisfeito. Dolorosamente, a inveja é vinculada a imagens de ser explorada, diminuída e forçada a uma posição submissa. A inveja, de acordo com Bion, é descrita como "um tipo de desordem psicológica e autoimune, um ataque da mente a si" (Mitchell & Black, 1995, p. 103). Se a analisanda se esconde da inveja para apresentar uma personalidade aceitável, mas falsa, o tratamento psicológico se torna sem vida. A personalidade "como-se", incapaz de revelar confusão, desejos, medos, é suscetível a isso.

## Mundo onírico

Com o tempo, ficou claro que Francesca entrou em tratamento psicológico em função de um apego tênue à vida. Em um breve sonho de uma linha, *uma mulher oceânica levou para o fundo das águas uma mãe que estava de pé na praia.* Francesca diz que tenta não ir até lá, porque é fundo e talvez se afogue. Deprimida, esquece-se que o oceano contém alimento, a profundidade do inconsciente e os mistérios da vida. Com relação a isso, Julia Kristeva reconhecia "um abismo de tristeza, um pesar inexpressável que, por vezes... reivindica de nós a ponto de nos fazer perder todo interesse por palavras, por atos e mesmo pela própria vida" (1992, p. 3).

A vida interior de Francesca permanece enterrada sob vários sonhos arquetípicos, chamando-a para ir mais fundo, mas ela fica intrigada com o fato dos arquétipos, em vez de seus sentidos simbólicos e de como se aplicam a ela pessoalmente. Após esse sonho, Francesca diz que não é uma boa mãe para si. Esquece-se de comer. Sua menstruação foi terrível no último mês devido ao estresse. "Somos incapazes de examinar nossas vidas de modo a evitar pretensas e meias-medidas, todos aqueles pequenos atos de fraqueza... em que cedemos à exceção fácil a qualquer regra, sem realmente desejar" (Perry, 2010, p. 187). Francesca está sobrecarregada por uma derrota internalizada da sucessão cumulativa de desapontamentos sociais e pessoais. A profundidade da tristeza é evidente, e ela evita experienciar o peso da tristeza. "O si-mesmo ferido, incompleto, vazio, é considerado ter uma falha fundamental, uma deficiência congênita. Essa lógica pressupõe um superego severo e uma dialética complexa de idealização e desvalorização, tanto do si-mesmo como do outro" (Kristeva, 1992, p. 6). Há uma solidão esmagadora, colorida pela antecipação de que cairá em depressão, ficará emocionalmente paralisada e incapaz. Há o pensamento de que ninguém ajudaria ou poderia ajudar.

A inveja é parte do material psicológico bruto sobre o processo de dissolução no qual tese e antítese desempenham papéis integrais (Hiles, 2012, p. 11). Embora o processo leve à reconstrução da personalidade, é a dissolução que Francesca teme. Portanto, antes das sessões de terapia, ela se prepara para responder ao que pode ocorrer. Minhas interpretações ou quaisquer comentários param seus pensamentos, e ela fica perdida, embotada. Ela está atormentada com a falta de realizações e registra uma sensação dolorosa de diferença desfavorável ao si-mesmo (Colman, 1991, p. 364). Esses problemas de diferença giram em torno de dinheiro, disparidade de classes, falta de privilégio e preocupações com o futuro. Ela não pode arriscar, necessitando saber o resultado antes de começar. A "inveja insuportável muitas vezes significa que a paisagem interior permanece estéril" (Meredith-Owen, 2008, p. 474).

A transferência negativa e o impasse emocional expressam frustração embora escondendo vergonha e pesar. A pessoa não se sente enriquecida pela relação analítica (Meredith-Owen, 2008, p. 461), e qualquer apoio é apenas indistintamente imaginado. A temida exclusão subjacente parece aniquilação para a personalidade (p. 463). O impasse terapêutico que surge da inveja impede que se sinta satisfeita ou corretamente lida, combinado ao desejo de Francesca de se envolver e ao desespero de jamais conseguir.

Francesca não comunica a inveja na terapia, afasta quaisquer tentativas de tratar do que considera disparidades de poder entre nós, esconde sentimentos e reações sensíveis, antecipando ser vista como carente, e depois abandonada. Esse cenário se reproduz repetidamente. Para ela, parece não haver um modo de resolver a tristeza pelo que outros conseguiram e ela não, um modo de alterar sua necessidade de agir "como-se" estivesse certa. Relaxar e se sentir segura o bastante para expressar emoções é intercedido por seu embaraço em admitir o que considera déficits. Ela é ansiosa, teme erros, lamenta o quanto jamais lhe disseram sobre as coisas básicas da vida.

Em outro sonho, *eu e ela estamos em uma antiga floresta mágica. Dou-lhe algo. Ela expressa receio de pegá-lo e não pega.* Sente-se entediada e insensível, sem emoções no sonho. Ela associa esse sonho ao herói Neo no filme *Matrix*, que poderia tomar uma pílula e continuar no trabalho entediante no escritório ou tomar a outra pílula e o desconhecido se desvelaria. Após o sonho não sabe o que fazer. Isso representa estar em um impasse, um tempo-limite de transição e mudança possível. Ela não sabe como decidir e aqui está o problema: vacilando entre o que quer e o que teme, Francesca adota a rota segura e conhecida.

A terapia ajuda a renegociar os lugares feridos, desmonta a inveja e estratégias defensivas enquanto também revela pânico psíquico. No sonho, é-lhe oferecido algo especial, mas ela não confia nisso, no inconsciente ou na relação comigo, a terapeuta. O processo terapêutico e sua autoexploração trazem à tona elementos de inveja, desejo, paixão e sofrimento. Todos esses são ingredientes para renovação da psique. O processo de aumentar a consciência significa desvelar as negações que protegem suas verdades, as fantasias e conexões que mantêm antigos papéis e reações inibidores. Aqui, são manifestados a "angústia existencial real, dúvida, não saber e o risco envolvido para ela revelar emoções e sentimentos reais" (Solomon, 2004, p. 643). Ela quer garantia de ser especial, de ter seu caráter reconhecido, mas isso não compensará a falta de autoestima interior. O trabalho requer se tornar consciente da inveja, lamentar as perdas, encontrar sua voz e reacender desejos e paixões.

Francesca tem dificuldade para simbolizar de modo que muitos dos sonhos são interpretados literalmente. Ela necessita ser vista no controle, ser heroica, reconhecida, salvando outros e sempre sozinha. A inveja interfere em suas respostas naturais, uma vez que tende a alterá-las para se encaixarem no que pensa ser esperado. Ela fica emocionalmente paralisada, tentando ser uma boa paciente, mas isso se volta contra ela amortecendo sua conversação interior e afetando a espontaneidade da relação na terapia. Ela deve estar atenta a quaisquer surpresas.

"É a inveja do ego do si-mesmo alienado que cria seu desespero profundo e malevolência mortal" (Stein, 1990, p. 161). Francesca diz que está muito fragmentada, desapontada e ansiosa. À noite, os demônios emergem, e não consegue dormir, devastada pela inveja, preocupada, insegura e sozinha com a devastação que sente por dentro. Preocupa-se com o fim da relação terapêutica, talvez tenha feito ou dito algo errado. Há uma experiência de confusão, uma sensação de medo e de não ter tempo para se compor para ser compreendida. Ela não pode revelar mais coisa alguma. Retorna à insegurança e vergonha sobre onde e como foi criada, ainda que continuamente defenda a família que "fez seu melhor". Francesca se sente presa e envergonhada em perguntar e muitas vezes diz que não conhece as perguntas. Ela assumia a persona de uma garota corajosa quando criança e agora permanece apreensiva em relação à autoridade e segue regras, antecipando estar errada a ponto de ser escrupulosa.

O abismo psicológico e o desejo de se retirar conflita com o desejo de aceitação. Ela relata uma imagem de estar sozinha em uma praia olhando para o oceano e em lágrimas. Alguém aparece para tocar em seu ombro, senta-se, e ambos ficam em silêncio. Na sessão seguinte fica envergonhada com essa expressão de vulnerabilidade e desejo, mas não pode explicar mais. Então, expressa irritação e não quer meus pensamentos ou interpretações, considerando que virão do intelecto, não do coração.

Por um longo tempo é incapaz ou resistente de entrar em contato com "a realidade desses lugares interiores distinguidos por sua falta de estrutura ou organização" (Green, 1983, p. 37). Contudo, o processo continua à medida que camada após camada da negligência emocional é revelada, mostrando o impulso para estar sozinha misturado à insegurança com relação a se envolver com outros. Esse lugar delicado está detrás da inveja e ocasionalmente emerge. Muitas vezes, ela se sente estranha ao seu núcleo afetivo, e então a vida fica sem sentido e vazia em meio ao autodesprezo com sua concomitante inveja.

A habilidade para simbolizar liga os domínios consciente e inconsciente, ativando a capacidade de imaginar e brincar com imagens e metáforas. Francesca sonha que *lhe dei um pedaço de torta congelada branca*. Ela não expressa reação no sonho. Eu digo que era doce. Para ela meu comentário torna negativo o positivo. De fato, ela está muito chateada nessa sessão. Ela não escolheria a torta, não gostou da cor e assim por diante. Todavia, prosseguiu, já que ficou perdida na sessão e se sentiu horrível depois. Só mais tarde conseguiu encontrar suas palavras e então ficou com raiva e defensiva. O sonho é simbólico, mas não reconhece isso e o desdenha como mera fantasia. Ela se sente invisível, cansada e se preocupa que o estresse a destrua. As interações traumáticas no início da vida são reproduzidas nas relações de objeto internalizado igualmente traumáticas, deixando em seu rastro o si-mesmo verdadeiro esperando para ser encontrado (Modell, 1996, p. 86). Uma vez mais, a recusa da torta representa metaforicamente que aquilo que poderia ser doce não é e tem calorias demais. Eu deveria saber isso, e representa que ela se sente não ouvida já que lhe dou a comida errada.

A pessoa invejosa e destrutiva, especialmente para si, experiencia o mundo espelhado similarmente. A inveja pode trabalhar contra a afeição e a criatividade, sabotar o desejo de aprender, e afetar muito as relações. O analista junguiano Murray Stein escreveu: "Embora todos experienciem a inveja, há pessoas que são cronicamente invejosas... continuamente vulneráveis a reações invejosas, e se tornam sua "tarefa psicológica central" para resolver problemas relacionados à inveja" (1990, p. 169). A vergonha, embaraço e autoconsciência associados diminuem a sensação de autoagência, uma vez que a pessoa se sente incapaz, sem controle. O mundo é experienciado como decepcionante. A consciência da inveja significa não só buscar sob a superfície para encontrar os bloqueios, mas também descobrir os recursos para autoconsciência e aceitação.

Manter a relação de tratamento a distância significa que Francesca é mantida a uma distância também. É uma posição familiar para essa pessoa solitária, que deseja conexão, mas assume que é inacessível. Não surpreende que o impasse permaneça, já que tudo que ela quer é que me desculpe pelo meu uso intencional do poder sobre ela. André Green supôs que é "devido à falta do objeto... que [há] uma destruição da atividade psíquica da representação que cria fissuras na mente, ou sentimentos de vácuo, de vacuidade etc., uma falha de simbolização" (Kohon, 1999, p. 290).

Francesca passa algum tempo no processo analítico. Algumas coisas melhoram para ela enquanto prosseguimos no centro da desconfiança e desapontamento na relação analítica. Contudo, a inveja contribui para a tenacidade do complexo, criando muito impasse no trabalho analítico. A inveja tem sido uma professora, ainda que difícil.

## Admitindo a inveja

A inveja pode adversamente afetar o processo duradouro do autodesenvolvimento. Nessas circunstâncias, a pessoa permanece fixada no desejado, mas sempre inatingível. "A inveja, ao menos, possui a vantagem de ser uma expressão de nosso sofrimento. A saída é a pessoa se transcender, ampliar seu coração" (Russell, 2013, p. 76). O desconforto de se aperceber desses sentimentos também representa os ferimentos abrindo o caminho da autodescoberta, provendo movimento a partir de antigas posições arraigadas, tanto psicológica quanto culturalmente. A paciente começa a reconhecer os desejos perdidos nos efeitos dolorosos de inveja. Abrir as memórias permite penetrar o material submerso e rejeitado na consciência.

Quando tirada do silêncio, a inveja e sua impotência com seus jogos de forças podem mudar e encontrar espaços para o si-mesmo crescer. Trabalhar com e por meio da inveja, gradualmente e com tenção delicada, conta uma história de movimento a partir das sombras ao tratarmos os ferimentos com atenção curadora. Por vezes, a inveja é muito tenaz, a cisão muito forte, e, dadas as limitações, a pessoa consegue ir apenas até onde é possível. Em outros momentos, a inveja pode ser completamente explorada, compreendida e integrada à base de conhecimento da personalidade. Para começar, o trabalho não é apenas o de reparar o que foi perdido ou indisponível, mas também responder às necessidades correntes. A inveja indica onde a pessoa está dizendo não inconscientemente para si. O objetivo do processo de individuação junguiano é uma síntese dos aspectos parciais, incompletamente formados, de nossas mentes conscientes e inconscientes. Reconhecer e afirmar esses aspectos pode desenvolver vivacidade e plantar novas sementes, superando a inveja e vivendo criativamente. A pessoa "como-se" pode se desvencilhar da inveja para experienciar ser real.

> Invejo não quaisquer humores
> O vazio cativo da raiva nobre,
> O milheiro nascido na gaiola,
> Que nunca conheceu os bosques de verão: [...]

Confirmo isso, o que quer que aconteça
Sinto isto, quando mais me entristeço:
É melhor ter amado e perdido
Do que jamais ter amado (Alfred Lord Tennyson, *Memoriam* 16).

## Referências


Abraham, K. (1927). *Selected papers on psycho-analysis*. The Hogarth Press, The Institute of Psycho-Analysis.

Bonovitz, C. (2010). Comparative perspectives on envy: A reconsideration of its developmental origins. *Contemporary Psychoanalysis*, 46(3), 423-438. doi: 10.1080/00107530.2010.10746070.

Britton, R. (1998). *Belief and imagination*. Routledge.

Chaucer, G. (2000). The parson's tale. In *The Canterbury tales and other poems*. Project Gutenberg ebook: Vol. 2383. www.gutenberg.org/cache/epub/2383/pg2383images.html.

Ciardi, J. (Trad.) (2005). *The divine comedy by D. Alighieri*. Pocket Books.

Colman, W. (1991). Envy, selfesteem and the fear of separateness. *British Journal of Psychotherapy*, 7(4), 356-367. doi:10.1111/j.1752-0118.1991.tb01141.x.

Colman, W. (2007). Symbolic conceptions: The idea of the third. *Journal of Analytical Psychology*, 52(5), 565-583. doi:10.1111/j.14685922.2007.00686.x.

Green, A. (1983). *On private madness*. Hogarth.

Hiles, D. (2012, out.). *Envy, jealousy, greed: A Kleinian approach* [Apresentação de trabalho]. Centre for Counselling & Psychotherapy Education (CCPE), Londres, Inglaterra.

Jung, C.G. (1979). *Foreword to the I ching*. Princeton University Press.

Klein, M. (1975). *Envy and gratitude and other works 1946-1963*. The Hogarth Press and The Institute of Psycho-Analysis.

Kohon, G. (ed.) (1999). *The dead mother: The work of André Green*. Routledge.

Kristeva, J. (1992). *Black sun: Depression and melancholia.* Columbia University Press.

Meredith-Owen, W. (2008). "Go! Sterilize the fertile with thy rage": Envy as embittered desire. *Journal of Analytical Psychology*, 53(4), 459-480. doi: 10.1111/j.1468-5922.2008.00741.x.

Mitchell, S. & Black, M. (1995). *Freud and beyond: A history of modern psychoanalytic thought.* Basic Books.

Modell, A. (1996). *The private self.* Harvard University Press.

Perry, L. (2010). *Brief history of thought.* HarperCollins.

Proner, B.D. (2017). The latency complex: The dead hand of anti-development. *Journal of Analytical Psychology*, 62(4), 567-584. doi: 10.1111/1468-5922.12337.

Russell, B. (2013). *Conquest of happiness.* Routledge.

Schwartz-Salant, N. (1982). *On narcissism.* Inner City.

Solomon, H. (2004). Self creation and the limitless void of dissociation: The as if personality. *Journal of Analytical Psychology*, 49, 635-656. doi: 10.1111/j.0021-8774.2004.00493.x.

Solomon, H. (2007). *The self in transformation.* Karnac.

Stein, M. (1990). Sibling rivalry and the problem of envy. *Journal of Analytical Psychology*, 35(2), 161-174. doi: 10.1111/j.1465-5922.1990.00161.x.

Stein, M. (2017). Where East meets West in the house of individuation. *Journal of Analytical Psychology*, 62(1), 67-87. doi: 10.1111/1468-5922.12280.

Steiner, J. (1993). *Psychic retreats: Pathological organizations in psychotic, neurotic and borderline patients.* Routledge.

Ulanov, A. & Ulanov, B. (1983). Cinderella and her sisters: The envied and the envying. Westminster Press.

# 8
# O encontro das transferências

Atena desempenha um papel proeminente no grande épico de Homero *A odisseia*. A história captura o retorno de seu protagonista, Ulisses, rei de Ítaca, para sua pátria. Essa jornada leva dez longos anos, e ele termina se reunindo com sua família, recuperando sua terra dos horríveis pretendentes que ocupavam seu palácio. Atena, a deusa poderosa da sabedoria e estratégia, assume o papel de protetora e sábia no épico enquanto guia o protagonista e seu filho, Telêmaco.

Inicialmente, Atena usa as táticas do disfarce para influenciar o príncipe a encontrar seu pai se metarmofoseando no antigo amigo de Ulisses, Mentes, e prevendo que Ulisses ainda está vivo. Ela utiliza suas grandes habilidades de estratégia e sabedoria para instilar confiança e força em Telêmaco para ajudá-lo a se tornar um homem avançando em sua jornada para encontrar seu pai. Além disso, é com sua ajuda que Ulisses pode se tornar um herói homérico mais forte, mais nobre. Desde seu primeiro ato de auxílio até sua pacificação final, Atena é basicamente responsável pela criação e conclusão da trama de *A odisseia*.

"Psicologicamente, Atena traz uma percepção iluminadora... consciência aplicada... facilita a reflexão que acompanha a realização efetiva do si-mesmo" (Shorter, 1986, p. 174). Na psicologia analítica, refletir sobre imagens, sonhos e mensagens simbólicas do inconsciente ajuda a restaurar a personalidade. Jung descreveu "um processo pelo qual um novo conteúdo se impõe de fora (pelos sentidos) ou de dentro (a partir do inconsciente) à consciência, forçando, de certa forma, a atenção e a apreensão" (OC 6, § 763). Criatividade e imaginação surgem na análise para produzir imagens, seu conteúdo significativo e reflexão atenta sobre ela.

Jung chamava isso de a função transcendente que surge no discurso analítico e facilita a expansão da personalidade.

> [N]a prática é o médico adequadamente treinado que faz de função transcendente para o paciente, isto é, ajuda o paciente a unir a consciência e o inconsciente e, assim, chegar a uma nova atitude. Nesta função do médico está uma das muitas significações importantes da transferência [...]. A compreensão da transferência não deve ser procurada nos seus antecedentes históricos, mas no seu objetivo (OC 8/2, § 146).

Escrever sobre esse tipo de personalidade a estrutura, torna-a coerente, reconhece por meio do trabalho clínico na sala de consultas os pensamentos inconscientes tornados conscientes, intercambiados e postos em palavras. O processo honra e reconhece a existência da paciente, uma vez que a análise é um receptáculo no qual crescemos.

O espaço terapêutico inclui um encontro com a vulnerabilidade, fantasias e tragédias. Dentro dele estão as partes tímidas delicadas e frágeis do si-mesmo. Com envolvimento emocional afetivo na terapia ocorre o aprendizado emocional que pode promover mudanças profundas no padrão interior que determina o modo como a paciente é capaz de se relacionar (Wilkinson, 2017, p. 539). A necessidade de compreender a lacuna entre a pessoa verdadeira e a "como-se" leva as pessoas à psicoterapia, ainda que seja difícil para elas. Elas podem começar dizendo: "Algo que me interessa na aprendizagem é para ajudar a me guiar no futuro que quero. Lido com ansiedade e depressão, e muitas vezes sinto como se me abstivesse de me tornar a melhor versão de mim".

Na terapia, a pessoa "como-se" busca reafirmação de que é querida, de que se encaixa, de que não está aborrecendo a terapeuta por medo de retaliação esperada e de rejeição ou raiva. As sessões analíticas ficam intercaladas por inconsciente e sonolência. Quando esses elementos são abordados "na transferência-contratransferência o complexo traumático pode ser desintoxicado e a pessoa é liberada para adotar plenamente e se expressar construtivamente e desenvolver a si e suas relações" (West, 2013, p. 74).

Introduzindo os problemas de um modo real e aceitando e desentrelaçando projeções comuns a todas as relações, a análise ajuda uma pessoa a se sentir segura. A análise e a terapia são receptáculos nos quais uma pessoa pode crescer além do conhecido e criar novas possibilidades da relação. A esperança pode ser ativada em um espaço analítico como uma ponte para conectar e transitar entre o que não existia antes para o que pode emergir agora. Essas experiências aumentam a capacidade de gerenciamento enquanto analista e paciente estão juntas no espaço entre o que parecia inimaginável e agora se torna possível – ser um si-mesmo real de alguém.

A jornada é uma revisitação dos lugares psicológicos fragmentados, antigos assuntos inacabados, uma reconstituição de memórias. Pode haver todos os tipos de pânico, torpor, desorientação e prolongamento, problemas não resolvidos revelando a consciência afligida. O distresse mental da paciente é aparente assim como sua dedicação ao real, que reside em meio à acuidade dos detalhes. Nomear e visualizar ilustram os obstáculos, as alegrias e as tragédias e o caminho para o inconsciente para enriquecer a vida consciente. A terapia é uma fotografia do tempo, mas não está presa no tempo. O ponto é mover a energia por meio de novas combinações. É uma relação retrospectiva, prospectiva e íntima fornecendo simbolicamente a tinta dourada.

Na transferência e contratransferência ambos os participantes reconhecem juntos o distresse emocional, enlutam as perdas e buscam recuperação da personalidade. Para abordar essas situações, a análise gira em torno dos conflitos e tensões necessários para descobrir a resolução e reconciliação das forças opostas na pessoa (Seligman, 1986, p. 83). A aliança entre terapeuta e paciente garante a confiança e evolui ao longo da relação, uma vez que depende da separação e conexão entre ambos os participantes. Esse processo requer a capacidade de reconhecer e reunir os múltiplos fios pessoais e coletivos. As transferências são postas ao uso criativo para encontrar um modo reflexivo e sensível para pensar e sentir em relação ao que é verdadeiro.

A pessoa "como-se" muitas vezes oculta seus danos emocionais, de modo que não haja surpresas ou ameaças ao seu sistema. A perspectiva da psicologia analítica junguiana, com seu foco na consciência e no inconsciente, no simbolismo e na união de partes díspares da personalidade, fornece unicamente um encontro abrangente para o tratamento. A fluidez de pensamento e devaneio da analista podem mover o processo para perspectivas mais amplas.

> Usando sua atitude simbólica, a analista oferece uma forma de sentido para a paciente que lhes permite assumir uma "terceira posição" em relação às suas produções protossimbólicas. Em outras palavras, a atividade interpretativa da analista promove a capacidade imagética da paciente, permitindo uma atitude consciente em rela-

> ção às produções de fantasias espontâneas que emergem do inconsciente e encontrar novo sentido nelas. Desse modo, o processo analítico envolve o desenvolvimento de sentidos coconstruídos (Colman, 2007, p. 575).

Neste capítulo os exemplos clínicos compostos ilustram a pessoa "como-se" desafiada a simbolizar, refletir e encontrar sentido.

> O símbolo junguiano tende para a dimensão do ainda-não. Antecipa aquilo que a cultura explicará somente ao longo do tempo e em momentos e modos que são impossíveis determinar *a priori*. Assim, o símbolo junguiano possui uma dimensão que não só é individual e subjetiva, mas coletiva e cultural (Connolly, 2003, p. 365).

A habilidade para simbolizar e encontrar o metafórico na vida é afetada pela dificuldade da paciente de lidar com qualquer coisa que pareça não familiar. Para a pessoa "como-se" isso é seguido pelo forte impulso de se afastar diante do estranho e desconhecido. O ego é facilmente ameaçado. Para ocultar a antecipação de ser vista como odiosa e preterida, a pessoa "como-se" se distancia na autoabsorção.

## Kintsugi

A psique se torna visível através de metáforas, imagens e símbolos. "Quando as pessoas começam a simbolizar suas dificuldades, o próprio trabalho se aprofunda e elas são o caminho para a recuperação" (Astor, 2005, p. 419). Isso pode ser ilustrado pela arte japonesa chamada *kintsugi*, ou a reparação de peças de cerâmica quebradas com tinta dourada.

O kintsugi é uma arte japonesa centenária de reparar peças de cerâmica quebradas e transformá-las em um novo trabalho de arte com ouro, o metal tradicional usado nessa técnica. Seu nome deriva das palavras *kin* (dourada) e *tsugi* (conexão), que se traduz por "reparo dourado". As cicatrizes e rachaduras da peça de cerâmica quebrada se tornam o foco, tornando o objeto algo único e belo. A busca inteira pertence ao ideal zen do *wabi sabi*, o conceito de acolher a imperfeição. Significa encontrar prazer em objetos envelhecidos e gastos e valorizar a beleza das imperfeições que se acumulam ao longo do tempo. O kintsugi trata a ruptura e o reparo como parte da história de um objeto, em vez de uma razão para disfarçar ou descartar. A arte denota um respeito por essa história, como a história da psique de uma pessoa, pessoal e coletiva, uma afetando a outra, não apenas para ser apagada, mas reconhecida e trabalhada.

Na psicologia analítica junguiana os símbolos são uma linguagem de imagens que transmite, por meio da realidade concreta, algo oculto ou desconhecido com uma qualidade numinosa indistintamente percebida pela mente consciente. Aqui, é usada como uma analogia adequada para os processos analíticos para transformar e reparar as partes cindidas e fragmentadas da personalidade. As rupturas na peça de cerâmica assim como na personalidade representam a ruptura que necessita de reparo. Uma vez reunidas, tornam-se uma obra de arte. A ruptura ocorre ao longo do tempo e não somente na peça de cerâmica nova. Tanto os pedaços quanto as partes dissociadas são rearranjados em algo novo, mas feitos de antigos ingredientes. Isso cria beleza ao acentuar, não esconder, as rachaduras. E a peça de cerâmica, como a personalidade, é transformada para sempre no processo.

O kintsugi demonstra a beleza que emerge através da obra enquanto progride do dano ao reparo. Do mesmo modo, ao examinar problemas emocionais, a personalidade "como-se" trabalha e transforma os sentimentos e atitudes que surgem de imperfeições assumidas. Aprendem a usar os problemas com consciência e a crescer a partir disso em vez de limitá-lo. Jung disse: "[O] símbolo torna-se em mim, de tal forma que ele tem sua substância, e eu a minha" (*Livro Vermelho*, 2009, p. 169). Como o uso da tinta dourada, tanto o kintsugi como a análise são processos delicados, cuidadosos com o propósito de produzir mudanças. Nada parece ou é como antes. Contudo, ambos os processos levam ao fortalecimento do receptáculo – seja uma peça de cerâmica ou a personalidade – enquanto abordam a necessidade de atenção. Cada um contém e incorpora a importância consciencioso do trabalho no processo.

Vivemos em uma era que oferece uma pletora de tratamentos, e a terapia de longo prazo fornece uma exploração profunda e possui muitas recompensas potenciais. Como com o kintsugi, o trabalho interior apoia a ideia de autoconhecimento e mudança de caráter exigindo mais do que um caminho breve, estreito e linear. Para almejarmos mais além e não nos contentarmos com mero alívio do sintoma devemos perseverar na busca labiríntica pelo bem-estar. É uma configuração energética para romper o impasse e restaurar a energia.

Uma mulher sonha que possui um colar de fios e os torce sem parar e, enquanto faz isso, e como esperado, separam-se, e todas as miçangas se espalham pelo chão. Ela começa a catá-las, mas decide que só pegará as que gosta. Similar ao processo do kintsugi, o colar rompido é reunido, mas, agora, mais do gosto dela. O processo de crescimento é como o sonho, separando e unindo, escolhendo o que se encaixa melhor, como na ciência medieval da alquimia com seus estágios de *separatio*, ou "separação", e *conjunctio*, ou "reunião".

A pessoa "como-se" acha o imperfeito repugnante. As rupturas na personalidade parecem reluzentes e as faltas irreparáveis. Há desespero sob a apresentação da confiança exterior. Essa arte japonesa que se origina de uma cultura oriental se reúne com o Ocidente, como o processo da consciência se reúne com o inconsciente e os participantes se reúnem no processo analítico. Tudo é uma reunião, um encontro com o inesperado, não linear nem lógico. Perspectivas são expandidas assim como a psique se beneficia da unificação das partes diferentes e muitas vezes desconhecidas. Há e sempre houve aqueles que não podem evitar ver que a natureza do mundo e suas experiências estão na natureza de um símbolo, e que ele reflete algo oculto no próprio sujeito, em sua realidade transubjetiva.

O processo de unificação nunca acaba, e as rupturas são lembretes de como reparamos as áreas vulneráveis e mais fracas focando-as, unindo-as com a cola, ou um terceiro elemento, para mantê-las juntas.

O kintsugi é uma tradição e método de pensamento para valorizar a peça inteira em vez de uma parte. Todas os pedaços são necessários para reconstruir a peça de cerâmica, e a ruptura reparada é um modo de preservar, acentuar e fortalecer o todo. Isso significa incorporar áreas de problemas em vez de tentar se livrar delas. O processo é extenso, como o trabalho analítico e, por vezes, muito meticuloso. Tanto o trabalho de cerâmica como o processo analítico são transmutativos em muitos níveis. Os processos são transformadores, e os participantes são transformados. Ambos envolvem vínculo, mas sob a forma intencional consciente. O kintsugi é uma pessoa com um objeto e o objeto é transformado e expandido. O resultado é diferente do que parecia no início. O processo se dá no tempo. Tudo que se sabe é que não será como era e tudo isso se compara ao processo analítico de autorrecuperação.

"[T]odo fenômeno psicológico é um símbolo, na suposição que enuncie ou signifique algo mais e algo diferente que escape ao conhecimento atual" (OC 6, § 906). O processo analítico envolve duas pessoas e o objeto entre elas é o que se desenvolverá, e é também desconhecido. O que era, não é mais. Ambos os processos emergem do espaço intermediário e requer um investimento valioso de tempo e esforço.

O processo analítico e o próprio kintsugi desenvolvem a capacidade para integração das quatro funções de pensamento e sentimento, intuição e sensação. O par analítico, ou pote, usa as partes menos acessadas, estranhas, e descobre como se encaixam com aquelas que parecem mais fortes e mais desenvolvidas. Fronteiras e conexões entre o si-mesmo e outros requerem um tipo similar de fluidez emocional para crescimento. Envolve a habilidade de sustentar a tensão do paradoxo, essencial ao desenvolvimento saudável, criando espaço para diferença e variedade. O processo analítico preenche os espaços, levando à confiança, criatividade e aumento da autoconsciência.

Remover camadas do si-mesmo em um lugar seguro é uma exploração que leva tempo e esforço e chega ao núcleo do sistema de uma pessoa. Como o kintsugi, é uma obra de arte séria baseada em reparo para mudar e transformar em algo diferente do que era. Autoconhecimento e mudança de caráter seguem um caminho mais longo, tortuoso, na busca pelo bem-estar. É um objetivo substancial para além do mero alívio do sintoma. Ao longo da relação com a terapeuta, a pessoa "como-se" pode quebrar o impasse inconsciente e restaurar a energia.

## Você sabe meu nome?

> Pois toda vida repousa sobre a aparência, arte, ilusão, ótica, necessidade de perspectiva e erro (Friedrich Nietzsche, *O nascimento da tragédia*, 1910).

De acordo com a analista relacional americana Jessica Benjamin:

> a necessidade de reconhecimento mútuo, de reconhecimento e de ser reconhecido pelo outro – é isso que muitas teorias do si-mesmo falharam em ver. A ideia de reconhecimento mútuo é crucial para a visão intersubje-

> tiva; implica que temos uma necessidade de reconhecer o outro como uma pessoa separada que é como nós, ainda que distinta (1988, p. 23).

A investigação e tratamento analíticos podem ser definidos como uma "dialética da consciência e do inconsciente, da presença e da ausência, da afirmação e da negação sob a qual repousa a iniciativa analítica" (Ogden, 1977, p. 22). A interação de paciente e analista ocorre nos níveis intersubjetivo e intrapsíquico com uma tensão dinâmica entre esses. Muita coisa muda no processo de alguém se criar enquanto as partes da personalidade são transformadas pelas interações reflexivas, conscientes e inconscientes.

Enfrentar a psique ou alma para tirar o corpo e os fenômenos corporais das sombras e os situar mais conscientemente está no centro da psicoterapia ou análise. Na sala não há somente duas almas, mas também dois corpos respirando em uma interação e troca constantes e recíprocas.

O processo incorpora reconhecimento e reparação daquelas lacunas emocionais passadas. A intersubjetividade é necessária para escapar do solipsismo da existência separada e muitas vezes isolada da pessoa "como-se", desenvolvida a partir da dor e sofrimento passados. É um processo gradual de revelar as partes danificadas, examinando-as e as sentindo, de ser confundido. A intersubjetividade da análise encontra modos de abrir as errâncias fúteis e muitas vezes enganosas no mundo interior da pessoa "como-se". No processo, os participantes experienciam juntos o que não pode ser feito sozinho.

## A terapeuta e o "como-se"

A vacuidade, anseio e necessidades da pessoa "como-se" são reencenados através da relação terapêutica. O tratamento analítico junguiano cria um espaço no qual o par analítico pode dissolver a confiança na falsidade e na persona e apoiar a emergência gradual da personalidade mais completa.

> As facetas de sua experiência, comportamento e formas de se relacionar incluem elementos agressivos e autodestrutivos. Somente quando esses elementos são abordados como manifestos, inevitavelmente, na transferência-contratransferência, o complexo traumático pode ser desintoxicado e a pessoa se libertar para adotar plenamente e expressar e desenvolver construtivamente a si e suas relações (West, 2013, p. 74).

Isso afetará o curso do trabalho psicológico. Significa também que a presença da analista facilitará a ponderação sobre o que se encontra além e nos sonhos da paciente, oferecendo orientação na e através da personalidade "como-se" com seus mecanismos protetivos.

Em meu trabalho como analista junguiana testemunhei muitas pessoas "como-se" lidando com várias e díspares partes de personalidade. Conhecida por uma persona ou imagem do ego habilmente planejada, a pessoa "como-se" se recolhe em mundos de fantasia e ilusórios, inventando narrativas contínuas baseadas em carência, privação emocional e desapontamentos.

> Vagava solitário como uma nuvem
> Que flutua no alto sobre vales e colinas,
> Quando, repentinamente, vi uma multidão,
> Uma profusão, de narcisos (William Wordsworth,
> *Vagava solitário como uma nuvem*, 1802).

Esses problemas afetam a intimidade com o si-mesmo e outros devido a quão difícil são de reconhecer, e impedem a pessoa de estar plenamente presente. Os entes humanos são naturalmente passionais, de acordo com Jung, mas a "libido bloqueada", como ele a chamava, pode levar a sentir que a vida perdeu seu entusiasmo e alegria, e a pessoa fica presa e perdida. "A libido é um *appetitus* em seu estado natural. Filogeneticamente são as necessidades físicas como fome, sede, sono, sexualidade, e os estados emocionais, os afetos, que constituem a natureza da libido" (OC 5, § 194).

Kennedy veio à análise pela primeira vez aos 50 anos. Ela se descrevia como inteligente, esperta, em uma posição de alto escalão com um salário alto, cercada por muitos amigos e estimada. Frequentou as melhores escolas e era a melhor de sua classe. Ela repetia esse fato frequentemente. Com o tempo, percebi que a repetição evidenciava "exibição de um si-mesmo grandioso, fornecendo proteção mágica e um si-mesmo independente ou onipotente, que não necessitava outras pessoas como compensação pela ausência de segurança" (Modell, 1996, p. 88). Ela era atraente, ainda que fosse emocionalmente desconectada. Eu sonhava com ela e me perguntava se isso sinalizava a presença de uma distância emocional. Esse é o atrativo da personalidade "como-se"? Ponderei sobre o que estava por trás dos sonhos e o motivo pelo qual a terapia continuava sem perturbação, com todas as rupturas ocultas, Kennedy aquiescente e nós não saindo do lugar. Supus que os sonhos estavam me alertando para a fumaça e aspectos do espelho dessa possível pessoa "como-se", mas, no início, não sabia o que significava. Sabia apenas que era desconfortável.

Com pessoas como Kennedy, si-mesmos parciais atuam como si-mesmos integrais, reforçando a posição "como-se". Com seus mecanismos mentais estruturados para eliminar toda oposição, tentava manter a certeza psicológica. Ela não podia se mover pelo desejo, uma vez que o mundo necessitava ser regular e imperturbado, de modo que nada pudesse ser levado para o si-mesmo. Para questionar a estrutura interna, a apresentação reconcebida aceitável e familiar significava repensar e sentir suposições, o que ela evitava. Ela estava suficientemente protegida pela organização confiável, ainda que patológica, que lhe permitia evitar o caos dentro dela.

Muitas vezes há uma relutância em permitir que a analista ou a paciente escapem das interações familiares. Ao longo do trabalho analítico há momentos em que a pessoa "como-se" emerge do afastamento narcisista psíquico e é então confrontada por terríveis ansiedades e o dano está feito. Mas Kennedy não era capaz de mostrar sua alma. Ela achava que os outros não a entenderiam ou se aperceberiam de que vivia atrás de um muro. O caos era demais – tudo devia ser ordenado, estático, imóvel, sua vida de trabalho e de isolamento interior, estagnada e sem a instabilidade do crescimento e da mudança.

Kennedy tentava agradar ainda que escondesse algo autêntico sobre si. Parecia quase desumanizada. Isso deve ter surgido de experiências passadas emocionalmente malnutridas. Ela não expressava confiança em pessoa alguma, e tinha pouca ideia do que significava estar viva. Sua solidão era desconhecida da maior parte das pessoas que encontrava. Contudo, era evidente em sua apresentação muito hábil e conduta ansiosa, preenchendo verbalmente o tempo e o espaço terapêutico, não permitindo pausa alguma. Essas percepções indicavam igualmente quão pouco Kennedy podia se revelar para si. Havia uma defesa contra qualquer coisa desconhecida que se imiscuísse. Ela parecia incapaz de ser honesta ou íntima com quem quer que fosse, mesmo consigo, adotando o estilo corrente de pensamento, vestimenta e manobras calculadas pela imitação de outros, de modo a se encaixar. Era como se colasse esses comportamentos nela, sem examinar coisa alguma mais profundamente, uma vez que só desejava aprovação, junto a *status* e adulação. Além de seu charme inicial, algo era suprimido, evitante, embora parecesse social e aberta. Quem realmente era permanecia o mistério.

Ela falava sobre ser chorosa e mesmo deprimida. Dizia não ter reconhecido isso previamente e estava apreensiva agora em função de alguma mudança antecipada. Mas o que quer mudar? Ela dizia que seu parceiro não a notava, ainda que também descrevesse não estar presente, secretamente ressentida, furiosa por anos e intencionalmente desconectada emocionalmente. Embora dissesse desejar mudar, suas palavras soavam tolas. *Status*, riqueza e posição profissional a haviam mantido ocupada e distante de sentimentos e reações que não ousava ou talvez não conseguisse revelar.

Sua fala preenchia o espaço terapêutico, embora parecesse nervosa e desequilibrada. Cada sessão de terapia era uma enxurrada de material, os mesmos temas e histórias repetidamente, ainda que não pudesse admitir que estivesse abalada. Sua apresentação era rápida, e não aceitava e se defendia contra qualquer comentário sobre sua história. Ela sentia isso como uma intrusão. Nessa defesa maníaca não tinha espaço para o interativo, nenhuma pausa para refletir ou permitir quaisquer reações diferentes. Também não havia separação ou espaço entre nós. Ela se sentia conectada, mas de um modo superficial, e distanciada a ponto de ser inatingível, indicando a fragilidade da personalidade.

Kennedy tinha dificuldade em dar genuína e emocionalmente ou de responder flexível e adaptativamente ao comportamento de qualquer outro. Seus mundos interno e externo estavam suspensos entre o que temia em sua mente como morte e o que externalizava ao mundo como ela estando no controle. Inconsciente disso e necessitando de segurança, vinculava exigências de mesmidade com a fusão impedindo quaisquer diferenças. Esse conjunto de sensações de estar presa, sistemas de defesa rígidos, medo de intimidade com qualquer outro que possa ser diferente. Ela previa ser controlada, considerada insuficiente ou ser ignorada.

Ela é um exemplo daquelas pessoas que relutam permitir à analista ou a si escapar das interações e histórias familiares que repetidamente contaram, daí suas defesas e os muros erigidos para não serem vistas ou conhecidas. Ela não lidava bem com o desconhecido. Contudo, durante o trabalho analítico, pude ver momentos em que a pessoa emergia desse afastamento narcisista psíquico de singularidade. Kennedy foi então confrontada pelo que parecia ser ansiedades terríveis quanto a reconhecer o dano feito. O reparo se torna possível por meio do desenvolvimento da relação dialógica analítica, e isso é difícil para a pessoa "como-se", uma vez que significa ser vista e aberta.

A tensão entre ego e si-mesmo, superfície e sombra, faz parte da formação de uma identidade na qual os vários si-mesmos podem coexistir. A consciência dos ferimentos emocionais surge da desilusão passada, desapontamentos profundos e dos meios para lidar com eles. Enfrentar essas ilusões é restaurador, mas requer que ambos os participantes estejam ativamente envolvidos na interação dos processos inconscientes na sala de consultas. Desesperança e impasse, então, têm uma possibilidade de mudar. O processo psicológico exige paciência, porque o desmascaramento da realidade conota uma ameaça ao ego ou à persona de fachada em que se apoiam quando enfrentam o mundo. Por trás da frente bem calculada que retrata uma inocência e atrativo se encontra a delicada vulnerabilidade e sentimentos que Kennedy acha necessário reprimir. A pessoa "como-se" está presa pela necessidade de amor incondicional, ansiedade em relação à hostilidade e à expectativa de ser recusada.

Necessitando de aprovação contínua de outras pessoas e muito envolvida em seus esforços, Kennedy usualmente não via pessoa alguma como deficiente ou desprovida. Seu disfarce superficial evitava e negava sua profundidade. Isso se deve ao fato de ela ser uma daquelas pessoas que foram desprovidas de reconhecimento e, assim, sofreram e foram condenadas a abrigar sentimentos graves de invalidação de sua condição de pessoa e vive em solidão virtual (Mills, 2019, p. 6). O processo começa com autorreprovação e reflexão, tempo e exame interior, um círculo no qual poderia encontrar-se. A transformação desejada significa que a pessoa "como-se" deve sustentar o peso do conflito entre renascimento e aniquilação. Essa tensão assustadora de opostos significa que estava sozinha e se preocupava com não poder fazer isso.

Como muitos com a personalidade "como-se", Kennedy, por não confiar em si, contratava uma treinadora para tudo – o que comer, como meditar, exercitar-se, fazer negócios etc. A treinadora é um papel metafórico e menos ameaçador. A resposta se encontra em outro lugar, fora dela. Kennedy não sabia como acessar ou confiar em sua sabedoria e profundidade. Estava sob o domínio da cultura que lhe ensinou que era passiva, que não sabia como acessar sua orientação e tinha de seguir o que alguém dissesse ou soubesse.

Outros tornavam o mundo seguro, e ela não confiava em si para isso. Ela estava começando a perceber que havia feito muita coisa para se certificar de que estava segura, mas não estava vivendo em ressonância emocional ou proximidade. Ficou chocada ao se dar conta do quão insensível fora e quão temerosa em relação a mudanças. Essa não era a história que contava para si.

Todavia, a outra história pode ser a defesa adotada de não se mover no desconhecido. O inconsciente ainda carrega a experiência original porque quando os eventos ocorriam não havia como processar o que acontecia ou como integrá-los. A relação subjetiva para, e a relação com, o interior comunicavam a capacidade de criar sentido, conectar-se a outros e se envolver na vida com satisfação. Essa relação com o interior se desenvolve ao longo do tempo e exige persistentemente que nos analisemos de formas autenticamente honestas e confessionais. Isso inclui enfrentar como nos encontramos no passado, presente e futuro. Há uma inquietude inata na busca da psique por mais do que complacência, naturalmente querendo e desejando se redefinir e crescer. Isso é parte do acessar nosso espírito e força vital na psique e soma para reflexão e consciência autoconsciente.

Contudo, em meus sonhos, Kennedy parecia ingênua, frágil e inocente. De nossas sessões, compreendi que isso era um sinal para mim de que o exterior e o interior eram dissonantes, que o si-mesmo era indisponível, abrigado atrás de grossas camadas de ego e persona. Eu gostaria de estar atenta e sensível ao disfarce e barreira que ela erigiu para evitar desafios internos de modo que nada pudesse abalar seu mundo. Essa pessoa "como-se" permanece impenetrável por muitas razões. A fragilidade e a falta de confiança de Kennedy eram expostas pelo modo que tentava controlar o processo analítico. Ela necessitava desesperadamente se manter distante de qualquer contato com experiências opressivas ou não familiares de relacionamento, memórias ou qualquer coisa que abalasse seu mundo cuidadosamente modulado.

Ser real parecia impossível e não era claro que ela soubesse o que significava real. Seu pensamento concreto excluía o impensável. Kennedy maltratava seu corpo ao não registrar necessidades físicas instintivas como fome ou cansaço. Ela acreditava que sua sobrevivência dependesse de um fio frágil sob o risco de ser rompido. Estava convencida de que ficaria pobre e perdida sem quaisquer recursos e, como dizia, a um passo do contêiner de lixo. O nível de pobreza e medo que essa frase curta comunicava era surpreendente dada sua apresentação exterior e situação financeira. Era uma afirmação psicológica que indicava as razões para minha imagem onírica de sua inocência e fragilidade. Aspectos de seu si-mesmo nunca foram conhecidos e "sua única imagem é uma ausência radical" (Colman, 2006, p. 362). Ela se apresentava como uma boneca, um manequim plástico colocado em exposição, e essa fachada era o que ela oferecia na psicoterapia. Ela queria algo, mas tinha de permanecer no controle, e isso impedia o movimento psicológico. Não poderia haver penetração, união ou conexão. As rupturas eram solidamente eliminadas.

Ela exercia controle sobre comida, corpo, exercício, forma física e outras pessoas. Era maníaca por manter a imagem de que tudo estava em perfeita ordem. Necessitava da profissão em que era valorizada e, sobretudo, notada, substituindo a ausência de recompensas emocionais em casa. Ela admitia haver muitas coisas que não dizia e mantinha consigo. Sua personalidade era dividida em vários relacionamentos, mas jamais vista inteiramente. Sem conhecer outros modos ou mesmo o que estava faltando, sustentava uma imagem, mas agora não conseguia localizar o real.

A psicanalista freudiana Helene Deutsch se referia à persona "como-se" como aquela com:

> uma atitude completamente passiva para com o ambiente, com uma prontidão altamente plástica para captar sinais do mundo exterior e para modelar consequentemente a si e seu comportamento. A identificação com o que outras pessoas estão pensando e sentindo é a expressão dessa plasticidade passiva e torna a pessoa capaz da maior fidelidade e da perfídia mais ignóbil. Uma pessoa assim pode trocar rapidamente um objeto de amor por outro, temendo ser abandonada. O si-mesmo autêntico está oculto de outros e há alienação de sentimentos (Deutsch, 1943, p. 265).

Kennedy *sonhou que um tigre, pantera ou puma estava na base da escada e ela ficou paralisada e se perguntou o que fazer.* Os recursos de controle e tentativas de segurança não eram possíveis diante de um gato selvagem. Em vez disso, ela deve estar consciente, incorporou e reconheceu o instinto do medo e não correu. Isso seria natural, mas excluiu essas respostas em detrimento de sua personalidade e agora estava sem lastro. Para contrapor o quanto havia de controle em sua vida, ela teve de se render ao caráter selvagem dessas várias formas do gato, um símbolo do feminino surgindo diante dela enquanto descia as escadas e baixava de sua elevada distância, acima de tudo.

Por que sonhei com ela? Sentia a relação terapêutica precária e meus sonhos compensavam a distância emocional e falta de conexão. Isso estava sinalizando que não poderia chegar a ela enquanto permanecia imune? Ela parecia coesa, mas, a meu ver, isso era uma defesa – um disfarce para o comportamento habitual, dúbio, enganador que servia para manter o si-mesmo dividido e distante dos outros.

Eu estava captando sua evitação? Isso pode refletir minha contratransferência em uma necessidade inconsciente de similaridade como um modo de encontrar conexão. A distância também significava que eu não poderia unir ou separar. Kennedy, repetidamente, alinhava-nos, assumindo similaridade no lar, estilo, tamanho do corpo, com qualquer diferença negada. "Quando não há uma terceira posição, a negação de qualquer tipo parece intolerável porque é literalmente impensável" (Colman, 2007, p. 576). A busca por aceitação colapsou na insistência de uma falsa mesmidade como um modo de preencher o espaço entre nós. Parecia que ela estava fazendo isso para se conectar, mas essa era uma conexão real? A fusão significava que podia ver seu si-mesmo real. A falta de capacidade de auto-observação só reforçava sua crença profundamente arraigada de que nada havia dentro dela ou de valor. Isso criava uma atitude assustada contra se abrir para o inconsciente.

A fragilidade de sua constelação psicológica não permitia que aceitasse quaisquer desafios, diferenças nem mudanças. Inconsciente disso e necessitando de segurança, só podia se vincular por meio de uma fusão imaginada que não permitia diferenças. Essa defesa indicava medo de intimidade como reconhecendo que a diferença é parte da união. Contudo, Kennedy antecipava estar sendo controlada, sentir-se insuficiente ou ignorada. Ela pode não ser a pessoa que pensava ser. O modo como se retratava para si começou então a se romper. Isso se tornou a fissura por meio da qual o autoconhecimento pode ter uma chance de se infiltrar.

Contudo, parecia que o inconsciente continuava na terapia. Eu sabia que estava entre nós – tão prevalente que não podia ser reconhecido. Sonhei que *uma sessão durou o dobro do tempo e que só me dei conta disso depois. No sonho, ela me deu joias e me perguntei por quê.* Ponderei sobre despertar, por que estava consciente do tempo? As joias eram ela aparentemente se dando? Era inveja de sua posição, *status*, poder, inclusive? Ou, talvez, o sonho estivesse tentando me dizer que eu desejava as joias dela, como se fosse a partilha de sua psique, por um relacionamento e uma conexão reais, não apenas na terapia, mas significativamente com ela.

Afinidade e conexão real significam abandonar a fachada e ser real e aberta na relação terapêutica. Com Kennedy a apresentação externa continuava, ofuscando a lacuna abissal da ausência interior e negando outros meios de conexão. Ela evitava o processo de relacionamento mais profundo. Em situações como essa a reação à mudança ou à abertura da psique pode se tornar tão assustadora que a pessoa "como-se" abandona abruptamente o trabalho analítico. Embora eu sentisse que o trabalho estivesse inconcluso, em pedaços e repleto da possibilidade de uma mudança mais profunda, Kennedy abandonou a terapia após um período, dando poucas razões, mas insistindo que havia conquistado um equilíbrio interior melhor e que estava mais calma.

## Últimas notas

Na transferência, a pessoa "como-se" muitas vezes começa o tratamento polida, cuidadosa, habilidosa no si-mesmo socializado. Conformidade e aquiescência externa ao processo podem também ocultar a acuidade da autocondenação secreta, perda de vitalidade e sentido. O si-mesmo privado está indisponível, uma vez que é considerado muito precário. Pessoas assim podem ter passado uma vida se sentindo impotente e dependente, com suas necessidades insatisfeitas. São fortemente suscetíveis a influências externas e acham que devem ocultar a intensidade e a realidade de quem são. O processo é difícil, uma vez que essa pessoa tem dificuldade de estar em contato com sentimentos reais enterrados no buraco das necessidades e desejos insatisfeitos na personalidade. O processo é o de descobrir e empatizar com os problemas, de modo que a solidão e separação prévias sejam preenchidas com presença atenta. "O que é mais notável sobre nossa existência e a torna preciosa e inefável também faz uso cuidadoso de nossas experiências dolorosas para entrar em nossa alma" (Rilke, 2018, p. 54, 4 jan. 1923).

Vínculos a outros e matrizes comunais intersubjetivas formam o edifício psicológico de nossas necessidades naturais de dependência. Analistas são participantes na cocriação da interação analítica. Isso ocorre por meio de processos conscientes e inconscientes de analistas e analisandos ao se apresentarem na sala de consulta. A analista usa sua contratransferência criativamente para descobrir formas atenciosas e sensíveis para conectar e ouvir as mensagens inconscientes. A analisanda também passa a pensar e empatizar com o que é verdadeiro para ela. As rupturas na cerâmica do si-mesmo podem ser preenchidas com ouro, e a pessoa "como-se" pode tentar o processo sem buscar a perfeição como resultado.

A habilidade para imaginar, simbolizar e brincar é necessária para todo trabalho analítico bem-sucedido. Esse é um caminho através da personalidade "como-se" e em sua direção. Essa habilidade é atribuída à função transcendente ou à emergência do simbólico e da imaginação. Essa surge de conflitos psicológicos e físicos que estimulam o processo de alinhamento entre a consciência e o inconsciente. A psique busca se completar, manifestar modos de consciência, preencher a falta e as lacunas. Para unificar opostos psicológicos e se elevar, a psique está em uma busca pela verdade e satisfação nesse processo desenvolvimental natural e orgânico de reparação e remodelação das partes juntas.

## Referências


Astor, J. (2005). The self invented personality? Reflections on authenticity and writing analytic papers. *Journal of Analytical Psychology*, 50(4), 415-430. doi: 10.1111/j.0021-8774.2005.00546.x.

Benjamin, J. (1988). *Bonds of love*. Routledge.

Colman, W. (2006). Imagination and the Imaginary. *Journal of Analytical Psychology*, 51(1), p. 21-41.

Colman, W. (2007). Symbolic conceptions: The idea of the third. *Journal of Analytical Psychology*, 52(5), 565-583. doi: 10.1111/j.14685922.2007.00686.x.

Colman, W. (2008). On being, knowing and having a self. *Journal of Analytical Psychology*, 53(3), 351-366. doi: 10.1111/j.1468-5922.2008.00731.x.

Connolly, A. (2003). To speak in tongues: Language, diversity and psychoanalysis. *Journal of Analytical Psychology*, 47(3), 359-382. doi: 10.1111/1465-5922.00325.

Deutsch, H. (1943). *The psychology of women*: Vol. 1. Girlhood. Allyn & Bacon.

Jung, C.G. (2009). *The red book: Liber novus* (S. Shamdasani, ed.). W.W. Norton & Co.

Mills, J. (2019). Recognition and pathos. *International Journal of Jungian Studies*, 11(1), 1-22. doi: 10.1163/19409060-01101001.

Modell, A. (1996). *The private self.* Harvard University Press.

Nietzsche, F. (1910). *The birth of tragedy*. Project Gutenberg (Ebook #51356). www.gutenberg.org/files/51356/51356h/51356-h.htm.

Ogden, T. (1977). *Subjects of analysis*. Jason Aronson.

Rilke, R.M. (2018). *The dark interval: Letters on loss, grief, and transformation.* Modern Library Classics.

Seligman, E. (1986). The halfalive ones. In A. Samuels (ed.), *The father: Contemporary Jungian Perspectives* (p. 69-94). New York University Press.

Shorter, B. (1986). The concealed body language of anorexia. In A. Samuels (ed.), *The father: Contemporary Jungian Perspectives* (p. 171-186). New York University Press.

West, M. (2013). Trauma and the transference-countertransference: Working with the bad object and the wounded self. *Journal of Analytical Psychology*, 58(1), 73-98. doi: 10.1111/j.1468-5922.2013.02018.x.

Wilkinson, M. (2017). Mind, brain and body. Healing trauma: The way forward. *Journal of Analytical Psychology*, 62(4), 526-543. doi: 10.1111/1468-5922.12335.

# 9
# Senescência, imagem e ilusão

O primeiro hexagrama do *I Ching*, o livro chinês das mudanças, diz:

> O hexagrama tem um caráter consistentemente forte, e, como não é fraco, sua essência é poder ou energia. Sua imagem é céu. Sua energia é representada como irrestrita por quaisquer condições determinadas no espaço, e é, portanto, concebida como movimento. O tempo é considerado a base desse movimento. Assim, o hexagrama inclui também o poder do tempo e do poder de persistir no tempo, ou seja, duração. O poder representado pelo hexagrama é ser interpretado em um sentido dual em termos de sua ação no universo e de sua ação no mundo humano. Em relação ao universo, o hexagrama expressa a ação forte e criativa da deidade. Em relação ao mundo humano, denota a ação criativa do ente humano sagrado ou sábio, do governante ou dos líderes dos humanos, que, por meio de seu poder, desperta e desenvolve sua natureza mais elevada (Baynes, 1950/1979).

Como Jung comentou: "O Oriente nos ensina outra forma de compreensão, mais ampla, mais alta e profunda – a compreensão mediante a vida" (OC 13, § 2). O taoismo chinês antigo e a cultura chinesa tradicional veem a longevidade como uma realização, um símbolo de orgulho que inclui qualidades de persistência, perseverança, flexibilidade e harmonia. O taoismo reconhece uma relação para com o espírito vivo na natureza, o divino em toda criação. O tao é a fonte de tudo e o princípio último subjacente à realidade para o autocultivo. Isso é evidente em uma citação do *Tao Te Ching*, um texto chinês clássico escrito por volta de 400 AEC e tradicionalmente creditado ao sábio Lao Tzu:

> Conhecer a harmonia é persistir.
> Tolerar é ser iluminado (1995, verso 55).

Este capítulo explora os desafios que a senescência apresenta no Ocidente com sua cultura jovem e, especialmente, para a personalidade "como-se", usando sonhos, um poema do século XX da poeta americana Sylvia Plath e exemplos compostos. Contrasto os conceitos do idoso ou *senex* e da idosa ou anciã com seus equivalentes jovens, o puer e a puella. Todos esses aspectos da personalidade correspondem ao desenvolvimento e se conformam entre si ao longo da vida. Contudo, para a pessoa "como-se", as mudanças, alegrias, perdas, arrependimentos e prazeres da vida constituem ameaças quando ela avança em idade. Eu também aplico o conceito de precariedade da filósofa americana Judith Butler à senescência. A questão intrínseca a tudo isso é como abrir as várias caixas nas quais as pessoas de mais idade são muito frequentemente colocadas e os sistemas culturais de crenças e rótulos que as restringem. Jung comentou:

> [C]ada nova etapa conquistada na diferenciação cultural da consciência confronta-se com a tarefa de encontrar uma nova interpretação correspondente a essa etapa, a fim de conectar a vida do passado, ainda existente em nós com a vida do presente, se este ameaçar furtar-se àquele (OC 9/1, § 267).

Um número crescente de pessoas de mais idade deseja explorar, expandir e encontrar propósito e sentido entrando e retornando ao trabalho psicológico profundo. A pessoa "como-se", embora muitas vezes solitária, tem uma intensidade e limite criativos, mas permanece sobrecarregada em um pântano de tristezas e desilusões passadas e presentes. Isso pode significar o retorno do reprimido, o não mais evitável, do material consciente e inconsciente pessoal e coletivo. Contudo, com a idade, a urgência para sua expressão e reavaliação se torna mais insistente.

## A mulher no espelho – juventude e idade

Uma mulher de 55 anos sonha: Uma mulher emerge de uma banheira com pés usando um vestido vermelho leve. Ela dá a quem sonha um caco de espelho. Quem sonha se olha no caco de espelho e vê um olho. Não é o seu e não sabe de quem é. Esse sonho levanta muitas perguntas. Ela vem para a análise se perguntando onde está nesse estágio da vida e se pode realizar mais de seu potencial. Ou é muito tarde? Carreira, relacionamentos, saúde física parecem mais tempestivos e mais precários agora. Quem ela vê no caco de espelho e quem é a mulher que o dá a ela? Elas sem dúvida representam ambos os lados dela e, talvez, ambos igualmente desconhecidos. Por que o espelho é um caco? Ela está em pedaços ou é apenas pedaços de si? Como acontece com muitos sonhos, as camadas se desdobram à medida que a psique se desembrulha das restrições do passado e conquista receptividade para o si-mesmo total.

A imagem no espelho externo e interno é um eco visual do si-mesmo. Por vezes, não reconhecemos quem vemos nesse espelho. Tenho essa idade? Sou capaz? Deveria, ainda, tentar? A imagem fica distorcida quando o idealizado e o ilusório preocupam a pessoa "como-se" e se chocam com as imagens do si-mesmo avançando em idade. Jung definia a imagem como

> expressão concentrada da situação psíquica como um todo [...] expressão da situação momentânea, tanto inconsciente quanto consciente. Não se pode, pois, interpretar seu sentido só a partir da consciência ou só do inconsciente, mas apenas a partir de sua relação recíproca (OC 6, § 829).

Essa citação nos implora para expandir além da imagem estreita em sua riqueza de potencialidade.

A imagem do espelho é explorada em "O espelho", um poema de Sylvia Plath no qual descreve uma mulher no espelho e como avalia a imagem refletida que revela seu processo de senescência. Esse é um exemplo de uma pessoa lidando com as definições restritivas da beleza e de estar com mais idade, uma imagem que deplora. O poema pode ser visto como exemplificando muitas das contradições e dilemas enfrentados pela personalidade "como-se". É também aplicável a qualquer pessoa lutando pela autorrealização enquanto se esforça para se conformar às expectativas superficiais e sociais. No poema, a imagem no espelho se torna uma porta para outra realidade. É colocada como uma situação paradoxal porque a imagem do espelho é e não é sua uma vez que a mulher nela se vê como a observadora e a observada.

Sylvia Plath foi uma poeta americana que se matou aos 30 anos e, portanto, apenas antecipou os horrores da idade como revelados nesse poema. Na época, era casada com o poeta britânico Ted Hughes, mas o poema não retrata relacionamento ou amor sob o olhar dela ou do outro. De fato, Ted Hughes passou a representar o denegrimento masculino do feminino com seus casos, traições e mesmo alterações que realizava nos escritos dela para publicação. Por anos, Sylvia Plath lutou com a imagem esperada de como deveria ser enquanto tentava descobrir quem realmente era. Seus escritos mostram a busca atemporal da intensa autoexploração. Os dramas e conflitos se tornaram mais pungentes quando alinhou suas lutas pessoais íntimas à experiência humana coletiva.

Sobre o poema, Jung afirmou: "partindo da insatisfação do presente, a ânsia do artista recua até encontrar no inconsciente aquela imagem primordial adequada para compensar de modo mais efetivo a carência e unilateralidade do espírito da época" (OC 15, § 130). Sylvia Plath representa o tipo de personalidade "como-se" que experienciou dessintonias emocionais iniciais. Ambivalência, luto e perda de vínculos parentais continuaram ao longo de sua vida, levando a uma perda do si-mesmo. Os desapontamentos se acumularam, enquanto se sentia desalinhada consigo, com outros e com a cultura coletiva. Ela usa máscaras e fachadas, ocultando seu si-mesmo verdadeiro. Seus poemas descrevem isso na distância entre quem ela era e o que gostaria de ser. Em grande parte de seu trabalho buscou renovação e renascimento em formas cada vez mais jovens. Em seu diário, ela anotou se olhar em um espelho e ficar horrorizada com as rugas da idade na pessoa consumida que via olhando em retrospecto (Plath, 1963, p. 17).

Um espelho necessita de um receptor, e em "O espelho" é a mulher lutando para se encontrar nesse objeto externo considerado masculino, perplexo, mas crítico. Uma ideia de quem ela é emerge do ato de se olhar no espelho, possivelmente se comparando à conexão entre a consciência e o inconsciente. Contudo, se, como Narciso, ela está fascinada pela imagem e pela superfície, ela ficou presa em um si-mesmo solipsista, buscando por reafirmação e confirmação do espelho. Contudo, o poema descreve a desarmonia entre a mulher e a imagem do espelho. Embora a mulher pareça buscar estase, o poema evolui e, ao fazer isso, ilustra que a mulher não pode permanecer congelada no tempo.

O uso que Sylvia Plath faz da imagem do espelho é uma metáfora do conflito na pessoa "como-se", entre sua mãe, a imagem de si quando com mais idade e as imagens que os homens têm das mulheres. Tudo representa definições estreitas de beleza que só são possíveis na juventude e somente sob certos aspectos. A mulher nesse espelho é objetificada mesmo que ela se objetifique. Por exemplo, no poema, o espelho esconde e reflete o si-mesmo.

Plath retrata uma contraparte internalizada da consciência observando, possivelmente narrando sua vida de interações com uma mulher em nome, sem face, ou ela própria, que imagina a senescência como desfiguração. Essa mulher também poderia simbolizar a visão cultural do feminino, a visão de sua mãe de sua senescência e o desespero de Sylvia Plath sobre tudo isso. Embora quem narra o poema seja um espelho, a verdadeira protagonista é uma mulher que se vê nele e como um espelho, talvez, mesmo como uma não pessoa entre uma dualidade de imagens. Ela me lembra da rainha em *Branca de neve*. Essa rainha necessita de reafirmação sobre sua beleza de um espelho. Nem beleza nem autoafirmação vêm dela; tampouco, ela os procura internamente. Como a personalidade "como-se", a rainha busca por validação fora de si. Quando não encontra, quando ela não é a melhor ou a mais bela, ela se enraivece, e a inveja toma conta. Ela vive de ser a mais bela e excepcional em relação a todos os demais. Tudo e todos, dentro ou fora, não têm valor.

No poema e no conto de fadas, o espelho fala. Uma mulher é avaliada como atraente sob determinados padrões fora dela. Isso é reminiscente da desordem dismórfica corporal na qual o corpo nunca está certo ou é bom o bastante nem é visto à luz da realidade. Há apenas desalinhamento e distresse. O espelho só mostra os problemas e críticas. Isso fica mais pronunciado com a idade, especialmente para a pessoa "como-se", e especialmente para mulheres que ainda são mais duramente julgadas que os homens por sua aparência externa.

O poema emana ambivalência sobre o espelho, mostrando que não é fácil ou agradável ser confrontado por esse espelho descrito como masculino, retangular, metálico, duro, e mesmo frio. Todavia, o espelho revela a verdade "não ofuscada por amor ou aversão". Uma parede lisa atrás da mulher no poema revela uma corporalidade insípida, quase sem vida, refletida no espelho. Além disso, essa situação prosseguiu por tanto tempo que a mulher, agora, é uma não entidade, sem importância, meramente parte da escuridão no pano de fundo. Nisso, Sylvia Plath descreve como a mulher recua da materialidade e realidade de seu corpo. O autodesprezo expresso não é reduzido, mas acentuado pelo espelho, e, tristemente, essa é a dificuldade de muitas pessoas do tipo "como-se". O muro reflete o vazio, a falta de resposta reproduzida na sociedade, na profissão da mulher, no casamento e em todas as restrições contra as quais Sylvia Plath lutava. Como a personalidade "como-se", mesmo que esteja com a vestimenta certa e obtenha a aparência que deseja, ela é ainda restringida. Aqui, o desapontamento baseado no sentimento de que tudo é efêmero, e a beleza externa, que é o que conta, não durará.

Para acrescentar outra perspectiva, o psicanalista francês do século XX Jacques Lacan foi famoso pelo que ele chamava de o *estágio do espelho do desenvolvimento*. Esse referencializa o tempo da identidade começando quando a criança pequena começa a se diferenciar de sua mãe e dela própria como uma pessoa individual. Antes da formação do ego, as crianças são incapazes de distinguirem entre elas e o mundo exterior. O estágio do espelho significa que a criança olha no espelho e vê sua imagem e que seu corpo tem forma. Ela começa a perceber suas características físicas em relação aos seus movimentos físicos e desperta para sua relação com o mundo à sua volta. A identidade começa a se conformar. No espelho, a criança se vê.

Contudo, como ocorre com muitas pessoas com o tipo de personalidade "como-se" que buscam reafirmação e aprovação externas, a mulher no poema é atraída ao espelho com suas mensagens, mesmo que lhe repulse e assuste. O que ela vê nesse espelho que a faz voltar, obcecada, dia após dia, mesmo que fique chateada com a imagem? Pode ser a idade, inevitável e inescapavelmente, assumindo o controle.

O espelho mostra a imagem da mulher como refletora, e isso é como a imagem dual que Sylvia Plath apresentou ao mundo. Ela foi mulher e poeta, uma pessoa exitosa, estrita e fortemente disciplinada, que satisfazia brilhantemente todas as expectativas sociais e culturais. Por trás disso havia um tremendo esforço para ser seu si-mesmo real. Todavia, ela retratava um espelho perfeito, a persona, imitando os padrões parentais e sociais de elegância, beleza e realização esperados. Essa era a forma externa de sua personalidade, congelada em um sorriso de capa de revista. Uma mulher que adota esse tipo de papel refletor exibe uma autoagressão que vence sentimentos de ternura, e ela se torna cruel, basicamente, para consigo. Sylvia Plath lutou para ser conhecida por seu trabalho, ainda que sentisse agudamente a pressão de seu gênero como mulher e seus limites no mundo.

Na segunda seção do poema, o espelho muda para um lago com uma mulher se inclinando e procurando por si. Tanto o espelho como o lago refletem imagens da superfície. Cada um pode chegar às profundidades onde a sombra reside, e a mulher busca por si. O poema termina: "Em mim, ela afogou uma jovem, e em mim uma mulher idosa / Ergue-se a ela dia após dia, como um peixe terrível" (Plath, 1981, p. 173). Na busca por identidade, o lago também pode ilustrar o impacto e a inevitabilidade do tempo, da idade e das reações de horror da mulher a eles. Ela incorpora uma tristeza profunda, uma sensação de alienação, a luta para moldar seu espaço. As exigências da história e da cultura de sua era ecoam, em seu retrato, as agonias e lutas de muitas nos tempos atuais.

A imagem sugere que o lago contém um monstro em suas profundezas. Esse é chamado um peixe terrível e representa os *demônios pessoais*, as imagens femininas negativas espreitando sob a superfície. O monstro nas profundezas é também o monstro na superfície, ou a monstruosidade da mera superfície quando há falta de profundidade, ou uma falta de aceitação do que está nas profundidades. O horror deve ser confinado. Ou, talvez, essa mulher tenha aceito a despersonalização e passividade embora ainda ansiando por outras possibilidades nas profundezas. Simbolicamente, o peixe habita essas áreas e representa o espírito, e isso pode ser o que atrai a mulher. Após tudo, ela pode encontrar respostas em si mesma. A monstruosidade também pode representar o processo psicológico de avançar em idade misturado às camadas de opressão e desejo de libertação das restrições societais e pessoais. As palavras e o retrato da luta da mulher de Sylvia Plath no poema põem um rosto no processo de autoexame, uma vez que esse é um imperativo crescente à medida que avançamos em idade e para obtermos consciência.

Sylvia Plath comunicou suas experiências pessoais por meio de seu trabalho criativo, alinhado à história social e cultural. A coisa descritiva embora maligna dentro dela também está dentro de todos nós, refletindo a coragem necessária para articular e tentar renovação e libertação. Ao descrever a dificuldade da mulher e da senescência, ela revela estar aberta às verdades indesejadas moldadas pelas crenças patriarcais, societais e pessoais. Enquanto isso, ela demonstrava seu descontentamento, desequilíbrio e tensão interior no rompimento com a tradição e na luta desafiadora para ser ela, buscando continuamente transformação e renovação.

Da perspectiva da personalidade "como-se", o processo de senescência pode ser difícil, uma vez que enfrenta o material evitado acumulado de uma vida inteira de fachada. A pessoa "como-se" é despreparada para a realidade da vida ao longo da senescência porque carece dos recursos para nutrir o si-mesmo (Solomon, 2007, p. 197). A personalidade "como-se" e a impostora tendem para a autoabsorção, estreiteza e singularidade de visão. Conflitos de vida assim como estagnação e depressão podem oprimir e se tornar problemáticos. Ao remover as camadas psicológicas, o si-mesmo instintivo e natural é revelado, como na citação seguinte do *Tao Te Ching*, de Lao Tsu (1995): "Jamais deixar o que quer que você seja é continuar, / e morrer sem se perder".

## Precariedade

As narrativas e sonhos nesta seção ilustram como as pessoas lidam com a vulnerabilidade e precariedade da senescência, impulsionando uma busca por reequilibrar corpo, mente e alma. Judith Butler, filósofa americana, definiu *precariedade* com referência a outros privados de direitos ao longo da história, que se tornaram impotentes devido a necessidades e perigos econômicos e políticos. "A precariedade designa que a condição politicamente induzida na qual certas populações sofrem mais do que outras pela falha de redes de apoio sociais e econômicas, e ficam diferentemente expostas a danos, violência e morte" (Butler, 2015, p. 33). A precariedade pode ser interpretada como uma condição de deslocamento e insegurança, um estado existencial que abrange e leva a uma forte compreensão da mortalidade e da vulnerabilidade – social, física e psicologicamente. A estrutura filosófica da precariedade espelha as atitudes psicológicas para com a senescência manifestadas pela ansiedade, perda dos direitos e perda da esperança. "Amores passados obscurecem vínculos presentes e passam a residir neles" (Nussbaum, 2001). Sem previsibilidade, reconhecimento ou segurança suficientes, uma pessoa pode experienciar uma sensação de impotência e negligência.

Pessoas muitas vezes entram na análise quando seu caos interior atingiu um ponto crítico. Esse caos pode acompanhar muitos eventos sobre os quais têm pouco controle, como doença física, o rompimento de um relacionamento, a perda de um ente querido, uma mudança de carreira ou a frustração e confusão gerais em torno da senescência. Cada pessoa traz sua história de amor e perda, alegria e sofrimento. Chegam sofrendo no presente, mas seu sofrimento é muitas vezes tecido com fios do passado e das muitas gerações sobrepostas detrás deles.

Avançar em idade é uma luta, uma mudança na imagem, um desespero para muitos, especialmente para aquelas personalidades "como-se". Os objetivos de vida parecem sem sentido, e elas se sentem perdidas. Muitas vezes, o caos se expressa como um sintoma como depressão, ansiedade, medo ou simplesmente a sensação de que nada mais faz sentido. A antiga ordem perdeu seu sentido, uma vez que a pessoa revisita o passado e reavalia o que mudou e o que não.

A sociedade humilha corpos em idade avançada com a prática da discriminação etária. E, todavia, a idade avançada tem o potencial de nos aproximar mais da autenticidade do que qualquer outro estágio da vida. Isso significa nos tornarmos criadores de nossos si-mesmos continuamente vibrantes, formados pelas escolhas conscientes que fizemos. Contudo, pessoas com mais idade enfrentam uma miríade de desafios que pervertem ou moldam escolhas e impedem ou ampliam a autenticidade. O que está em questão é que uma pessoa que avança em idade pode ser diferente, embora permaneça a mesma. Em outras palavras, elas estão se transformando.

Todavia, a precariedade é uma situação incômoda. O *status* da pessoa que avança em idade é indeterminado ou negado. Elas se sentem desprovidas e sem importância, subsumidas pela perda e tristeza geralmente não reconhecidas. A personalidade "como-se" está presa à imitação e dramatização como um meio de obter aceitação e se destacar. Se incomodada pela ansiedade, muitas vezes, a conformidade externa sacrifica a naturalidade e originalidade de viver fora da caixa restritiva. A personalidade pode se contrair quando busca pelo que termina sendo a segurança ilusória da tradição e o que foi em vez do que pode ser.

Judith Butler comentou: "Aceitar a perda significa que mudamos, experienciamos uma transformação da perda" (2004, p. 21). Na senescência, a perda pode ocorrer em quase todos os aspectos da vida, acompanhada por reações societais e individuais de invisibilidade e falta de valor e depleção de energia por desespero e depressão. Isso é influenciado por como as pessoas se veem e demonstra concepções restritivas de pessoas com mais idade, excluindo-as ou anulando-as, como se não fossem mais importantes. A pessoa "como-se" experiencia agudamente essa exclusão. Ela considera a senescência cruel, subsumida por limites. Ela quer negá-lo. Não vê benefício nessa parte da vida.

Contudo, ao recusar as determinações das normas societais e convenções em torno de ideias sobre senescência, abrem espaço para mudança e ações provisionais e de apoio à aceitação, autenticidade e autoautoridade. Isso leva a perguntas sobre como a pessoa põe em prática sua verdade, como o si-mesmo é construído, incluindo atitudes para com o corpo.

Para irmos adiante e viver, devemos enlutar o que não era. A vida não pode ser realisticamente enlutada quando as pessoas ainda estão perdidas ou nunca existiram suficientemente, e parecem viver em um estado contínuo de apatia (Butler, 2004, p. 33). A reação saudável de enlutar a vida passando e criar espaço para crescimento não ocorre. A pessoa "como-se" retém um encantamento pela juventude, deixando-a emocionalmente destituída, refutando mudança, crescimento ou criação naturais.

A análise é um diálogo, emergência e exploração da série das outras partes e daquelas a serem ainda desenvolvidas na identidade. Julia Kristeva observou a estranheza e nossas identidades em desenvolvimento como uma metáfora pela qual aceitamos o que parecem estrangeiros interiores (1992, p. 290). Estamos destinados a encontrar esses outros dentro de nós e nos abrir para a atemporalidade e aspectos mutáveis de nossos si-mesmos psicológicos e sociais. Sobre o processo analítico, Jung comentou:

> No fundo, a psicoterapia é uma relação dialética entre o médico e o paciente. É uma discussão entre duas totalidades psíquicas, uma disputa na qual o conhecimento é apenas um utensílio. O objetivo é a transformação, não algo predeterminado, mas uma mudança de caráter indefinível, cujo único critério é o desaparecimento do senso da egoidade. Nenhum esforço da parte do médico é capaz de forçar esta experiência. O máximo que pode é aplainar o caminho para ajudar o paciente a conseguir uma atitude que oponha a mínima resistência possível à experiência decisiva (OC 11/5, § 904).

O inconsciente continua preservando vários caracteres e situações, demonstrando que cada pessoa é cheia de diferenças e encontros constantes com aquelas que são diferentes delas. O desafio, especialmente para a pessoa "como-se" presa pela singularidade de imagem e ideia, é a luta para acolher essas diferenças e se familiarizar com e usá-las.

A senescência estimula a necessidade da integração da personalidade enquanto o que foi ignorado antes nos alcança. Chegamos a nós mesmos quando nos desequilibramos, somos desafiados por novos modos de ser. Se o avançar em idade permanece não tematizado, a pessoa estagna, limita o crescimento e a própria vida se torna sem sentido, vazia e fútil, sem entusiasmo ou alegria. Essa pessoa internamente aprisionada, tomada pelo medo, apreensiva com o corpo e a psique, tornando-se tão rígida quanto uma pedra. Essa é a reação melancólica à senescência quando considerada somente um declínio, inundado de precariedade, incômodo, inseguro e instável. Invadida por humores sombrios, a psique melancólica é confrontada por sua finitude. A idade traz um aumento da consciência do tempo passando e, por fim, da morte. O tempo pesa mesmo quando está passando. A necessidade de nos reconciliarmos com nossas vulnerabilidades físicas humanas e mortalidade iminente naturalmente intensifica quando a margem entre vida e morte se estreita. Embora a senescência de cada pessoa seja particular, é um estágio desenvolvimental, coletivo e cultural com o potencial para estados aprofundados de consciência, não apenas um período de perda catastrófica e depleção.

Os benefícios de avançar em idade elevam o sentido do momento e o valor do tempo. Quando presa no presente, como a pessoa "como-se" temendo o futuro, a própria vida não pode ser reconhecida ou sentida. Essa falta nega a habilidade de reunir a curiosidade necessária para encontrar valor. A profundidade é perdida.

O sentido da vida, propósito e razões para nos preocuparmos coalescem. Para uns, isso significa falta, e, para outros, desenvolvimento e criatividade. Algumas pessoas surgem apenas com desespero, e algumas com esperança e energia. Aceitar a senescência, perda e mudança pode iniciar uma transformação psicológica radical. Uma reviravolta interior e física oferece à psique a oportunidade de se libertar da exigência tirânica de ser incondicionalmente feliz ou atingir o falso objetivo da juventude perpétua ou mais realizações, mas com vazio interno.

As fases desenvolvimentais básicas pelas quais passamos física e psicologicamente sempre deixarão algumas necessidades insatisfeitas, criando tensão para ser resolvida nos últimos estágios da vida. Essas são partes de nós mesmos ainda a ser desenvolvidas, uma vez que não estavam prontas nem foram previamente abordadas, e permaneçam parte de nossa personalidade. De qualquer modo, mudanças psíquicas ocorrem, talvez de um modo inconsciente ou destrutivo, quando resistimos à mudança psicológica autêntica e ao desenvolvimento biológico natural e ao conhecimento da morte que vai chegar. A análise fornece um veículo dinâmico e relacional para usar essa mudança natural, para experienciar os períodos transicionais na vida e tirar o máximo de seu arco inteiro. Por exemplo, um homem na casa dos 60 anos disse que, após sua operação para remoção de um câncer, pensava que ninguém jamais gostaria de estar com ele. Ele se imaginava sozinho o resto de sua vida. Mas, então, começou a ponderar isso, e um raio de esperança lhe veio. Entrou em tratamento junguiano para descobrir o que havia estado no caminho nos relacionamentos anteriores. Ele queria intimidade e se perguntava o que sobre ele poderia acolher o amor que tanto desejava.

Da perspectiva da psicologia junguiana, a função transcendente é como as partes da personalidade se unem para ser reconhecidas e reconciliadas. Esse processo inicia a capacidade imagética e criativa. Em uma das muitas definições, Jung descreveu isto:

> A tendência do inconsciente e a da consciência são os dois fatores que formam a função transcendente. É chamada transcendente, porque torna possível organicamente a passagem de uma atitude para outra, sem perda do inconsciente (OC 8, § 145).

Opostos conscientes e inconscientes podem ser ligados pela emergência de símbolos que a atividade de fantasiar da psique, como expressa em sonhos, imagens e metáforas. É na ativação da função transcendente que reside a maturidade (Humbert, 1988, p. 125). A função transcendente imbui a vida de novas atitudes emergentes, e a personalidade se desdobra através do processo de simbolização. Como evidente nos sonhos e na relação terapêutica, é necessário coragem para apelar a outros e muitas vezes não utilizados recursos da personalidade.

Outro homem olhou para sua mão e pareceu idoso pela primeira vez, enrugado. Uma mulher disse estar com medo e só, com mais idade, menos forte. Ela havia se descuidado de si e agora enfrentava fraqueza, preocupação, o que vai acontecer? Ela pode caminhar rua abaixo e estar segura? Outra mulher, com mais de 90 anos, disse em seu aniversário:

> Um novo capítulo, na verdade. Sinto que sempre há mais para explorar. Graças a Deus, podemos contribuir para o mundo de nosso modo pequeno. Sinto-me afortunada por ter mais tempo, considerando que me sinto bem e aproveito minha vida.

Outra mulher se perguntava se, após muitos anos de convivência, as coisas poderiam mudar, ela e seu parceiro poderiam se tornar mais próximos? Ela *sonhou com seu namorado da faculdade, o tipo errado de cara, ela dizia, não era sério*. E esse sonho se repetiu vez ou outra durante 40 anos. Por que, ela se perguntava, e o que estava tentando dizer a ela? O sonho trouxe à tona as perguntas sobre se queria intimidade, de que tipo e o quão próxima poderia chegar emocionalmente. Essa figura onírica masculina não era alguém para o longo prazo nem era estável ou capaz de amar. Ela sabia isso, mas ficou um pouco chocada em pensar que ele fosse um aspecto de sua personalidade que ficou no caminho do amor mais profundo por todos aqueles anos.

Ela e seu parceiro estavam acostumados a um tipo de distância emocional e psicológica. Valia a pena buscar por mais nesse estágio da vida? O antigo namorado poderia ser chamado um *puer* na terminologia junguiana – jovem, inconstante e descomprometido. Após um período de trabalho analítico, ela recordou do último sonho com ele *quando se vestia para estar com ele e então viu que estava com outra mulher. Ela ficou com raiva, disse-lhe para sair e saiu, batendo a porta*. Finalmente, encerrou a conexão psicológica com o homem que a desconsiderava, havia escolhido outra pessoa e de qualquer modo não estava disponível. Sua reação foi de alívio e ele não estava mais ativo em sua psique, evidenciado por ela partindo e ele finalmente desaparecendo de seus sonhos.

Agora, aos 60 anos, deu-se conta de que havia estado tão ocupada com sua carreira que se esqueceu de sua necessidade de cuidado e atenção – não recebendo muito de seu parceiro, mas também não pedindo muito. Residia aí uma ausência de paixão, e ela se sentia irreal, um passo atrás, vivendo a vida na superfície. Muitas verdades permaneciam ocultas, como sua solidão interior, desejos emocionais insatisfeitos, aqueles desconhecidos e reprimidos, uma inquietude, despersonalização e uma incapacidade de habitar o presente. Estava assustada e desejava permanecer casada, mas não sabia ainda como obter a intimidade que desejava. Significava reimaginar com seu parceiro o que cada um desejava agora após muitos anos juntos.

Ela se sentia insuficiente e se perguntava sobre seu valor e impacto, especialmente, porque estava se apercebendo de sua idade. É necessário paciência para se desmascarar e se tornar real após anos de repressão, negação e distração. A idade significa que não pode mais continuar no mesmo caminho. Ela se revelou para si. Ilusões, desapontamentos e irritações devem ser enfrentados, não somente consigo, mas também com seu parceiro. Após o sonho, decidiu estabelecer o que queria e necessitava. Sua psique ficou mais ativa, e ela se motivou a se revelar mais emocionalmente para seu parceiro, a compartilhar e pedir por intimidade. Finalmente, rompeu seu escudo de isolamento em vez de se esconder detrás dele. Embora generosa no dar aos outros, tornou-se capaz de dar para si e aceitar outros lhe dando. Houve um fluxo para suas conexões emocionais, em vez de uma desconfortável sensação de insatisfação e de compromisso.

Ainda outra mulher tomou um rumo diferente e disse que não tinha desejo e que não queria muito da vida. Assistia televisão e era isso, nenhuma energia, perdas demais – parceiro, amigos e pessoas se foram. Ela não ligava mais para sua arte e fazia apenas o necessário para o dia. Embora soasse derrotada, estava envolvida no trabalho psicológico e questionava seu desespero, falta de energia e perda do desejo. Ela não sabia para onde essa exploração levaria, mas sentia um ímpeto para descobrir.

Cada uma dessas pessoas está lidando com a descoberta de novas formas de ser. Elas questionam por que a senescência está associada a aversão, repugnância e rejeição viscerais. Na fuga da senescência, passamos tempo nos distanciando dos que avançaram em idade e resistindo a nós mesmos. As pessoas idosas ficaram associadas à tristeza, a serem postas de lado, a serem inúteis, em um mundo que vai adiante e nada tem a ver com elas. A indiferença à senescência prevalece como uma conspiração de silêncio que cerca as pessoas idosas, com suas vozes suprimidas e não ouvidas. Se ouvidas, os medos e prazeres, possibilidades e falhas da senescência teriam de ser reconhecidos. Reconhecidos ou não, abundam.

Por exemplo, a pressão de gênero persegue mulheres mais do que homens em uma cultura dedicada à juventude. Em uma sociedade orientada para a juventude, assume-se que, com a idade, perdemos nossa aparência, capacidade intelectual e corporal porque somos considerados menos atraentes do que outras pessoas. Dessa perspectiva limitada, a senescência não inclui beleza, força, inteligência ou sabedoria. Em vez disso, representa desespero, medo e invisibilidade. A pessoa com mais idade é feia e desgastada, não mais apreciada por outras ou vista como sexual. Ideias de beleza são restritas e podem produzir angústia, autoalienação, distúrbios alimentares, distorção da imagem corporal, ódio ao corpo, fracasso, doenças e distresse. Pega em um mito estreito que reduz tudo à mesmidade da beleza, imagem e frustração última, a pessoa de idade é invisível, ansiosa em relação ao seu corpo. A sexualidade é embotada e padrões limitados de beleza levam à perda da autoexpressão cultural e criatividade. Em tudo isso, a cultura da juventude provoca danos.

A maioria das pessoas prefere fechar seus olhos para a realidade e para sua qualidade de vida em uma tentativa de fugir do impacto não desejado de sua senescência e mortalidade. As pessoas de idade são tratadas como inferiores, consideradas uma versão assombrada de seus antigos si-mesmos, e há apenas piedade. Os estereótipos em torno do etarismo são arraigados, ocultos e inconsciente e repetidamente manifestados. Características degradantes das pessoas de idade e as falsas generalizações associadas colocam grande parte do ciclo da vida nas sombras da negação, especialmente quando as pessoas estão vivendo mais.

Jung enfatizou o desenvolvimento da pessoa ao longo da vida para acessar o potencial ainda a ser desenvolvido. A psicologia junguiana propõe a habilidade de retroceder e avançar no tempo para explorar essas paisagens desconhecidas, expandir as partes inconscientes e não usadas da personalidade como um modo de se reconciliar com o sentido e propósito contínuos. Além disso, Jung se referia ao papel valioso das pessoas de mais idade como as portadoras da herança da sociedade, as guardadoras da sabedoria que ajudam a preservar a herança coletiva do passado (cf. OC 12, § 114).

Como um exemplo, Ryhanna foi propelida por um sofrimento desconhecido em sua alma e finalmente atendeu a seu chamado iniciando a psicoterapia junguiana pouco depois de completar 80 anos. Agora, viúva e sem os negadores, era capaz de ouvir o que desejara por anos, uma exploração das vicissitudes de sua vida. Ela enfrentou as complicações de sua mente, previamente vinculadas a conflitos internos iniciais e relacionamentos infelizes que se manifestaram em uma doença autoimune por vários anos antes. Devido a isso, sua vulnerabilidade e fragilidade não eram mais negáveis. Ela descreveu o desespero e caos que surgiam de seus estados emocionais, alguma depressão e solidão após a morte de seu último esposo. Ela estava começando a relacionar isso a experiências de abandono e medo da infância das quais esquecera para sobreviver e não sentir, reagir ou pensar. Ela disse necessitar dar sentido ao que ocorreu naqueles vários anos, já que, na época, tentou apenas se salvar. "O caos pode acompanhar eventos da vida sobre os quais temos pouco controle, como doenças físicas, o rompimento de um relacionamento ou a perda de um ente querido, uma mudança de carreira, ou um conflito com o mundo que nos cerca" (Skar, 2004, p. 252).

Ryhanna havia esperado anos para começar a análise. Agora, disse que tem de contar sua história, ter uma testemunha, juntar as peças. Traçando as linhas daquele tempo até agora, examinou relacionamentos passados turbulentos, concordando com seus parceiros embora não fosse ouvida e fosse negada por eles, internalizando a tristeza de desapontamentos e agora as atitudes de seus filhos adultos que tendiam a ser condescendentes com ela. Ela continuou com a criatividade expressa em sua arte e conquistou força e conforto com a solidão e uma vida quieta, com seu jardim e suas escolhas. Antes da análise, jamais contou a ninguém como se sentia, nem à família, esposos, filhos ou amigos. E ninguém perguntava. Ela aprendeu desde cedo a esconder a pobreza e as privações da família, a estudar muito, obedecer e ser tão perfeita quanto pudesse. Lidou com muitas situações solitárias, uma falta de recursos, e experienciou pouco amor ao longo de sua vida. Tinha uma necessidade impaciente de explicar tudo, revelar enfrentar o real.

Espera-se que as pessoas de idade pareçam e ajam de um certo modo, se vistam para ser invisíveis e, ao mesmo tempo, são impedidas de ser ativas na sociedade. Perseguidas por visões pervasivas sobre senescência como um problema, uma pessoa que avança em idade não pode ser ela própria. Ter mais idade significa ser vulnerável, ainda que essa vulnerabilidade seja comum a todos, independentemente da idade. Avançar em idade é algo que não podemos controlar, e todos passamos por isso. Como o fazemos é a questão. A negação da humanidade e a inclusão da pessoa idosa é sentida agudamente pela pessoa "como-se". Essa pessoa já experiencia a vida sem importância ou sentido suficiente. Tudo é em vão, acentuando seu desespero sobre seu valor. Isso é registrado psicológica e fisicamente e é reforçado culturalmente, especialmente em torno da senescência.

Rhyanna sentia tudo isso fortemente e ansiava por sexo, toque, proximidade com um desejo até então insatisfeito. O físico também é parte do discurso sobre senescência tão essencial no trabalho analítico. Isso permite sentimentos de perda, tristeza e preocupação, e, talvez, a descoberta de uma celebração física associada à idade.

Por exemplo, ela sonhava *que estava vestida em um belo vestido dourado*. Sonhou isso na noite antes de iniciar a análise. Disse que o vestido a representava, agora, na luz dourada, com a capacidade de olhar e se sentir diferente do que fora anteriormente. O vestido dourado modelado ao seu modo é atraente para ela e sua forma ajustada era lisonjeira. Ela interpretou o sonho como desvelando e definindo as partes interiores que não costumava expressar e havia há muito suprimido. Ela havia mantido a infelicidade com a família, mortes, divórcios e depressões internamente isolados. Interpretou o sonho como mostrando que uma atitude diferente estava no horizonte, brilhando como o vestido, estiloso e ousado, mais aberto. Todavia, estava um pouco temerosa, uma vez que não sabia o que isso significaria ou como mudaria. Seu sonho é um exemplo da imagem de esperança, transformação e emergência da persona. A persona, aqui, pode ser considerada uma parte essencial da tapeçaria rica e complexa da pessoa inteira. Traz uma abertura ao si-mesmo, como demonstrado pelo sonho. De fato, o sonho se tornou um símbolo central para ela, incorporando luz, corpo, psique – tudo brilhando e repleto de esperança.

De acordo com Judith Butler, o significado do gênero depende da estrutura cultural na qual ocorre. Em seu livro, *Gender trouble* [Problema de gênero] (1990), ela formulou uma noção pós-moderna de gênero com um traço do conceito de desconstrução. Na época, apresentou ideias contraditórias às noções tradicionais sobre gênero como categorias e universalidades determinadas. Butler definiu *gênero* como um papel social desempenhado e executado por pessoas e validado como aceitável pela sociedade.

Ao aplicarmos esse conceito à senescência, podemos perguntar o quanto inconscientemente acatamos as limitações culturais e papéis circunscritos. Desse modo, determinações etárias e estruturas sociais se tornam restritivas e desvalorizam as pessoas de idade. Butler enfatiza que a "realização da identidade de gênero não é uma escolha consciente, mas o resultado da sedimentação das formas pelas quais contemplamos, conduzimos e assumimos ser desde o momento do nascimento" (1997, p. 405). Ao vincular isso às pessoas com mais idade, percebo as armadilhas. Quando aceitas, trabalham contra o desenvolvimento da pessoa ao longo da vida, quebrando barreiras e criando como desejam. Quanto potencial desperdiçado existe nessa armadilha que insiste na derrota e invisibilidade da idade.

A senescência, como o gênero, é também uma atuação do ser que continuamente evolui inconsciente e conscientemente, adquirindo um sentido novo ao longo do tempo. Ao avançarmos em idade encontramos os outros dentro de nós, incluindo aqueles que são diferentes e conhecidos. A sobreposição complexa da identidade é adquirida enquanto avançamos em idade, deslocando a convenção e atitudes ultrapassadas que anteriormente restringiram a criatividade e o bem-estar geral. Romper com as formas tradicionais de compreender a identidade como algo determinado e estável é essencial. Formas coercivas apresentadas a nós durante a socialização nos permitem apegarmo-nos defensivamente a uma identidade específica. Por meio de quais mecanismos terminamos nos apegando àquelas identidades, e como essa é uma forma de nos mantermos seguros? De que modo não sacudimos o *status quo* e prosseguimos com exclusão, rejeição e marginalização?

Judith Butler descreveu o gênero como provisional, mutável, contingente e realizado. A senescência não pode também ser flexível e fluida, sem limites e dirigida para ser si própria? Essa visão rejeita identidades e sentidos estáticos, promove autenticidade, autoridade, universalidade e subjetividade. Considera o valor de uma vida inteira e se encaixa na psicologia junguiana ao reconhecer o significado na senescência: um tempo de mudança importante e desenvolvimento, expandindo a sabedoria da pessoa.

Mais tarde, Ryhanna sonhou que estava sentada diante de um homem de sua idade; ambos eram intensos, espirituais, e estavam apaixonados um pelo outro. Havia um amor os envolvendo em um casamento não tradicional, uma vez que cada um pertencia a uma ordem religiosa no sonho. Sua ligação era profunda e plena, e Ryhanna sabia que o sonho era uma imagem de sua força interior. Poderia prover apoio enquanto enfrentasse alguma doença e declínio físico, ainda que seus desejos e mente fossem intensos, curiosos e inquisitivos. Ryhanna ganhou força e confiança com o sonho enquanto a apoiava internamente e reforçava sua senescência acompanhada por amor.

## Invisibilidade

A resistência coletiva à senescência trai nossa recusa em aceitar a morte como parte do ciclo da vida. "Essa resistência sempre leva a tragédia… assim como a busca por juventude eterna distorce nossa humanidade" (Sawin *et al.*, 2014, p. 158, 159). Como foi observado, muitas imagens negativas sobre as pessoas de idade nos são impostas na cultura ocidental. A vitalidade de ter mais idade é negada pela personalidade "como-se" que tende a seguir a persona cultural focada em reconhecer somente a juventude como importante e atraente. Quando essa perspectiva prevalece, pessoas de mais idade nas culturas ocidentais são tratadas como não entidades tediosas, tristes e apagadas. Muitas tentam afastar as pessoas de mais idade e a senescência o máximo possível, negando que isso jamais lhes acontecerá, mesmo que já resida no ciclo da vida diária. A senescência se torna um processo de "alterização, tanto a que ocorre externamente – na sociedade e suas instituições – como a que ocorre internamente. Avançar em idade, portanto, constitui uma forma de dupla alienação" (Gilleard, 2022, p. 290). A senescência negada se torna um mergulho em um tempo supostamente melhor e mais luminoso que resta de glórias passadas. Isso significa que muitas pessoas assumem ser menos e, portanto, esforçam-se por menos – se tanto.

Essa visão retrata um estado psíquico de viver sem se sentir vivo, uma sensação de ser eliminado, invisível. O corpo também se torna invisível ao mundo – despercebido, ignorado, desconsiderado, desviado por si e pelos outros. Muitos apenas aceitam esse prejuízo e suas despotencializações. Alguns ficam abatidos, exauridos, incapazes de compreender completamente a perda ou de descobrir o que pode ser conquistado. Alguns estão tão imersos na tristeza e na perda que só conseguem olhar para trás e não veem caminho adiante. Tristemente, a pessoa que avança em idade se torna invisível a outros pessoal e culturalmente. Isso é difícil para a pessoa "como-se", que passou uma vida dependendo de ser notada e do apelo fisiológico. Tipicamente, as pessoas "como-se" tentam se persuadir de que o tempo não as tocou. Tentam apagar a face e o corpo da senescência. Essas atitudes as privam das belezas das mudanças. Como Simone de Beauvoir escreveu em *O segundo sexo*: "Ela nega sua finitude; para o empobrecimento de sua existência... tenta ver as possibilidades que não esgotou" (2011, p. 620). Fiquei, portanto, surpresa quando foi referida como alguém que "via pouco para apreciar na terceira idade, vendo a senescência como um processo de aumento da alienação do si-mesmo da pessoa e da sociedade mais ampla: em suma, como uma alterização generalizada" (Gilleard, 2022, p. 286).

As atitudes concernentes à senescência como inaceitável muitas vezes retratam o ego como estreito, oco, raso e carente de vitalidade, com energia diminuída. Cercadas pelo manto da invisibilidade, muitas pessoas aceitam não ser notadas. Excluídas da vida da sociedade, muitas pessoas são condenadas a condições nas quais sua tristeza se funde ao tédio, e para algumas isso valida sua crença amarga e humilhante em serem inúteis em um mundo indiferente a elas. "De Beauvoir tentou ir mais longe para compreender o que havia sobre a senescência que levava à 'dupla' alienação que essa encapsulava: a de se tornar tanto outro para si como alterizado pela sociedade" (Gilleard, 2022, p. 287). Mas isso não a levou a apreciar sua beleza, denegrindo a mulher de mais idade como não atrativa. Surpreendentemente, essa mulher inteligente, bela e influente pareceu entristecida e ignorada quando idosa. Em seu livro seminal sobre a senescência, *A velhice* (1972), De Beauvoir descreve o olhar sobre a senescência como provocando uma aversão visceral, muitas vezes, repugnância biológica, um banimento experienciado como uma degradação alienante. Ninguém quer avançar em idade.

Revolvermos o passado às custas do presente e do futuro é uma tentativa de ossificar nosso ser em algo que foi, em vez de nos reconhecermos como nos estendendo e dinamicamente nos transformando no futuro. Pessoas de mais idade também necessitam de objetivos para viver e permanecer receptivas. Jung comentou: "Aprecie o Agora; esteja tão plenamente presente quanto possível no momento imediato" (Carta ao Conde de Sandwich, 10 ago. 1960; in Jung, 1975 [*Cartas*, vol. 3], § 580). Tenha a coragem de enfrentar a senescência e seus desafios com curiosidade. Judith Butler postula que "pedir por reconhecimento... é pedir um tornar-se" (2004, p. 44). Suas palavras descrevem pungente e suscintamente o processo de individuar e se tornar ao longo do ciclo da vida.

## Isolado e vazio na terceira idade

Henry, 71 anos, entra na terapia junguiana após muitos anos de trabalho terapêutico anterior que descreveu como lhe permitindo sobreviver à vida e permanecer seguro, mas não conectado a pessoa alguma. Seu problema atual agora é a necessidade de relacionamento. Contudo, ele nunca foi próximo de pessoa ou coisa alguma, nem sequer do deserto, quando estava caminhando. Ninguém jamais se aproximava dele, tampouco ele se aproximava das pessoas. Ele via os outros como robôs, assim como ele parecia ser. "Desperdiçamos tanto tempo, somos tão pródigos em relação à vida, aos 20! Nossos dias de inverno duram o dobro. Essa é a compensação dos idosos" (Carta a Joseph Dessauer, 5 jul. 1868; Sand, 1883). Hábitos diários e um trabalho preenchiam o tempo, mas nem seu espírito nem sua alma estavam em harmonia ou conectados a coisa alguma. Agora, aposentado, a sensação de temor é perturbadora. Ele era muito voltado para si, preocupado e sozinho.

Henry estava buscando algo quando entrou na terapia. Ele poderia permanecer como fora, mas algo dentro dele o está fazendo com que deixe o mundo mais estreito, descobrir por que mal podia sobreviver, mas não sentia paixão ou amor. Embora não pudesse fazer muito anteriormente além das tarefas diárias em meio a uma vida de isolamento e separação, ele agora queria mais. Sua alma parecia morrer cedo, mas é levado a recuperá-la. Agora, deprimido, desespera-se e está desestabilizado.

A senescência lhe oferece uma chance de se tornar mais ele próprio e os sonhos trazem dicas sobre os poderes recuperadores da psique. Os produtos oníricos do inconsciente podem trazer vitalidade, direção e sentido para a vida consciente de uma pessoa. O sonho seguinte de Henry lhe fala sobre a influência de seu pai em seu estado psicológico e como foi habitado por um pai vazio. Apático por muitos anos, tanto psicológica como emocionalmente, não podia enfrentar isso anteriormente ou reconhecer a perda, ferimento e vacuidade. Agora, o sonho apresenta a tarefa de enfrentar a realidade de sentimentos há muito suprimidos e que agora se lhe tornaram aparentes.

Estou em uma sala vazia. Abro a porta para outra sala que não sabia estar lá. É cinza, cheia de coisas e pessoas cinza. É um cinza bonito, mas cinza. A primeira sala era a loja de meu pai e a segunda é minha e, embora cinza, há algumas coisas nela. Henry discute o sonho e fala sobre o sentimento de vazio, o medo de desabar e à beira de um colapso emocional. Ele está surpreso, não pelo cinza, mas por ser bonito. Seu pai também viveu uma vida tediosa, nunca lhe mostrando qualquer paixão ou emoção. Poucas posses ou coisas estão na sala do pai, mas Henry tem algumas e isso representa potencial. Ele está triste como jamais, apercebendo-se da escassez de sua vida, onde o levou e o que ele deseja. Está surpreso em estar enlutando, e lágrimas de tristeza frequentemente vêm quando suas respostas emocionais, antes ausentes, emergem. "Afinal, cada vida é a realização de uma totalidade, isto é, de um 'si-mesmo' [...]. Pois toda vida está ligada a portadores e realizadores individuais e é inconcebível sem eles. Cada um destes portadores recebe um destino e uma especificidade individuais e a vida só encontra o seu sentido quando eles se cumprem" (OC 12, § 330).

Nesse ponto da vida, Henry está examinando a falta de relacionamento com seu pai, um homem seco e austero, e como isso impactou seu mundo. É um fator em seu isolamento e distância dos outros. Nada há que ele considera bonito, recluso em um mundo pequeno tanto física como psicologicamente, e é facilmente ferido por outros. Quando conversamos, a quantidade de compensação que Henry adotou para manter o mundo cinza e distante fica aparente, e, embora a percepção seja perturbadora, também traz libertação interna. O pai vazio, tedioso e desvinculado cria um complexo poderoso, como estar grudado com cola, incapaz de se separar e sem espaço para se conectar com outros. A vacuidade é tão dominante que Henry não se dá conta do que ocorreu. Lentamente, ele começa a abrir as portas dessa psique e fica com menos medo. Ele inclusive se coloca em sites de encontros na internet e ingressa em grupos sêniores. Isso representa uma iniciação para com outros que reflete a iniciação para consigo. Há valor em questionar a percepção da vida como contendo um futuro, mesmo que o tempo seja mais curto.

Henry era reprimido, evitando todos os sentimentos, conscientes e inconscientes, mas tem um desejo de encontrá-los agora. Não resiste mais às mudanças psicológicas e se abriu para a sala no sonho e está tentando expandir para além da figura paterna tediosa e vazia tão influente inconscientemente em como viveu por muitos anos. A análise forneceu um veículo dinâmico e relacional para mudança por meio desse período transicional produzido pela aposentadoria e ausência de ocupações. Henry encara a caminhada pela ponte entre o que foi e o que será. Embora não esteja claro que consiga superar completamente o longo passado desse isolamento, e reuniu a energia para tentar o processo.

## O corpo

Jung reconheceu a sombra como parte do processo de individuação, e isso envolvia reconciliar-se com o corpo (1975 [*Cartas*, vol. 2], p. 338).

> "Isso não ocorre de repente", disse o Cavalo de Pele. "Você se torna. Leva muito tempo. É por isso que não acontece com frequência às pessoas que quebram facilmente, ou que têm cantos vivos, ou que têm de ser mantidas com cuidado. Geralmente, quando você é Real, grande parte de seu pelo se perde de tanto manuseio, e seus olhos caem e você fica com as articulações frouxas e muito deteriorado. Mas essas coisas não importam, porque, quando você é Real, não pode ser feio, exceto para as pessoas que não compreendem" (Williams, 1922).

O aspecto somático é repentinamente mais aparente com a idade à medida que o corpo muda, com o ganho ou perda de peso, doença, com tentar se manter forte. Com poucos modelos positivos para pessoas de mais idade, homens e mulheres, preocupados com senescência e com a forma de seus corpos, perpetuam formalmente ideias e ideais não examinados. Sejam egocêntricas ou ignorantes, essas atitudes indicam uma fragilidade do ego e não provêm respostas, somente um desaparecimento do si-mesmo. Quando o corpo é percebido como uma coisa para mudanças e associado a sentimentos de vergonha, algumas pessoas recorrem desesperadamente a várias formas de alteração de sua aparência. Isso pode muito facilmente assumir a forma de alterações superficiais da face e do corpo influenciadas meramente pelas pressões coletivas para sermos sempre mais jovens. Ao negar a inevitável mudança física, essas pessoas tentam permanecer estáticas, não somente escondendo sua idade, mas também possivelmente significando não amadurecimento.

Uma autorreflexão irrealista deixa uma pessoa sem alegria ou relações físicas agradáveis. Com a idade, dilemas interiores se intensificam. Há um anseio por escapar da constrição e envolvimento, e a necessidade de descartar um si-mesmo que cresceu demais. A senescência requer que o ego abra mão do narcisismo raso, volte-se para dentro e se envolva no processo psíquico de enlutamento pelo desenvolvimento realístico e contínuo (Solomon, 1998, p. 29).

"O corpo implica mortalidade, vulnerabilidade, agência: expõe-nos ao olhar de outros, também ao toque... O corpo tem também uma dimensão pública" (Butler, 2004, p. 26). Nas culturas ocidentais, o ódio predominante pela senescência do corpo significa que quem avança em idade não se sente mais desejado. Mas, mais agudamente, há uma denegrição implicada. Faces naturais, e, na verdade, corpos naturais, não necessitam ser objetos de vergonha, desconsideração, ou de abandono ou desistência. Perseguir cosméticos, remodelação corporal e outros pensamentos e comportamentos para remodelar o corpo podem se transformar em uma busca por um perfeccionismo irrealista e falso em vez de um melhoramento do que é. A pessoa "como-se" é especialmente vulnerável a uma certa aparência, perpetuando a psique desarticulada, separada do real. O chamado da idade com consciência e orgulho é, para a pessoa "como-se", um fardo, uma vez que viveram basicamente sem acesso às suas fundações. Agora, pode ser o momento.

A precariedade desvaloriza a senescência em uma sociedade que nega a morte. Em vez disso, a morte se torna algo a evitar, e a solução óbvia é desviar da senescência. A pessoa "como-se" é especialmente suscetível. O futuro não oferece crescimento e oportunidade, mas é sombrio e limitado; o sentimento é o de estar presa no presente. Ela está presa no que nunca foi, um mundo imaginado baseado na ilusão, então, o presente só pode ser desapontador e deprimente.

A principal defesa é a externa, o mundo baseado na aparência superficial, na aprovação de outros, em alimentar-se no exterior e não no interior. A pessoa "como-se" evita se olhar no espelho, uma vez que a reflexão do corpo não é o que era. Quando uma pessoa depende de outros para lhe dar valor, não pode acessar o valor interior.

## Consciência senex/anciã

> O velho Destino está lentamente
> formando sua muda face sem expressão.
>
> As rugas estão se movendo para ele
> (Rilke, 1995, p. 121).

O arquétipo da senescência possui muitos símbolos e imagens. Pode representar a verdade amarga, a realidade fria, melancolia, estrutura, intelecto, fundações, lei e ordem. Devo incluir nisso sabedoria, força de caráter e também do corpo. Há inúmeras outras descrições, dando uma ideia de amplitude do arquétipo da idade. James Hillman, psicólogo arquetípico junguiano, aborda a tensão entre senex, o ancião, e puer, o jovem (2013, p. 242). Esses aspectos da vida são inextricavelmente vinculados, conjurando cada outro inconscientemente enquanto se desenvolvem juntos. Podemos competir por dominância e expressão, desviando e afastando o outro. Contudo, ambos podem revelar, ocultar, exibir, encobrir e crescer conjuntamente. Cada um chega ao outro e acrescenta às surpresas e expansões da vida. Em qualquer estágio da vida, devemos criar um espaço tanto para puer como para senex. O *I Ching, o livro chinês da sabedoria*, no hexagrama 60, Limitação, diz:

> Possibilidades ilimitadas não são adequadas aos humanos; se existissem, sua vida apenas se dissolveria no ilimitado. Para se tornar forte, a vida humana necessita de limitações ordenadas pelo dever e aceitas voluntariamente. A pessoa atinge importância como um espírito livre somente cercando-se dessas limitações e ao determinar para si qual é seu dever (Baynes, 1950/1979, p. 231-234).

De fato, quem quer que viva um padrão arrisca exclusivamente constelar o oposto. Enantiodromia é a emergência do inconsciente como uma posição oposta à consciência, buscando recuperar o equilíbrio de um extremo. Enantiodromia esperando nas asas significa que quanto mais parciais somos, maior a probabilidade de o oposto romper para fazer a vida girar.

Definida na cultura clássica, "a essência senex está onde o tempo se aproxima da infinidade sem alteração, onde foi amontoada no extremo" (Hillman, 2013, p. 272). Perseverança é essencial para permanecer consciente do senex como expresso na cultura e na psique humana. James Hillman (1989, p. 25) descreveu o senex, ou a senescência masculina, com qualidades de limite, disciplina, contenção, regras e ordem. A energia puella/puer necessita da anciã/senex, uma vez que esse tipo muitas vezes foi incapaz de encontrar pertencimento, e a puela/puer se sente precária e carece de solidez interna, todos exacerbados enquanto avançamos em idade. Avançar em idade inclui a energia da juventude, a puer/puella, inspiração, excitamento, atividade. Isso também pode ser ignorado nas suposições rígidas sobre a senescência, limitando e separando essas metáforas e símbolos durante uma vida inteira, quando pertencem conjuntamente um ao outro.

Seguindo a etimologia da palavra, a *anciã* denota posições de poder, obstetrícia e curanderia em suas comunidades. Contudo, com o tempo, a idade e o sexo das mulheres ficam demonizados, e seu poder e respeito diminuem. Como uma figura interior e exterior, a anciã representa o valor e sabedoria adquiridos do viver consciente. Além disso, ela está conectada às formas femininas da mãe e donzela como as imagens da deusa tripla que existem dentro de todos nós.

A personalidade "como-se" enfrenta desafios integrando senex/anciã, qualidades masculinas e femininas, diminuídas e desvalorizadas por simbolizarem senilidade. Essa crise pode promover individuação, um apelo para compreender mais profundamente os processos criativos e desenvolvimentais que mantêm vivas as estruturas psíquicas ao longo da vida. Afinal, a curiosidade da psique e seu potencial não têm limites. Todavia, muitas pessoas interrompem seu progresso, presas pelo medo e apreensão de viver e morrer. Louvar o jovem em detrimento do idoso significa tristemente não acessar a sabedoria, criatividade e força de vida disponível enquanto estamos vivos.

Mais tarde, a idade traz a necessidade de adquirir paciência – mover-se metodicamente, ouvir o mundo quietamente, envolver-se em devaneios, contemplar o silêncio e o si-mesmo. Todas essas são qualidades que a pessoa "como-se", a impostora, e a constelação psicológica e arquetípica da puer/puella ou juventude eterna, não podem suportar. A resposta da pessoa "como-se" à senescência é muitas vezes baseada na negação e nas tentativas de defender a juventude, limitar a imaginação e permanecer com imagens parciais. Jung era conhecido por propor que especialmente na segunda metade da vida somos defrontados pelas tarefas e responsabilidades de adquirir atitudes mais profundas e mais refinadas para conosco e os outros.

O crescimento da personalidade significa que tanto a puella/puer como a anciã/senex permanecem em contato. Em muitas mitologias de contos de fadas a anciã/senex não só hesita, permanecendo em uma posição decrépita, como criam uma complexidade plural, aberta, diversa ainda que combinada no florescimento e encorajamento contínuos da psique, sem evitar as atribulações necessárias no processo.

A seguir, um conto de fadas Baba Yaga, famoso por uma idosa ajudar um jovem. Demonstra, como muitas dessas histórias, o valor de sua sabedoria e conhecimento sobre como levar a vida.

Em um reino distante, uma mulher chamada Baba Yaga, de pernas ossudas, tem um filho único de caráter virtuoso. Ele se casou com uma garota humana. Baba Yaga começa a desprezar sua nora e planeja matá-la de um jeito ou de outro. Quando seu filho está fora, ela pede, com falsa bondade, para que a jovem vá ao bosque e ordenhe suas vacas. Ela caminha na direção ao curral, mas seu esposo a intercepta em tempo e revela que as "vacas" são, de fato, ursos que a matarão. O filho de Baba Yaga sugere, então, que ordenhe algumas éguas e dê o leite a Baba Yaga.

No dia seguinte, Baba Yaga pede à sua nora para tosquiar sua ovelha no bosque. Seu esposo aparece novamente e lhe diz que a "ovelha" são lobos que a despedaçarão, e então ele lhe ensina um comando mágico. Ela sobe em uma árvore, profere o comando mágico e os lobos se tosquiam.

Ao ver o recente sucesso da jovem, Baba Yaga a envia então para sua irmã com um pedido de um pente de tear. A jovem encontra seu esposo, que lhe dá óleo, toucinho, agulhas e alfinetes bem como um pente, uma toalha de mesa, uma escova e um anel. Ela começa sua jornada: ela coloca óleo nas dobradiças de uma porta, dá pedaços do presunto para dois cães, dá o toucinho a um gato e agulhas e alfinetes a um grupo de meninas. A jovem pede o pente de tear à irmã de Baba Yaga, que o entrega a ela enquanto vai preparar a casa de banhos.

O grupo de meninas avisa à jovem que a bruxa está planejando devorá-la. Ela, então, deve pegar o pente de tear e fugir da casa. Quando a irmã de Baba Yaga entra em casa e nota sua ausência, reclama que as servas, o gato, os cães e a porta não impediram a jovem, e então sai voando em seu almofariz. Apercebendo-se de que está sendo perseguida pela bruxa, a jovem deixa para trás o pente, a toalha de mesa, a escova e o anel, para criar obstáculos mágicos para impedir a busca da bruxa. Ela entrega o pente de tear a Baba Yaga, que se afeiçoa de sua nora.

Essa história aborda o âmbito de um arquétipo, contendo a tensão, ambivalência e o reconhecimento do espectro da vida com seus opostos. A puella/puer (jovem) e a anciã/senex (pessoa idosa) estão juntas. Os polos de tradição, estase, estrutura e autoridade da anciã/senex se combinam com as qualidades da proximidade, deambulação, criação e idealismo da puella/puer. Simbolicamente, a pessoa idosa consolida, fundamenta e disciplina enquanto a jovem reluz com *insight* e viceja em fantasia e inventividade, no inusual ou não convencional. Essas qualidades divergentes, e por vezes conflitantes, são interdependentes, formando duas faces de uma configuração flexível. Funcionam similarmente na psique caso estejamos abertos a todos os aspectos. Como Jung comentou famosamente: "O entardecer da vida humana é tão cheio de significação quanto o período da manhã. Só diferem quanto ao sentido e intenção" (OC 7/1, § 114). De fato, a vida posterior pode ser um período de profunda criatividade e vitalidade, uma chance para rever e integrar enquanto nos reconciliamos com a realidade, perda, limites e as mudanças do corpo.

As pressões pessoais e culturais para cultuar o impraticável e jovem como ideal contribuem para a falta de modelos societais e culturais maduros e visíveis. A psicologia analítica junguiana tem muito a dizer sobre como podemos manifestar novos canais na psique, ser criativamente engajados e envolvidos em nossas vidas. "Aprender a assimilar experiências através da sabedoria e da tolice – que admite tanto mistério como irracionalidade – nos permite conhecermo-nos" (Sawin, Corbett & Carbine, 2014, p. 53). A senescência pode ser um tempo para nos tornarmos curiosos sobre o que necessita de mais atenção e desenvolvimento. A idade traz um aumento da perspectiva sobre a totalidade da vida, em todos os seus ritmos de tristeza e alegria, beleza e feiura. Produz o trabalho de estarmos presentes ao interno e externo, pessoal e coletivo, consciente e inconsciente.

Experienciamos fases desenvolvimentais básicas física e psicologicamente. Necessidades insatisfeitas criam tensão que podem nos levar a nos reavaliarmos, retrabalharmo-nos e nos desenvolvermos nesse estágio posterior da vida. De um ponto de vista junguiano, forças arquetípicas trabalham inconscientemente em nós, no sentido de que são partes de nós que não puderam desenvolver-se ou se tornar parte de nossas personalidades conscientes (Skar, 2004, p. 253). Enquanto vivemos, diferentes energias arquetípicas são consteladas, exigindo reconhecimento na consciência. Isso cria naturalmente períodos de incerteza e o desconhecido como uma parte do processo maior nos movendo a outros desenvolvimentos.

"Afinal, cada vida é a realização de uma totalidade, isto é, de um 'si-mesmo' [...]. Pois toda vida está ligada a portadores e realizadores individuais e é inconcebível sem eles. Cada um destes portadores recebe um destino e uma especificidade individuais e a vida só encontra o seu sentido quando eles se cumprem" (OC 12, § 330). A vida ainda não vivida insiste na expressão, reconhecendo que a criatividade não está morta ou perdida. Contudo, a personalidade "como-se" pode se perder na melancolia e arrependimento devido ao si-mesmo vazio, impotente, frustrado em um mundo no qual se sente não reconhecido. Quando se sente imperfeito, como na tendência e crença da personalidade "como-se", as mudanças que ocorrem com a senescência são tristes, assustadoras, e inclusive opressivas. Medo e ansiedade assumem o controle; não há tempo o bastante. O que escolher, e é muito tarde? A autorreflexão irrealista torna o corpo um lugar ainda mais preocupante e a ansiedade aumenta enquanto a pessoa "como-se" espera pelo declínio inevitável e esperado. Em negação e sem desejo, a libido é diminuída, sonhos, frustrados, a energia, enfraquecida, derrotada. O espírito é extirpado de suas raízes enquanto ela se envolve em uma guerra sem-fim de rebelião interior, exacerbada quando é separada do si-mesmo.

Ananque era a deusa grega antiga da necessidade, compulsão e inevitabilidade. Ela é um ente incorpóreo, serpentino, cujos braços estendidos envolviam a extensão do cosmos, simbolizando o generativo. Ela não permite resistência. Igualmente, mais tarde na vida, há pouca escapatória das perdas, solidão, separações e doenças. As mudanças colocam a pessoa diante da natureza transitória da vida.

E isso leva à morte. Evitar a morte leva à evitação da vida. O sentido e valor de cada iniciativa, pensamento ou sentimento fica perdido na ansiedade da morte. A personalidade "como-se", distraída pela realidade de cada dia e pela passagem do tempo, perde o valor de avançar em idade. A necessidade de ser vista somente de fora priva essa pessoa de explorar seu interior, uma necessidade que se torna mais insistente com a idade avançada. Com sua falta de atenção a esse enorme tempo de vida, a cultura ocidental o faz parecer sem sentido, especialmente para a pessoa "como-se" que tem dificuldade para encontrar internamente a beleza e valor na senescência.

Esse tempo requer totalidade para tratar as profundezas da psique, sua complexidade e a riqueza do si-mesmo. O despojar-se do passado com parte de seus vínculos transforma perspectivas sobre a vida e é parte do processo de senescência. O pensamento junguiano enfatiza a criatividade e vitalidade desse tempo, uma vez que são parte do bem-estar psicológico e físico. Isso significa estabelecer diferenças individuais, realidade e expansão por meio da reflexão interior na direção da expressão exterior. A palavra *old* [velho] deriva das raízes indo-europeias para crescer, ficar bem, alimentar, nutrir, aumentar. Com a senescência, o mundo se amplia mesmo quando se estreita: "[n]essas ocasiões percebemos como a idade nos vai conduzindo para fora do tempo e do mundo, para espaços desconhecidos, onde a gente se sente algo isolado e estranho" (*Cartas*, vol. 2, p. 186). Apresenta a provação para a pessoa ser si-mesma, sem fingimento. Se não agora, quando?

## Referências

Baynes, W. (1950/1979). *The I Ching*. Princeton University Press.

Butler, J. (1990). *Gender trouble*. Routledge.

Butler, J. (1997). Performative acts and gender constitution. In K. Conboy, N. Medina & S. Stanbury (eds.), *Writing on the body: Female embodiment and feminist theory*. Columbia University Press.

Butler, J. (2004). *Precarious life*. Verso.

Butler, J. (2015). *Notes toward a performative theory of assembly*. Harvard University Press.

De Beauvoir, S. (1972). *The Coming of age*. G.P. Putnam.

De Beauvoir, S. (2011). *Second sex*. Vintage.

Gilleard, C. (2022). Aging as otherness: Revisiting Simone de Beauvoir's old age. *Gerontologist*, 62(2), 286-292. doi: 10.1093/geront/gnab034.

Hillman, J. (1989). *Puer papers*. Spring.

Hillman, J. (2013). *Senex & puer*. Spring.

Humbert, E. (1988). C.G. Jung: The fundamentals of theory and practice. Chiron.

Jung, C.G. (1975). *Letters*: 2, 1951-1961 (G. Adler, ed.). Princeton University Press.

Kristeva, J. (1992). *The black sun*. Columbia University Press.

Tsu, L. (1995). *Tao te Ching*. Harper.

Nussbaum, M. (2001). *Capabilities as fundamental entitlements.* Routledge.

Plath, S. (1963). *The bell jar*. Heinemann.

Plath, S. (1981). *Collected poems*. HarperCollins.

RILKE, R.M. (1995). *Ahead of all parting: The selected poetry and prose of Rainer Maria Rilke*. Modern Library.

Sand, G. (1883). *Correspondence, 1812-1876. Project Gutenberg. Ebook # 13839.* www.gutenberg.org/cache/epub/13839/pg13839.html.

Sawin, L., Corbett, L. & Carbine, M. (eds.) (2014). *Jung and aging: Possibilities and potentials for the second half of life*. Spring Journal Books.

Skar, P. (2004). Chaos and organization: Emergent patterns at critical life transitions. *Journal of Analytical Psychology*, 49(2), 243-262. doi: 10.1111/j.1465-5922.2004.00456.x.

Solomon, H.F. (1998). The self in transformation: The passage from a two to a threedimensional internal world. *Journal of Analytical Psychology*, 43(2), 225-238.

Solomon, H. (2007). *The self in transformation*. Karnac.

Williams, M. (1922). *The velveteen rabbit*. George H. Doran.

# 10
# Fragilidade do corpo

Jacques Derrida descreveu sua amiga filósofa Sarah Kofman como tendo a "irresistível alegria da risada incontrolável à beira das lágrimas" (2007, p. 7). Uma brilhante estudiosa de Freud e Nietzsche, judia francesa criada durante o Holocausto em Paris, Sarah Kofman aos 60 anos cometeu suicídio no 150º aniversário de Nietzsche. Este capítulo alude à psicodinâmica do distresse mental e suas lembranças traumáticas contidas no corpo. "Ao se escrever, a mulher retorna ao corpo que foi mais do que confiscado dela, que foi transformado no estranho misterioso em exibição" (Cixous, 1976, p. 880).

A narrativa de Sarah Kofman de *Rue Ordener, Rue Labat*, sua autobiografia e último livro, descreve seus vários traumas infantis. Nesse fino volume, ela conta sua vida, experiências de guerra quando seu pai foi levado aos campos de concentração e morto, e o conflito entre mães boas e más e como isso se manifestou em seu corpo. O trauma é muitas vezes indizível e não verbal. Leva tempo para expressar, e muitas pessoas não querem revisitá-lo ou ouvir falar sobre ele. Contudo, o trauma termina necessitando encontrar uma forma além de ser contido interiormente. Neste capítulo uso Sarah Kofman e sua história para ilustrar um exemplo da personalidade "como-se" que encontra a adaptação necessária e compensatória para viver na realidade. Embora, talvez, um exemplo extremo, as situações detalhadas em seu livro ocorrem nas vidas de muitas pessoas.

A autobiografia contém "não apenas partes das memórias de Sarah Kofman, mas o imaginário e inverificável, efeitos inexoráveis da estrutura da memória traumatizada" (Rizzuto, 2006, p. 7). Em contraste a todos os seus outros escritos intelectuais profissionais sobre filósofos europeus, ela escreveu esse livro em um estilo simplificado e pueril. O contraste é ilustrativo dos efeitos do trauma como lhe levou de volta a um tempo anterior em sua vida que só pôde ser expresso anos depois. Seus sentimentos muito expostos foram destituídos de sofisticação.

Nesse livro, os eventos psicológicos e societais caóticos que Sarah Kofman viveu na infância foram recodificados durante o último ano de sua vida na coerência e ordem da palavra escrita. Os acontecimentos indizíveis que experienciou "exigiam a pergunta sobre se é possível encaixar o choque, a crise física e o sofrimento agudo em uma narrativa, quando essas experiências são em si de caráter profundamente não narráveis" (Stone, 2004, p. 17). Além disso, a narração transforma o trauma enquanto o próprio trauma é ele próprio sem sentido, razão ou progressão. A história contada é sempre um pouco dissonante do distresse opressivo dos eventos e suas memórias. Essa dissonância não desaparece, mas penetra nos ossos dos leitores.

Embora grande parte de sua história tenha ocorrido durante a Segunda Guerra Mundial, sua situação é pertinente a muitos hoje. Como as pessoas sobrevivem aos traumas da guerra, família, separações e qualquer evento catastrófico? Como restauram corpo e alma? As respostas a essas perguntas têm importância individual e coletiva. Donald Winnicott (1960, p. 146) escreveu em meados do século XX sobre traumas que surgem em uma situação na qual a pessoa é privada das condições ambientais externas necessárias ao bom funcionamento psíquico. As pressões para agir "como-se" são intensificadas por choque, destruição e ferimento emocional, típicos de situações e reações traumáticas, manifestadas no corpo e na psique. A história de Sarah Kofman, como todas neste livro, fornece uma das muitas perspectivas sobre a personalidade "como-se" e sua formação.

Tanto Jung, em seu ensaio sobre os "Aspectos positivos do arquétipo mãe", como Green, com sua teoria do complexo da mãe morta, descrevem situações difíceis de vínculo materno ruim em que a psique fica desalinhada e fragmentada. Essas experiências de afeto do si-mesmo e do outro, conexão e separação, corpo e psique. São os teóricos de pano de fundo, e o primeiro plano é preenchido com Sarah Kofman cujo último escrito pode ser visto como um modo de reunir os eventos traumáticos guardados nela após uma vida de silêncio.

## Perda do pai

Sarah Kofman escreveu cerca de 30 livros filosóficos, mas esses foram relativamente desconhecidos, com poucos traduzidos para o inglês. Na França, em meados do século XX, ela só se tornou professora titular no ano antes de sua morte. Por ser mulher e, na época, uma estudiosa freudiana, quando Freud não era popular, ela foi uma das muitas mulheres desconhecidas que foram excluídas. Por também ser judia, durante a Segunda Guerra Mundial, foi excluída, impedida de estudar, tendo sua família e mundo dizimados enquanto os efeitos reverberantes desses processos, sem outro lugar para ir, permanecerem internalizados em sua psique e corpo.

Teóricos do trauma sugerem que experiências traumáticas não só são processadas e assimiladas na mente como também simultaneamente codificadas no corpo, recordadas via sensações corporais e não só por meio de palavras. O corpo é "um receptáculo e significante, um tipo de estágio no qual o sofrimento psíquico não sentido pode ser dramatizado e, por fim, aliviado" (Sidoli, 2000, p. 97). Espaços psicológicos e a complexidade mental da consciência e do inconsciente são percebidos também por meio do corpo. Como Jung afirmou: "A alma humana vive unida ao corpo, numa unidade indissolúvel, por isso só artificialmente é que se pode separar a psicologia dos pressupostos básicos da biologia" (OC 8/2, § 232).

Durante a Segunda Guerra Mundial o pai de Sarah Kofman foi deportado e morto em Auschwitz. Sua mãe teve de cuidar da casa e dos filhos, e suas vidas estavam em perigo. Os judeus necessitavam se esconder e alterar sua identidade física, cultural e societal para sobreviver. Na época, qualquer identidade negligenciada ou disfarçada poderia valer a própria vida. O refúgio e segurança de existir no espaço e tempo abertos foram excluídos no início do mundo de Sarah, uma vez que a guerra exigia que ela própria se apagasse a ponto de não ser percebida.

O filósofo francês Gaston Bachelard descreveu lar e pais como entrelaçados. A ideia de um lar envolvendo e protegendo seus ocupantes como pais amorosos é transmitida pela descrição que ele faz do lar como a concha inicial que abriga o ser de uma pessoa (Bachelard, 1964, p. 7). Ele expressou o efeito profundo do lugar como tendo um efeito fundacional sólido e seguro em uma pessoa. Essas coisas familiares sustentam a identidade, estabilidade e segurança, todas erradicadas para Sarah Kofman.

> O si-mesmo é uma mente integrada com seu corpo, mas também com seu ambiente material e uma matriz de relações, que são fontes de enraizamento, uma sensação de continuidade e pontos de referência para variabilidade e descontinuidade, a textura de nossa existência (Luci, 2020, p. 267).

A matriz e fundação de Sarah foram fraturadas, e tinha de ser "como-se" deferente do que era. Aos 8 anos, as múltiplas perdas do pai, lar, segurança e mãe foram inseparáveis do trauma coletivo da guerra, perda, luto, brutalidade e horror predominante inexplicável. Muitos anos mais tarde, ela escreveu: "Como expressar o 'inimaginável'"? (1998, p. 43). Em situações como essa, as palavras falham enquanto corpo e psique armazenam a necessidade de lembrar e de esquecer.

> Sob as condições mais severas, isso pode ser compreendido como um deslocamento do eixo central do Si-mesmo, no qual o complexo ego produz sua posição em relação a outros complexos, com uma mudança profunda na organização e funcionamento do si-mesmo (Luci, 2020, p. 260).

O trabalho da memória é abrir o santuário interior que estoca as memórias reprimidas, como Kofman finalmente fez em seu escrito autobiográfico. Ann Smock, tradutora de sua autobiografia, observou: "Parecia que, muito repentinamente, ela foi capaz de se voltar para um tipo de nó em seu passado, com o qual seu coração estava amarrado" (Kofman, 1996, p. xi). O livro inicia com ela falando da caneta de seu pai na bolsa de sua mãe:

> Eu a usei durante toda escola. Ela "falhou" antes que pudesse desistir dela. Eu ainda a tenho, enrolada em fita Scoth; está diante de mim em minha mesa e me faz escrever, escrever. Talvez, todos os meus livros tenham sido desvios exigidos para me fazer escrever sobre "isso" (Kofman, 1996, p. 3).

Esse último escrito foi também um exercício de luto e reparação, tentando reconquistar seu pai que foi forçadamente levado e morto pelos nazistas.

Devido à falta de resolução do trauma, independentemente de quão grande ou pequeno, ele persiste.

> Uma parte permanece vinculada à situação traumática, enquanto a outra termina se adaptando à nova realidade como se nada tivesse acontecido. A dissociação entre um si-mesmo verdadeiro que volta a um território interior de inocência antes do trauma, um componente da personalidade que cresce rapidamente, exibindo traços de autonomia exagerada (Fleischer, 2022, p. 135).

Sobreviver ao trauma coletivo exige representar e colocar em palavras a realidade não nomeada do que também foi pessoalmente experienciado. Jean Knox explica esse fenômeno. "O que outra pessoa está sentindo, inicialmente pela ressonância neural direta, não é o resultado de um processo de pensamento ou inferência reflexivo. Em outras palavras, é uma forma de conhecimento incorporado sem representação consciente" (Knox, 2010, p. 31). Sarah também estava experienciando as emoções de seus pais, suas perdas e o clima da guerra e do horror além de sua atmosfera pessoal de reações permeadas por essa pletora de traumas.

## Mães divididas

Sarah teve a experiência de ser cuidada por uma mãe parisiense cristã "boa" que os salvou. Contudo, a mãe má foi a sua. Os conflitos entre Sarah e sua mãe, ocorrendo desde o início de sua infância, representavam a resistência a essa mãe estrita, emocionalmente impassiva, sepulcral. Com o tempo, uma mãe se transformou em outra, a boa se fundiu na má e vice-versa, com cada uma representando forças conflitantes. Para ambas as mães, Sarah como si-própria era insuficiente. Agradando uma enquanto desagradava a outra, e não podia escapar desse conflito. Em outras palavras, "a recusa em romper com o vínculo desejado leva ao recolhimento e instaura uma divisão interna contra o si-mesmo como a que seria dirigida contra o objeto ou o ideal" (Butler, 2006, p. 179). Sarah ficou com a questão sobre onde poderia ser real e ter seus desejos e necessidades de vínculo emocional satisfeitos. Permanece incerto se isso alguma vez ocorreu plenamente.

A pessoa "como-se" não pode encontrar o cuidado materno do si-mesmo em situações em que a conexão entre mãe e criança foi desfeita e perturbada. Todavia, usualmente, espera-se que a criança obedeça e agrade a mãe. Isso pode ser exercido pela apreensão sentida de que a mãe colapsará por ser frágil. Ou a mãe pode ser intrusiva e dominadora e a criança se afasta. "[É] a esfera instintiva da criança que se encontra perturbada, constelando assim arquétipos que se interpõem entre a criança e mãe como um elemento estranho, muitas vezes causando angústia" (OC 9/1, § 161).

Se a mãe é devoradora não há espaço para a criança. O vínculo se torna confuso, e uma mãe necessitada, mas também vazia, é aquela que não pode reconhecer a criança como separada de si. Isso cria bloqueios desenvolvimentais e impasses que assumem muitas formas. Para ocultar desapontamentos, a criança "como-se" aprende a compensar intelectualmente, a fazer piadas, a se retirar ou ficar zangada, deprimida ou apenas insensível. A possibilidade de se identificar com a mãe repetidamente é arruinada.

O desenvolvimento do si-mesmo deriva, em parte, da qualidade do espelhamento entre a pessoa que provê o cuidado materno e a criança. Isso significa aprender a negociar os eventos normais que ocorrem tanto com o bom como com o mau cuidado materno. Contudo, uma cisão muito severa entre essas partes pode criar tensão na criança pelo desencantamento irresolvido na mãe que depois continua na vida adulta. Psicologicamente, quando o espelhamento entre mãe e criança está desequilibrado, um arquétipo da mãe negativa sobrevém e se torna internalizado, afetando a relação da criança com seu corpo.

O processo de transformação da personalidade e crescimento se desenvolvem quando a pessoa adulta se torna consciente das imagens maternas interiores e é uma parte da conquista da consciência da psique e do corpo. Jung comentou sobre a mãe, dizendo:

> Isto significa que não é apenas da mãe pessoal que provêm todas as influências sobre a psique infantil descritas na literatura, mas é muito mais o arquétipo projetado na mãe que outorga à mesma um caráter mitológico e com isso lhe confere autoridade e até mesmo numinosidade (OC 9/1, § 159).

Simbolicamente, manifestações arquetípicas da mãe aparecem sob as formas da bruxa, do dragão, do peixe ou serpente grande, do túmulo, do sarcófago, da água profunda, da morte, dos pesadelos e assim por diante.

Andrew Samuels sugere que os arquétipos "portam uma carga de energia forte, potencialmente opressiva, que é difícil de resistir" devido à sua natureza polarizada (Samuels, Plaut & Shorter, 1986, p. 26). Isso se aplica ao arquétipo da mãe, muitas vezes descrito simbolicamente como o que é secreto, oculto, obscuro; como o abismo, o mundo dos mortos; como qualquer coisa que devora, seduz, envenena e é aterrorizante e inescapável como o destino. Ela preside sobre ambos os lugares de magia, transformação e renascimento bem como o mundo subterrâneo e seus habitantes. Para continuar essa lista, a mãe é também simbolicamente associada com solicitude, sabedoria, exaltação espiritual, instintos e crescimento.

Sarah chamava a outra mãe, aquela que salvou a ela e a sua mãe, *Mémé* – um nome que significa o mesmo ou avó, dependendo de seu acento. Descrita no livro como "esta cristã", ela fazia Sarah comer comida não kosher para sua saúde – carne de cavalo, na verdade –, dizia-lhe que parecia muito judia e mudou seu nome. Em outras palavras, Sarah teve de ser alterada para ser aceitável a Mémé e aos seus parâmetros culturais parisienses. A própria mãe de Sarah ficou chateada com sua crescente proximidade de Mémé que lhe provia comida, amor e a própria cultura que estava oprimindo a cultura judaica. Isso tudo se tornou uma fonte intensa de conflito para Sarah que expressava um ressentimento cada vez maior para com sua mãe emocionalmente não amorosa, raivosa e distressada.

A mãe de Sarah exigia que seguisse rituais e regras judaicos e estava inclinada a abatê-la física e emocionalmente. "A mãe não amorosa pode destruir as fundações da existência de uma criança" (Neumann, 1990, p. 62). Sarah Kofman experienciava sua mãe como falhando em confortar, abrigar ou nutrir. Paradoxalmente, ela escreveu: "O perigo real: separação de minha mãe" (1996, p. 27). Contudo, Mémé também era complexa, uma vez que incorporava negatividade e repulsa quanto a ser judia, o que era sinônimo de alienação social da época (Faulkner, 2008, p. 56). Mémé salvou Sarah e sua mãe, correndo riscos por elas, embora parecesse aceitar e não aceitar sua condição de judia. A ambivalência de ser judia e ter de ser oculta para evitar perseguição e morte estava no centro da autobiografia e identificação de Sarah Kofman (Faulkner, 2008, p. 42), e isso era representado pelas duas mães. Uma representava medo e, a outra, segurança e reafirmação.

A autobiografia de Sarah Kofman é testemunho do conflito materno entre salvar e destruir a vida, embora ambas as mães estivessem inibindo e suprimindo, cada uma de um modo diferente. "O trauma rompe uma idealização de um objeto pelo ódio da pessoa, reativo à falha desse objeto em executar sua função" (Winnicott, 1989, p. 145). Esses sentimentos eram dirigidos à mãe que ela não podia deixar no início da história e no fim reconhecia sua morte.

Ela também não vai ao funeral de Mémé. A mãe também não executou a função de encorajar Sarah a ser o que era.

## Alimento

O escrito autobiográfico de Sarah Kofman revela a tensão entre alimentos, mães e culturas de paradigmas significativamente contrastantes de pensamento. Imbuídos do modo de vida judaico, os ensinamentos e rituais de sua juventude eram saturados de seu pai rabino e sua mãe. Isso foi objetado pela filosofia grega e pelo intelectualismo judaico introduzido pela Mémé cristã que encorajou a formação secular de Sarah. Igualmente, as palavras antissemitas de Mémé eram venenosas e erradicavam a identidade de Sara quando Mémé criticava o judaísmo da aparência de Sarah e por meio da comida traía a lei judaica de seu pai e a ligação com sua mãe. Gradualmente, extirpada de suas raízes judaicas, Sarah se inclinou cada vez mais para *Mémé*. Todavia, ao longo de sua autobiografia, ela narra sua recusa em comer carne suína por ser proibida no judaísmo. Contudo, Mémé encorajava, e Sarah, em conflito, comia e vomitava frequentemente.

> Nada nos força a conhecer
> O que não desejamos
> Exceto a dor (Ésquilo, Oréstia: Agamenon,
> Coéforas e Eumênides).

O conflito psicológico também testemunhou a indigestibilidade da morte do pai e a não palatabilidade da tensa relação com as mães. A comida, paradoxalmente, representava o empurra e puxa do desejo de retornar à mãe e suas raízes. Comer a comida que a mãe desaprovava era, para Sarah, por um lado, delicioso (Stanislawski, 2004, p. 143), enquanto que, por outro lado, estabelecia um dilema. Sarah rejeitava e necessitava de sua mãe como representado pelo vômito que expressava seus verdadeiros sentimentos e a protegia de ingerir o que não podia. Comer, vomitar, comer era o ritmo que adotou enquanto oscilava emocionalmente entre as duas mães. O vômito começou quando ela e sua mãe caminhavam de sua antiga casa para viver com Mémé. O conflito no amor e na afeição era manifestado com a comida que ela desejava, mas não podia ingerir, nem digerir esse alimento ou o que lhe estava acontecendo. Seu vômito destaca a diferença entre lembrar e não esquecer (Hirvonen, 2012, p. 159), enfatizando o insustentável conflito interno que Sarah encontrava a cada momento.

Além disso, a comida refletia a relação eivada de conflitos e ambivalente com a mãe e seu corpo.

> A relação primal foi acompanhada por dor, vacuidade, frio, sentimento de impotência, completa solidão, perda de toda segurança e amparo: é uma queda precipitada na renúncia e medo do vazio sem fundo... no simbolismo do estágio alimentar, fome e dos que são caracterizados como mastigar e devorar (Neumann, 1990, p. 74).

De acordo com a psicanalista britânica das relações de objeto, Melanie Klein, famosa por suas teorias sobre o bom e o mau seio, a mãe não só nutre como também é o objeto do medo. Sarah Kofman escreveu: "Estamos esperando ver a boa senhora, doce, sorridente, e, em vez disso, há ameaça e falsidade. O mau seio no lugar do bom" (1986, p. 66). Os cuidados maternos insuficientes junto a culpa, tristeza ou traição torna uma filha desolada enquanto tenta reparar o dano e agradar. A mãe negativa, ausente ou morta deixa uma filha sem amor ou autoautenticidade. O tipo de complexo denotado aqui se endurece quando os fragmentos psíquicos se fortalecem e ficam mais divididos devido aos ferimentos traumáticos à psique, corpo e mundo.

## Corpo e trauma coletivo

"Toda consciência começa com a experiência do corpo sob a forma da imagem corporal" (Colman, 2008, p. 357). Contudo, em seu mundo, o corpo de Sarah, por ser judia, era submetido à morte e sua existência estava por um fio. "O futuro, por vezes, habita em nós sem que saibamos, e as palavras consideradas falsas descrevem uma realidade imanente" (Proust, 2021, p. 45).

Tudo que sabemos, tudo que fazemos e tudo que somos, é mediado pelo corpo. Aprendemos sobre o mundo e sobre nós por meio de nossos corpos como a base da subjetividade e autoexpressão. "Situações que ocorrem desde a primeira infância incapazes de ser conscientemente registradas ou verbalizadas podem aparecer e ser contadas através do corpo" (Deligiannis, 2018, p. 181). O trauma não só retorna em histórias e palavras como também é expresso como reações e sensações corporais. A dor e o trauma da perda "emergem não da própria história, mas das imagens corporais recorrentes por meio das quais sua história se desenrola" (Robson, 2004, p. 608). Só muito mais tarde Sarah pôde finalmente registrar o que seu corpo não podia esquecer. Era impossível escrever sobre o passado conscientemente até quase o fim de sua vida. A tensão e necessidade para aceitar a perda e a impossibilidade de o fazer eram configuradas por meio de seu corpo (Hirvonen, 2012, p. 159).

A fala do corpo é uma figura de memória, uma vez que seu choro testemunha os traumas independentemente de quão reprimidos e silenciados. O corpo não pode esconder sua fragilidade, vulnerabilidade e precariedade quando reconhece o trauma experienciado. Portanto,

> os analistas devem prestar muita atenção às mensagens subliminares transmitidas pelo corpo e muito menos atenção ao relato verbal, factual. Os fragmentos emocio-

> nais não integrados estão localizados no corpo... Quando o vínculo se estabelece, os pacientes me usarão lentamente para compensar pela experiência de espelhamento que perderam (Sidoli, 2000, p. 102).

## A mãe como abjeta

Sarah Kofman tentou, em seus últimos escritos, recuperar uma parte perdida de si, a parte objetada na mãe.

> Na abjeção surge uma daquelas revoltas violentas, obscuras, do ser dirigidas contra uma ameaça que parece emanar de um exterior ou interior exorbitante, ejetado para além do escopo do possível, do tolerável, do pensável. Aí, reside, muito próxima, mas não pode ser assimilada. Implora, preocupa e fascina o desejo, que, contudo, não se deixa seduzir. Apreensivo, o desejo se vira para o lado; enojado, rejeita (Kristeva, 1982, p. 1).

A psicanalista francesa Julia Kristeva descreve o *abjeto* como os elementos não processados, rejeitados, os traumas e a necessidade de enlutá-los. O conceito de abjeto de Kristeva inclui os elementos físicos, desprezados e ignorados. O abjeto significa o que é posto de lado e atribuído ao que perturba a convenção, a identidade e a existência. Ela expande essa ideia para incluir qualquer "entidade que envolva a existência do si-mesmo e atribui a abjeção como ambiguidade para o que é considerado perigoso" (p. 10). Ela descreveu a entidade potencialmente prejudicial que não pode ou quer ser assimilada e como isso afeta o corpo.

Kristeva identifica o materno como o receptáculo para o que foi reprimido ou abjetado. Isso se compara à descrição de Sarah Kofman sobre sua recusa de sua mãe, ainda que a impossibilidade de escapar. Kristeva enfatiza a função materna com sua importância no desenvolvimento da subjetividade e para acessar a cultura e a linguagem (1982, p. 10). A linguagem primal da mãe é uma pulsão corporal associada a ritmos, tons e movimentos de vida básicos. A abjeção é ativada quando uma pessoa é incapaz de incorporar as experiências ou simbolizá-las por parecerem muito horríveis ou demais. Como Sarah Kofman retratou, a amada sensação de si-mesmo não era espelhada pela figura materna original.

O abjeto é inerentemente liminar, significando que o espaço intermediário não é um objeto discreto nem um não objeto. Seu *status* liminar destaca as fronteiras entre o si-mesmo e o outro, a vida e a morte, o ser e o não ser, Sarah e sua mãe. O abjeto atua como uma força de estranhamento ou uma tentativa de "alterizar" o que ou quem é colocado fora de certas categorias de identidade e modos de ser. A abjeção permite a identidade ao se separar do que ameaça ou polui enquanto coloca o sujeito e o outro em contato (Kristeva, 1982, p. 13). Como tal, separa os processos psíquicos criando fronteiras e identidades, embora sustentando o contato. Sarah não podia assimilar sua mãe nem afetivamente se conectar com ela, sentir-se protegida ou separada. Ela foi pega nos eventos de seu mundo e sua psique, mas sem o refúgio ou segurança da mãe ou do pai. "O eco psíquico da separação física violenta da mãe está sempre dentro de nós. Assim, durante a luta da criança para se tornar um sujeito, uma terceira parte, por fim, o pai... ajuda o sujeito futuro" (Kristeva, 1982, p. 13). Como notado anteriormente, Sarah Kofman carecia de ambos os pais, e a separação de e o enlutamento por ambos ficou mais complexa devido aos múltiplos traumas.

*Rue Ordener, Rue Labat* é "uma história sobre o corpo, a memória corporal, abrindo a pressão insustentável da presença da ausência" (Hirvonen, 2012, p. 159). Sarah Kofman manifestou a dificuldade e a concomitante necessidade de contar as perdas traumáticas há muito silenciadas. "Em seus escritos está em operação um desempenho de identidade como frágil, incompleta e transitória... que deve se equivocar entre extremos incompatíveis" (Faulkner, 2008, p. 58). Sarah expressou a dor, o conflito e a perda de seu mundo inteiro, uma história pessoal alinhada à memória cultural e coletiva. Todavia, seu suicídio cerca de um ano após publicar seu único texto autobiográfico em livro inspirou especulação sobre a relação potencial entre escrever o trauma e como pode afetar o suicídio.

A curta autobiografia de Sarah Kofman explorou o abandono e mortes; o choque como ferimentos anteriormente não expressos e tristeza associada foram expressos em palavras e libertados.

> O complexo ego, deslocado e erradicado do si-mesmo, mantém-se separado como um observador das mudanças profundas no si-mesmo, sua organização e sua autopercepção, a percepção de outros, a percepção do corpo da pessoa, a criação de significado (Luci, 2020, p. 275).

Sarah Kofman demonstrou com sua escrita a necessidade de integração do corpo e da mente, e os efeitos de traumas tanto pessoais como coletivos alimentando criação e destruição. Sua narrativa não é somente sua verdade pessoal, mas também reflete a luta humana por autenticidade e a verdade sobre o trauma necessitando ser expresso psicológica e culturalmente.

Em análise,

> a realidade do trauma coletivo com todo seu... horror do não representável pode, gradualmente, encontrar – na díade analítica – uma forma simbólica de ser retomado, metabolizado e elaborado. Quando desconhecidos e inconscientes, complexos podem provocar sintomas de distresse psicológico e físico (Fleischer, 2022, p. 130).

Até então o si-mesmo real permanece silente e isolado, vulnerável, em um estado de não comunicação com o resto da personalidade.

O trauma é experienciado como uma perda de linguagem e cognição. Falar sobre traumas os transforma em linguagem narrativa e memória linear e é um meio para se abrir para a psique e o corpo. Embora negasse por anos a necessidade da autoescrita, em um ensaio autobiográfico anterior, Sarah Kofman refletiu: "Quem era como pessoa, um si-mesmo. Há um?" (Stanislawski, 2004, p. 141). Em uma entrevista de 1976 comentou: "Pediram-nos para receber suas palavras em troca de como o autorreconhecimento chegou a ela disfarçado em camadas de suas histórias... um discurso de escassez e empobrecimento... em sua materialidade e temeridade" (Kofman, 1986, p. 6).

A escrita intelectual de Sarah Kofman é lida como uma tentativa de tratar traumas. Como uma especialista nas filosofias de Freud e Nietzsche, expôs como os desejos e ideias desses autores estão inextricavelmente entrelaçados no tecido de seus textos (Chanter & DeArmitt, 2008, p. 29). Embora a morte esteja inscrita em muitos dos volumes de Sarah Kofman, não se trata de superar o luto, mas de um reconhecimento da impossibilidade de o fazer e do quão necessário é inventar a partir dele. É importante também lembrar que era conhecida como pensadora, como afirmativa, contrária, brincalhona, profunda, enganosa, nuançada, apaixonada e determinada.

## Sonho da bruxa/mãe

"Quando a relação primal é perturbada o sentimento de impotência e o desamparo constelam a mãe terrível e negativa... ela se torna uma bruxa, a mãe diabólica do sofrimento e da dor... ela rejeita, e condena à solidão e doença" (Neumann, 1990, p. 74). Sarah Kofman descreve um sentimento de suprimir a autoaniquilação e a recusa indutora de culpa maternas de sua autonomia.

Para Jung (OC 9/1), o complexo materno surge quando uma mãe persiste na posse e na vontade de poder, que aniquilam a personalidade e a vida de sua filha. A mãe não pode ser contrariada, e a filha obedece sem questionar. A mãe se apega à filha, impondo uma tirania inconsciente disfarçada de lealdade e devoção. Essa mãe é emocionalmente distante e incapaz de lidar com a identificação natural da filha a ela. A filha pode reagir acentuando o feminino e o instinto materno, ou as atrofias maternas de modo que não possa ser mãe para si ou outros. A filha leva uma existência-sombra, drenada por sua mãe em um tipo de transfusão de sangue contínua (§ 169). Ela sente que deve salvar a mãe para obter uma semelhança de um cuidado materno para si. Isso descrevia o conflito que Sarah também carregava, intensificado pela instabilidade cultural e coletiva e ameaça constante à sua vida e à da mãe.

O complexo materno é um sentimento tonificado e moldado por experiências com a mãe pessoal que influencia as formas da imago mãe interior. Como Jung disse:

> um complexo ou ter um complexo [...] [q]uer dizer apenas que existe algo discordante, não assimilado e conflitivo, um obstáculo talvez, mas também um incentivo para maiores esforços e, com isso, talvez nova possibilidade de sucesso. Neste sentido, os complexos são precisamente focos ou entroncamentos da vida psíquica que não gostaríamos de dispensar, que não deveriam faltar, caso contrário a atividade psíquica entraria em estado de paralisação fatal (OC 6, § 990).

Além das experiências pessoais, os complexos são influenciados pela cultura e época na qual vivemos. Isso se refere à variedade de ícones religiosos, sociais e culturais aos quais somos expostos, inibindo ou expandindo nossa psique.

Sarah Kofman escreveu sobre os conflitos de vida e morte de seu complexo materno, que era composto pelas conexões e conexões perdidas entre ambas as suas mães. "Mente/si-mesmo e memória estão implicitamente inter-relacionados com nosso ambiente total desde o início. Portanto, é a ruptura dessa Gestalt organizadora em qualquer momento ao longo do contínuo o que constitui o trauma específico" (Dowd, 2019, p. 253). O complexo materno de Sarah foi significativamente desorganizado desde o início, e ela registrou odiar sua mãe que lhe batia ainda que também a tenha salvo de ser morta na Segunda Guerra Mundial.

Ela registrou um sonho infantil:

> Estou em uma sala de minha infância, com minha mãe, irmãos e irmãs, à noite. Um pássaro entra, um tipo de morcego com uma cabeça humana, pronunciando em voz alta: "Ai de vocês! Ai de vocês!"
>
> Minha mãe e eu, aterrorizadas, fugimos. Estamos chorando na Rue Marcadet: sabemos que estamos em grande perigo e tememos a morte.
>
> Desperto muito ansiosa (Stanislawski, 2004, p. 144-145).

Seu pesadelo funciona como um espaço referencial, que oculta e revela seu sofrimento infantil. Sarah associou esse sonho ao que chamou a má hora quando o *Kommandantur*, o nome que deu ao pássaro do infortúnio, veio avisar a família que estavam na lista de detenção judaica para os campos de concentração. Seu sonho era pessoal, um anúncio de opressão e medo. Poderia também ser considerado impessoal e relevante para a situação coletiva e cultural na época. O trauma não tem um local unicamente no si-mesmo uma vez que está além da pessoa, todavia, ao mesmo tempo, é a pessoa criada (Kohon, 1999, p. 100).

Sarah soube, três meses depois após lembrar do pesadelo e de escrever sobre ele, que o morcego representa Lilith no folclore judaico. Ela escreveu que a *Mardewitch*, um avatar de Lilith, assombrou-a por toda sua infância. A *Mardewitch* era uma anciã que vinha punir Sarah por afastá-la de casa. Lilith é uma figura feminina na mitologia mesopotâmica e judaica, a primeira esposa de Adão. A história conta que após ter sido banida do Jardim do Éden por não obedecer a Adão sexualmente, Lilith foi identificada como uma poderosa demônia capaz de matar crianças não protegidas por seus pais.

Sarah contou como sua mãe a trancava em um armário quando criança e dizia que a *Mardewitch* viria para puni-la. "Pesadelos não são sonhos propriamente ditos, mas reproduções de experiências traumáticas" (Luci, 2020, p. 174). O pesadelo conota a violência e perturbação na autoexperiência de Sarah, que se origina em casa e se reproduz mais tarde na sociedade durante a guerra sem refúgio ou segurança em ambas. Sarah disse que o inconsciente reuniu as duas figuras aterradoras de sua infância – o *Kommandantur*, o pássaro do infortúnio, e a feiticeira, *Mardewitch* (Stanislawski, 2004, p. 145). Ambos os símbolos eram associados à sua mãe que não podia expressar amor, mas comunicava medo, suas perdas e exibia crueldade para com seu corpo e psique. A segurança de que Sarah necessita não podia ser satisfeita por sua mãe dividida de ser uma nutridora na Mãe Terrível ou bruxa. Essa última parte da mãe era uma destruidora e inibidora do progresso, traindo Sarah de várias formas.

Em relação a sonhos, talvez não seja somente o medo ocorrendo no sonho que é traumatizante, mas também o despertar do sonho que cria um trauma real na experiência de sua recordação. Traumas envolvem experiências que ameaçam a vida, mas também a habilidade de sobreviver a elas. A psique está em uma batalha para superar a ameaça à vida compreendendo o fato da sobrevivência e retornando continuamente aos eventos assustadores. A psique reafirma a experiência, assegurando a sobrevivência e a existência contínua da pessoa ao recontar o trauma. Isso oferece um modo de compreender as formas pelas quais quem narra não está, de fato, debilitado pelo trauma e pode se tornar um ponto para ir adiante.

Sarah Kofman comentou:

> Talvez um dia, eu possa escrever uma autobiografia. Ao mesmo tempo, continuo pospondo a decisão como se desse modo postergasse a data de minha morte. Realmente, acredito que todo trabalho escrito que produzi (meus 24 livros) me dão o direito e talvez o dever de falar sobre o que ocorreu em minha infância. Por vezes, pergunto-me se a ênfase que coloquei em atingir um certo nível de fama pode ter sido meramente uma tentativa de conquistar o direito de escrever esta descrição autobiográfica. Até agora escrevi somente fragmentos autobiográficos que apareceram esparsamente em diversas revistas. Espero que minhas leitoras me encorajem a prosseguir (1995, p. 6).

Em 1994, aos 59 anos, Kofman publicou a autobiografia *Rue Ordener, Rue Labat*, contando a história de sua vida dos 8 aos 18 anos. O último livro escrito por essa prolífica filósofa tratava das perdas e da ambivalência na influência entre diversas culturas e suas manifestações físicas das perdas internas e externas, separações e traumas de guerra. As duas ruas no título do livro representavam as duas mães, os conflitos mãe-filha e os traumas na mente e corpo que permeiam o livro.

## Mãe morta

As crianças dependem de cuidadores primários não somente para satisfazer suas necessidades mais básicas de sobrevivência como também para respostas emocionais confiáveis, acuradas e empáticas. Contudo, Sarah experienciou desinvestimento materno e vínculo condicional e foi pega em uma identificação inconsciente com uma mãe emocionalmente apática, entristecida e perdida. Sarah era descrita como alguém com a impossibilidade de autorrepresentação coerente (Hirvonen, 2012, p. 154), e sua identidade como um pastiche carente de um núcleo central (Faulkner, 2008, p. 43).

Isso referencia o efeito do complexo da mãe morta descrito pelo psicanalista francês André Green. Segundo ele, essa mãe está fisicamente morta, incapaz de lidar com seus humores depressivos, dissociada de seus afetos e matou sua vida interior (Kohon, 1999, p. 100). Essa mãe retira a atenção de sua filha porque está de luto pela extensão de suas perdas. Certamente, a mãe de Sarah foi subjugada pela tristeza e "não [podia] abrir mão do que não estava mais lá e a vida da criança e a relação da mãe com a criança viva fora negada" (Kohon, 1999, p. 184). A mãe de Sarah não a deixaria se tornar o que desejava ser, não permitiria a separação e era incapaz de transmitir amor materno caloroso. A traumatização, perda e identificação melancólica com a mãe incapaz de prover amor e cuidado impacta a experiência de vida da criança. Essa mãe emocionalmente morta é onipresente, apropriando-se da criança e a tornando cativa em seu luto e morte. Qualquer outro amor não é possível porque já está hipotecado e "o lugar está ocupado, em seu centro, pela mãe morta" (Green, 1986, p. 153-154). "Uma vida de pensamento é talvez uma vida que já não vive o bastante, ou que vive demais, ou, uma vez mais, muito simplesmente, é uma vida que atesta a si, inscrevendo o que ocorreu" (Jean-Luc Nancy, citado em DeArmitt, 2008, p. 1).

A mãe é essencial e emocionalmente indisponível e isso pode provocar depressão e ferimento emocional à criança bem como desconexão do corpo. "Nenhuma vida é possível além do limite da mãe morta e certamente nenhuma paz de espírito reside em seu abraço" (Kohon, 1999, p. 118). Green descreveu uma vida psíquica fundada na perda:

> a ausência do outro marca um lugar de movimento, mas também se tornou o túmulo no qual reina a loucura. A ausência é nuançada, complexa e paradoxal... uma vez que o criativo emana do conflito com a negatividade e embora a mãe morta nunca esteja ausente, a ausência pode significar presença potencial (Kohon, 1999, p. 114).

Por muitos anos, Sarah Kofman preencheu essa ausência com seus escritos e explorações filosóficas.

Comparando isso com as quatro descrições psicológicas de Jung do complexo materno com seu impacto na filha (OC 9/1), acho que cada um contém traços vivificadores e mortificadores. Tanto a mãe quanto Mémé se encaixam na mãe devoradora e controladora, uma vez que cada uma tentou moldar Sarah para ser o que queria. Esse tipo de mãe não pode reconhecer que a criança tem uma vida distinta das suas. A vivacidade psíquica da criança é especialmente ameaçadora para essa mãe, e, assim, ela recusa permissão de a filha existir como um ente separado. Sua palavra é lei; ela não pode ser contrariada e sob a máscara de lealdade e devoção a filha deve obedecer. Quanto mais inconscientemente destrutiva a mãe é para si, menos a filha pode tolerar se separar dela.

A filha pode desenvolver raiva em relação à sua mãe e odiar a ideia de ser como ela. "Uma mulher assim forma sua identidade feminina em relação a sua mãe, e contra ela, em contraste com a identidade de sua mãe, por vezes inclusive a despeito dela" (Ulanov, 1981, p. 26). Essa atitude aborrece a mãe que exerce sobre a filha ou exigências opressivas ou emocionalmente carregadas de inércia, criando baixa autoestima.

A distância emocional e o vácuo de intimidade frustram, agonizam e absorvem a filha. A mãe transmite mensagens misturadas para não deixá-la, uma vez os medos conscientes e inconscientes de solidão da mãe penetram na filha. Da rejeição materna e sem vínculo saudável, o desenvolvimento da criança é sequestrado. Ao longo da vida, as recapitulações de abandono e subsequente sofrimento levam ao aprisionamento consciente e inconsciente em sofrimento e perda.

Jung também aludiu ao complexo materno negativo em uma filha que era excelente em atividades intelectuais nas quais sua mãe não tinha lugar (OC 9/1, § 186). Sarah Kofman se encaixa em todas essas áreas até certo ponto, mas principalmente nessa última categoria. Sarah, como um extremo, representa um exemplo do tipo de personalidade "como-se" que experienciou perdas, luto, ausência parental emocional e vínculos perdidos. Ela se arranjou quando adulta desenvolvendo seu intelecto e amor pelas palavras e sua habilidade de mascarar seu mundo interior para outros. Jacques Derrida comentava frequentemente sua risada.

> Sarah Kofman parece sentir nessa repressão... uma afirmação perspicaz de vida, seu movimento irrepreensível para sobreviver, subsistir, obter o melhor de si em si... afirmar essa verdade da vida por meio do sintoma da repressão (2017, p. 24).

Isso era a fachada cobrindo o si-mesmo real? Comportamentos assim são muitas vezes indicativos da pessoa "como-se" que é velada e internamente fechada.

As raízes de Sarah Kofman foram dizimadas pela guerra, a morte de seu pai e as figuras maternas que a puxaram emocionalmente para direções opostas. A tristeza e perda em torno de sua mãe foram traduzidas no corpo de Sarah e manifestados em seu vômito e, possivelmente, em seu suicídio. Identificar-se com uma mãe que não podia compreender nem da qual se aproximar a manteve vinculada ainda que emocionalmente distante e sem amor suficiente. Para Sarah, a fundação interior benevolente e criativa para segurança, identidade e vínculo era indisponível mesmo com sua mãe. A criação do si-mesmo foi inundada pela ausência emocional materna e por traumas ambientais de perda, morte, medo e com a identidade sendo insegura. Sarah enfrentou a intrusão de ambas as figuras maternas tentando controlar seu corpo, colocando sua identidade em um dilema, uma vez que lutava ambivalentemente para se libertar do controle da mãe.

No fim, o si-mesmo silenciado anteriormente barricado em um lugar de não comunicação apresentou a informação reprimida. A linguagem com sua agência e ação tem uma qualidade vital, acentuada quando o monólogo interior isolado se torna compartilhado e público. Reexperienciar o distresse e a desordem também promove relação com o si-mesmo. Sem memória não pode haver luto (Feldman, 2022, p. 108). A fala interior se torna uma expressão exterior de consciência e conhecimento com efeito transformador sobre a pessoa e a cultura. A "recuperação do 'eu' depende da fragmentação física para que o distresse agudo seja transformado" (Stone, 2004, p. 28). A escritora se torna uma leitora de seu choque, e isso pode construir uma ponte para a transformação.

Sarah Kofman ilustrou que a situação cuidados maternos insuficientes e o complexo materno ambivalente deixam culpa, tristeza ou traição. Há ausência e morte na identificação do espelho com a qual Green chamou a mãe morta. Uma filha foge de seu corpo quando parece ter valor limitado. Paradoxalmente, o conflito interno também pode ser o que estimulou os extensos e detalhados escritos intelectuais de Sarah Kofman, provendo o ímpeto para movimento e saída dos aprisionamentos psicológicos e culturais. Sua identidade foi rearticulada através de seus escritos na tentativa de reconstituí-la.

Após a guerra, Sarah retornou para sua mãe em outra rua chamada Impasse Langlois. A tristeza tem um apetite insaciável e não vai embora. O luto abre mão e preserva o que foi perdido. "A identificação melancólica permite a perda... quando evita a perda como uma perda completa... resistindo à renúncia do amor perdido" (Butler, 1997, p. 134). Portanto, o enlutamento não é o fim do luto. "Seu escrito era como ela vivia, testemunhando a existência, e quando declinou no último ano de sua vida não pôde mais viver" (Hirvonen, 2012, p. 168).

## Referências


Bachelard, G. (1964). *The poetics of space*. Orion.

Butler, J. (1997). *Gender trouble*. Routledge.

Butler, J. (2006). *Precarious life*. Verso.

Chanter, T. & DeArmitt, P. (eds.) (2008). *Sarah Kofman's corpus*. State University of New York Press.

Cixous, H., Cohen, K. & Cohen, P. (1976). The laugh of the Medusa. *Signs*, 1(4), 875-893.

Colman, W. (2008). On Being, knowing and having a self. *Journal of Analytical Psychology*, 53(3), 351-366. doi: 10.1111/j.1468-5922.2008.00731.x.

DeArmitt, P. (2008). Introduction: The lifework of Sarah Kofman. In T. Chanter & P. DeArmitt (eds.), *Sarah Kofman's corpus*. https://sunypress.edu/content/download/451868/5496653/version/1/file/9780791472675_imported2_excerpt.pdf.

Deligiannis, A. (2018). Imagining with the body in analytical psychology. Movement as active imagination: An interdisciplinary perspective from philosophy and neuroscience. *Journal of Analytical Psychology*, 63(2), 166-185. doi: 10.1111/1468-5922.12392.

Derrida, J. (2007). *Introduction to selected writings by Sarah Kofman* (E. Rottenberg, G. Albert & T. Albrecht, eds.). Stanford University Press.

Derrida, J. (2017). *The work of mourning*. University of Chicago Press.

Dowd, A. (2019). Unrooted minds: Displacement, trauma and dissociation. *Journal of Analytical Psychology*, 64(2), 244-269. doi: 10.1111/1468-5922.12481.

Faulkner, J. (2008). Keeping it in the family: Sarah Kofman reading Nietzsche as a Jewish woman. *Hypatia*, 23(1), 41-64. doi: 10.1111/j.1527-2001.2008.tb01165.x.

Feldman, B. (2022). After the catastrophe: Working with intergenerational transmission of collective trauma in Jungian analysis. *Journal of Analytical Psychology*, 67(1), 105-118. doi: 10.1111/1468-5922.12752.

Fleischer, K. (2022). At the train station: The self suspended in collective trauma. *Journal of Analytical Psychology*, 67(1), 130-144. doi: 10.1111/1468-5922.12754.

Green, A. (1986). *On private madness*. Hogarth.

Hirvonen, A. (2012). The ethics of testimony: Trauma, body and justice in Sarah Kofman's autobiography. NoFo. *An interdisciplinary journal of law and justice*, 9, 144-172. www.helsinki.fi/nofo/index.html.

Kofman, S. (1986). Damned food. *SubStance*, 49(8-9), 6-13.

Kofman, S. (1995). Writing without power: A conversation with Sarah Kofman. *Women's Philosophy Review*, 13(13), 5-8. doi: 10.5840/wpr1995136.

Kofman, S. (1998). *Smothered words*. Northwestern University Press. (Trabalho original publicado como *Paroles suffoquées* em 1987).

Kofman, S. (1996). *Rue Ordener, Rue Labat*. University of Nebraska Press.

Kohon, G. (Ed.). *The dead mother: The work of André Green*. Routledge.

Knox, J. (2010). *Self-agency in psychotherapy*. W.W. Norton & Co.

Kristeva, J. (1982). *Powers of horror: An essay on abjection*. Columbia University Press.

Luci, M. (2020). Displacement as trauma and trauma as displacement in the experience of refugees. *Journal of Analytical Psychology*, 65(2), 260-280. doi: 10.1111/1468-5922.12590.

Neumann, E. (1990). *The child.* Shambhala.

Proust, M. (2021). *Sodom and gomorrah.* Yale University Press.

Rizzuto, N. (2006). Reading Sarah Kofman's testimony to les annees noires in *Rue Ordener, Rue Labat. Contemporary French and Francophone Studies*, 10(1), 5-14.

Robson, K. (2004). Bodily detours: Sarah Kofman's narratives of childhood trauma. *Modern Language Review*, 99(3), 608-621.

Samuels, A., Plaut, F. & Shorter, B. (1986). *A critical dictionary of Jungian analysis.* Routledge & Kegan Paul.

Sidoli, M. (2000). *When the body speaks: Archetypes in the body.* Routledge.

Stanislawski, M. (2004). *Autobiographical Jews: Essays in Jewish self-fashioning.* University of Washington Press.

Stone, B. (2004). Towards a writing without power. *Auto/Biography Journal*, 12, 16-32.

Ulanov, A. (1981). *Receiving woman.* John Knox Press.

Winnicott, D.W. (1960). The maturational processes and ego development. Routledge.

Winnicott, D.W. (1989). *Psychoanalytic explorations.* Harvard University Press.

# 11
# Anseio por pertencimento: cultura, complexo e análise

## O cão fiel

Nesta fábula mexicana, um homem tem um cão que maltrata devido, entre outras coisas, à pobreza que está experienciando. O espírito dos animais, Kakasbal, fala com o cão maltratado, sugerindo que abandone seu cuidador, uma vez que todos os dias é espancado muitas vezes. O animal se recusa, dizendo que jamais escapará, por ser um cão fiel, mesmo que seu cuidador jamais lhe agradeça. O espírito é tão insistente que o cão faz com que acredite que aceitará sua proposta. Para isso, deve vender sua alma. O cão pede ao espírito um osso para cada pelo. O espírito começa a contar os pelos até que o cão se lembra de seu cuidador e se move de propósito de modo que o espírito perca as contas. O cão diz que se moveu por causa das pulgas. Esse processo é repetido por centenas de vezes até que Kakasbal se apercebe de que o cão não quer vender sua alma. Ele diz ao cão: "Você me traiu, mas me deu uma lição, porque agora sei que é muito mais custoso comprar a alma de um animal do que a de um ente humano".

A questão tratada aqui é como processos de alterização afetam e minam o desenvolvimento e impedem a formação da identidade "como-se" com seus efeitos pessoais, psicológicos e culturais. Neste capítulo exploro a transferência, a sombra e a cura por meio da função transcendente como é ativada na relação terapêutica e analítica. O processo traça as condições sociais e psicológicas sob as quais as pessoas se sentem deixadas de fora. Sentir-se deixada de fora leva a pessoa "como-se" a se moldar no que é considerado aceitável para sobreviver. Sem o desejo de compreender – de sermos surpreendidos, ouvir e testemunhar – perdemos nossa humanidade, impedindo o crescimento e desenvolvimento psicológicos.

Os gregos antigos chamavam o ato de ser contatado *filoxenia*, ou amizade com o estrangeiro. Atualmente, aqueles considerados estrangeiros muitas vezes evocam medos do desconhecido e registramos ameaça, não abertura. Quando isso ocorre, a energia diminui no inconsciente, estimulando um clima de separação e exclusão ou de nós *versus* eles. O diferente e não familiar se torna ainda mais assim quando crenças e exclusões automáticas não são examinadas e permanecem desconhecidas. A ilusão de que, dentro de um grupo, somos todos iguais alimenta a fantasia de que o grupo pode realizar sua existência completamente segura e harmoniosa. Essa é uma ficção perigosa de pureza baseada na aniquilação da diferença e na perpetuação de respostas "como-se" e impostoras. Considerar as pessoas como tendo vidas de valor igual significa reconhecer cada pessoa como única com um núcleo comum de humanidade com o qual podemos nos relacionar.

> E você não deve maltratar uma pessoa estrangeira, nem oprimi-la (Ex 22,20).

## Sua história

Esta é a história de um hispânico com pouco mais de 30 anos, a quem chamarei Mike. Ele nasceu nos Estados Unidos. As pressões de seu desejo de pertencer colidiram com seu desejo de se expressar livremente tanto na cultura tradicional quanto na sua.

> Ao que sei, estas experiências interiores acontecem, ou quando algum fato exterior produz um abalo tão forte no indivíduo que sua concepção anterior da vida desmorona, ou quando os conteúdos do inconsciente coletivo por um motivo qualquer acumulam uma quantidade tão grande de energia que se tornam capazes de influenciar a consciência (OC 8/2, § 594).

Ele chegou à terapia com depressão pelo medo de que sua família se dividisse pela possível deportação de sua esposa após ter recebido uma carta do Serviço de Imigração e Controle de Aduanas dos Estados Unidos da América. Suas políticas legalistas impessoais e a ameaça de destruição à sua vida reproduziam a brutalidade da infância com a qual foi criado. Sua depressão reativa agravada pela repressão societal o levaram à análise junguiana.

A identidade e narrativa daqueles que nasceram em outro lugar, ou fora do que é considerado convencional, atribuem a eles o rótulo de "outros" ou "os inimigos". Contudo, o que importa é como aparecemos em nossas histórias como pessoas em relacionamentos para outras pessoas, ocorrências e objetos em nossos mundos. Para Mike, identidade e orgulho eram uma estrada entulhada de terror e trauma. O trauma ancestral, que tinha um impacto contínuo, havia sido transmitido pelas gerações. Esse continha as dimensões despercebidas do trauma individual e coletivo à identidade, em particular, a vergonha e problemas de autoexpressão nas sociedades modernas. Jung comentou:

> Mas, somos realmente livres? Somos fracos e insignificantes, e queremos sê-lo. Nosso estilo de vida é estreito e nossa visão do mundo não está bloqueada apenas por montanhas comuns, mas por montanhas inteiras de preconceitos contra tudo e contra todos que nos superam em grandeza (OC 18/2, § 1.338).

Junto à sensação de estranhamento, quando as pessoas são excluídas, depressão, complexos inconscientes e cisão psicológica podem dominar, e elas podem fingir ser diferentes do que são e, assim, sentirem vergonha.

Desesperado, Mike pressentiu o pior. Era seu coração? Sentia-se drenado e sem esperança, preso numa solidão profunda. Tinha muito sofrimento, misturado com uma sensação de não pertencimento e um anseio por ser compreendido. Como explicou, embora cidadão americano, não se sentia seguro. Várias formas de ferimento e exclusão psicológicos e culturais podem vir de não pertencer a uma família, parceiro, grupo social ou si-mesmo. Nisso pode residir desespero, desesperança, anseio e enlutamento, contribuindo para a falta de paixão que poderia estar lá, mas é, em vez disso, substituída pela depressão e ansiedade.

Esse cenário cria um anseio baseado em sofrimento emocional, estresse e trauma psicológicos. Na busca por compreender o interior disruptivo e as emoções exteriores que surgiam de uma falta de pertencimento, vários fatores nos complexos pessoais e culturais influenciam o curso do tratamento psicológico. Na psicologia junguiana o processo de individuação, ou de a pessoa se tornar si própria, envolve o inconsciente como uma emergência à totalidade. Pertencimento, ou vínculo, é um elemento-chave no viver e sua ausência pode levar a crises espirituais e pessoais.

O anseio por pertencimento é um arquivo compartilhado da tragédia individual e coletiva. A perda pode parecer tão intolerável que tentamos negá-la, embora o sofrimento, paradoxalmente, leva-nos ao centro do que somos. O verbo *to lose* (perder) tem sua raiz principal mergulhada em tristeza; está relacionado a *lorn* (abandonado) em *forlorn* (desolado). Tem origem em uma palavra do inglês antigo que significa "perecer", que provém de uma palavra ainda mais antiga que significa "separar ou extirpar".

A história de Mike ilustra não só o ferimento como também o modo de lidar com e se curar das perdas produzidas pelo trauma pessoal e intergeracional. No processo de cura ele descobriu a luz oculta na escuridão do que foi rejeitado na família e linhagem cultural e as defesas desenvolvidas em resposta a gerações de trauma. Durante a terapia, esse processo repadronizou e o abriu para consciência ampliada e conforto em ser ele mesmo. As experiências de perda e separação também representam um desejo de unir, indicando um movimento para a individuação e encontrar sentido. Embora permanecer inconsciente trunca e joga uma pessoa no caos, a habilidade para refletir e conectar traz a força do si-mesmo.

Como mais pessoas sofrem com migrações e guerras, bem como em ser alterizadas, rejeitadas e abandonadas, complexos culturais entram em cena. Não somos entes isolados, mas existimos em múltiplas relações mutáveis por meio de interações conscientes e inconscientes. Identificações culturais definem a personalidade e dependem de conexão e vínculo emocionais com outros por meio da religião, língua, história, costumes e assim por diante.

Ansiar é um desejo forte e persistente por algo aparentemente inatingível ou distante. Está relacionado a fome, um anseio pela família, um parceiro, um grupo ou o si-mesmo. Psicologicamente, ansiar se relaciona a um desejo humano primal – a necessidade e ímpeto para superar o ego alienado do inconsciente, de ter uma sensação de inclusão, não de exclusão; aceitação, não de rejeição; e de amor, não de ódio. Na cruz do anseio está o desejo de ser quem somos sem termos de agir "como-se" para sermos aceitos. A exclusão incita o anseio e as lacunas sociais e projeções dominantes se tornam, então, ainda mais proeminentes.

A paixão de Mike pela vida diminuiu enquanto buscava aceitação em níveis pessoais e coletivos. Junto a muitos outros, lutava para acessar o que deveria ser uma sensação natural de pertencimento em vez da necessidade de fingir e se sentir seguro somente quando agia "como-se". Mike se sentia, por fora, não aceito e diminuído. Sem inclusão, o si-mesmo registra uma dor na alma, um anseio por ser corretamente visto e respeitado. Se sensível e consciente, uma pessoa pode se relacionar com essa sensação de estranhamento enquanto enfrenta sua exclusão inconsciente de outros, tanto interna como externamente.

Além disso, subcorrentes e vieses eurocêntricos e anglocêntricos tenderam a prevalecer nas profissões analíticas e psicológicas. E não prestamos atenção suficiente em como refletem conflitos e disparidades sociais, econômicos e políticos. Também perpetuam o disfarce "como-se" para se encaixar e ser parte do *status quo* aceitável, os pacientes correntes imaginados. Os estrangeiros, os imigrantes representam aquelas partes não familiares da personalidade que tentamos repudiar ou negar; seu reconhecimento e inclusão aumenta o crescimento pessoal e cultural.

Quando há um rompimento na vida social surge a questão da identidade e do pertencimento. Em todos esses momentos somos enfrentados por escolhas entre passado e presente, afiliação a um grupo ou outro, permanecer ou deixar. O implícito se torna explícito quando a psique se rompe. As inter-relações complexas entre lugar, sistema de crenças e identidade nos forçam a examinar como nos vemos e como outros nos percebem. A perda ou a ameaça a um conjunto de crenças que formam a base dos ideais de uma pessoa e comportamento podem provocar um sentimento de impotência, depressão e alienação. Pela necessidade de escapar desses sentimentos, a pessoa recorre e usa o recurso de se tornar "como-se". Essa ruptura indica a intricada tensão dialética entre estados interiores e realidades sociais.

Por exemplo, Mike lutava contra a imposição e desumanização da impressão sociocultural de ser alterizado. Como uma defesa, ele aprendeu a esconder seu ferimento e age "como-se" fosse uma parte de e poderia se encaixar nos maneirismos, vestimenta e linguagem da cultura dominante. Ele aprendeu a imitar bem porque imaginava ser visto como ele era recebido com uma perda opressiva de respeito e valor. Contudo, não tinha segurança, e ser excluído destrói a esperança. A exclusão também incita o anseio, uma vez que sem inclusão suficiente o si-mesmo é perturbado em seu desenvolvimento, como expresso nas lacunas, complexos e projeções que lhe sobrevieram. A solidão se estabelece a partir da vacuidade e isolamento resultantes.

Embora Mike tenha parado de mostrar suas reações há muito tempo, memórias traumáticas infantis permaneciam; mantendo a fachada "como-se" exigia energia enquanto simultaneamente perpetuando a autodecepção. A tristeza, luto e vacuidade subjacentes de Mike apareciam enquanto seu interesse, curiosidade e paixão diminuíam e a esperança foi quase abolida. Em um sonho, relatou: *estou perdido em uma cidade estranha. Vejo-me em uma rua com muitas aberturas. Ninguém ajuda. Eu pertenço? Ando desorganizado, com medo e sozinho. Serei escolhido? Entrei em pânico, lembrei-me que as coisas darão certo.* O sonho ilustra perda de direção, confusão, estar sem ajuda, enfrentando a ameaça de ser marcado como "um daqueles". Todavia, todas essas emoções problemáticas foram respondidas pela autoconfiança no fim.

Seus sonhos ofereceram uma descrição literal da realidade e uma representação figurativa de verdades emocionais. Eles eram um vislumbre das tensões integrais às suas experiências de uma sociedade não democrática e hierárquica, mas isso permaneceu indizível. Identidade e orgulho de Mike eram uma estrada abarrotada de terror e trauma.

A linguagem do sonho é simbólica e se desenvolve para além do literal. Os sonhos revelam outras partes da personalidade liberadas para ampliar o mundo e como nos movemos nele. O acesso à psique parece bloqueado quando estamos perdidos e emocionalmente frustrados. Esse sonho retrata o sentimento de estar sem assistência e sob ameaça de exclusão e possível denegrição. Jung comentou sobre o processo transformador que ocorre no mundo dos sonhos: "quando o meu consciente encalha por não encontrar saídas viáveis, minha alma inconsciente vai reagir a essa estagnação insuportável" (OC 16/1, § 84). Como no sonho, Mike relatou um peso opressivo diário de depressão e medo e por vezes estar sem motivação para viver. Sentia a insegurança e incômodo de alguém que sabe ser diferente do convencional e, como tal, sente-se sujeitado às manipulações de outros. Para ser invisível, age "como-se" fosse como eles.

Mike era um esposo e pai envolvido que não exercia sua cultura de machismo e a necessária figura autoritária estereotípica, patriarcal. Um homem autodidata, não se encaixava na imagem masculina hispânica típica. Isso não tornava as coisas mais fáceis para ele. O machismo mexicano é um conjunto de comportamentos e regras de conduta inculcado em meninos para serem fortes, duros, independentes e estoicos. Denota um forte senso de orgulho masculino, uma masculinidade exagerada, associada à responsabilidade de um homem para prover, proteger e defender sua família. Refere-se à condescendência da confiança masculina e da parafernália de masculinidade usada para dominar as mulheres e mantê-las em seu lugar. Embora o construto do machismo tenha aspectos positivos e negativos, pesquisas emergentes sugerem que possui associações com fatores cognitivo-emocionais (ou seja, sintomas de depressão, ansiedade e raiva, hostilidade cínica) entre populações hispânicas. Espera-se que os homens mantenham a integridade da unidade familiar bem como a honra dos integrantes da família. O termo *fatalismo* é usado por latinos para expressar sua crença em que a pessoa individual pouco pode fazer para alterar seu destino.

O filósofo mexicano Emilio Uranga (2018) propôs uma descrição ontológica aplicável ao meu exemplo aqui. Ele descreve a sentimentalidade, melancolia e inferioridade mexicanas, concluindo que esses são sintomas do fato de que ser mexicano é ser sem fundamento e consciente da falta permanente desse fundamento. Ele caracteriza o mexicano como se sentindo interiormente fraco ou frágil, uma qualidade de ser ameaçado pela nulidade, pela ameaça de cair no não ser. A vida emotiva do mexicano expressa ou simboliza psicologicamente essa condição como insuficiência sentida se transformando em inferioridade predominante.

A psicologia junguiana considera o si-mesmo formado pela experiência individual e coletiva da pessoa. Os aspectos normativos da personalidade são criados a partir das internalizações inconscientes da ordem social e cultural, no sentido de que o interior reproduz o exterior e vice-versa. A pessoa de um grupo designada como "a inimiga", a intrusa, a acusada de tirar trabalhos daquelas que realmente pertencem, é muitas vezes rejeitada e considerada imerecedora. Isso instaura anseio, dúvida sobre aceitação, identidade, legitimidade e, em seus aspectos mais dolorosos, pode escalar para desespero opressor. O dano psicológico de não pertencer, da separação da família, do lar e das pessoas amadas aparece em sonhos e na transferência e contratransferência no tratamento psicológico.

A depressão de Mike expressava a violação de seu si-mesmo natural e abria um descida às cinzas, como no começo do primeiro estágio alquímico chamado *nigredo*. Esse estágio, como seu sonho prévio, indicava o processo psicológico que começava com uma perda dolorosa de orientações na alquimia da dissolução, uma *massa confusa* anterior à reformação. Jung disse paradoxalmente: "O segredo reside no fato de que só tem vida aquilo que por sua vez pode suprimir-se a si mesmo" (OC 12, § 93). Mike embarcou em um processo de desmontar e montar, olhando para as peças de si e acessando abertamente a realidade de quem era sem a fachada. Muito pode se desenvolver, mas, é claro, ainda não havia ocorrido.

## Trauma

Os traumas que Mike sofreu quando adulto reproduziam os da infância. Nada realmente desaparece, mas chega um momento em que as antigas defesas se tornam insustentáveis, imutáveis e não mais controláveis (Kimbles & Singer, 2004, p. 85). A psique comunica essas experiências inconscientes para serem interceptadas por atos individuais e coletivos de consciência. O famoso poeta espanhol Frederico Garcia Lorca escreveu eloquentemente (1919) sobre esperanças perdidas, suspensas e abandonadas. A psicanalista francesa Julia Kristeva, que era de um país diferente do qual vivia, disse: "Na depressão, se minha existência está prestes a colapsar, sua falta de sentido não é trágica – parece óbvio para mim, evidente e inescapável" (Kristeva, 1992, p. 3).

A psicologia junguiana trata dos aspectos transculturais da personalidade através do inconsciente coletivo, do simbólico, imagético, arquetípico e das camadas psicológicas. "A natureza multicultural da psique inclui um procedimento de abrir nossos corações e mentes ao que é estrangeiro" (Kimbles & Singer, 2004, p. 140). Os problemas psicológicos de unidade e diversidade, monismo e pluralismo, têm raízes históricas e arquetípicas que passam de geração a geração em uma espiral sem fim. A vida pode ficar destituída de traumas culturais passados quando as memórias e sua severidade são estocadas na psique e no corpo, emergindo, muitas vezes, anos depois. Uma pessoa pode ser assombrada por esses fantasmas passados arrastando sua bagagem de trauma transgeracional. Contudo, fornecem uma orientação quando abordados, uma vez que essas experiências e seu resíduo existem internamente para serem reconhecidas e tratadas.

Para Mike, situações internas e externas atuais apresentavam material que ele anteriormente não podia decodificar. Em situações de trauma, a psique se fragmenta. A defesa, tão traumática quanto o trauma original, foca a mera sobrevivência enquanto tentativas de a pessoa se encontrar são angustiadas e desesperadoras. A adoção da fachada "como-se" é um mecanismo protetivo que reflete a aniquilação da ansiedade em uma resposta de acrescentar em si.

## Complexo pessoal

A identidade nos abre para a compreensão de complexos psicológicos e culturais e para como se tornam poderosos o bastante para autocraticamente controlar a personalidade. O complexo, como referido na psicologia junguiana, é uma situação, tanto interna quanto externa, de intensidade emocional, carregada de sentimentos conflitantes. O complexo referencia as partes das quais podemos não ter consciência, mas que podem poderosamente controlar a personalidade. Eles exercem influências diferentes e surgem de como fomos afetados por vários eventos em nossas vidas. Complexos associados à emoção de ansiar são carregados de sentimentos de vergonha, raiva, terror e solidão.

> [O] complexo se manifesta independentemente da vontade, podendo inclusive mostrar-se diretamente antagônico às tendências conscientes [...] a ab-reação apresenta-se por um prisma totalmente diverso, isto é, como uma tentativa de reintegrar o complexo autônomo, ou de incorporá-lo pouco a pouco à consciência, como um componente seu, ao revivenciar a situação traumática uma ou diversas vezes (OC 16/2, §§ 267-268).

Durante tempos de transição e mudança, a perda do si-mesmo combina com acesso bloqueado a significantes culturais familiares de identidade e pertencimento. Quando a identidade fica negada, introduz a questão de onde e como a pessoa pertence. Em meio à diversidade de populações e crenças variáveis, as pessoas ficam desconectadas e distanciadas do que anteriormente sabiam. O mundo fica desorganizado com a imersão social e psicológica no desconhecido e não familiar. Uma pessoa pode ficar à deriva em um mar de insegurança e ambiguidade, sem ter como navegar nas tempestades. Isso cria um tipo de solidão no qual as emoções escalam, como com Mike, em um terror psíquico arrepiante. Quando excluída da sociedade e sem suas qualidades de controle e contenção, uma pessoa fica vulnerável, temerosa e insegura. A psique busca equilíbrio e fará muito para evitar desconforto. Mas o material rejeitado e desconfortável retém sua pressão e, se não integrado conscientemente, manifesta-se em vários sintomas. "A emoção que surge do anseio por pertencer e a identidade ocorre na interação de pessoas e similarmente na terapia, uma vez que é o que nos move a um todo maior" (Kimbles & Singer, 2004, p. 273).

Um axioma da psicologia junguiana é que cada fenômeno contém os meios para interpretação e resolução dos problemas. Na psique, um princípio de síntese apoia a autodescoberta e reparo enquanto os símbolos guiam o processo de pertencimento entre o si-mesmo e outros. "A intenção do método construtivo é, pois, estabelecer um sentido do produto inconsciente em vista da atitude futura do sujeito" (OC 6, § 783).

Mike enfrentou tristeza, luto e vacuidade como o retornado reprimido. Mike comentou sobre sua experiência escolar na infância.

> No primário sofri repetido tormento físico, assédio e humilhação por implicantes cruéis. Não me encaixava na cultura do machismo de gangues e armas. Comecei a acreditar que de algum modo cósmico eu merecia o abuso. Desenvolvi meus primeiros pensamentos suicidas no terceiro ano; tinha 9 anos. Sabia que jamais poderia fazer parte de um grupo de pessoas como elas.

Mike teve um tempo de escola difícil, vivendo no extremo do medo constante, de provocação e implicância dos pares. Ele vivia em uma área conhecida por drogas, violência de gangues e de uma falta geral de atenção ao aprendizado.

> A sombra constitui um problema de ordem moral que desafia a personalidade do eu como um todo, pois ninguém é capaz de tomar consciência desta realidade sem dispender energias morais. Mas nesta tomada de consciência da sombra trata-se de reconhecer os aspectos obscuros da personalidade, tais como existem na realidade. Este ato é a base indispensável para qualquer tipo de autoconhecimento (OC 9/2, § 14).

Lá, ele aprendeu a viver "como-se" – uma fachada para o proteger do perigo. Essa era uma fachada diferente daquela que apresentou quando fora de seu bairro. Lá, Mike usava muitas apresentações flexíveis para agir "como-se" pertencesse.

Abaixo, ele descreve sua infância de negligência emocional.

> Quando criança, chorava até dormir, abraçado a um boneco de trapos que minha mãe fez para mim. Orava repetidamente com esperanças de ser magicamente transportado para fora de minha janela pelos céus para minha mãe à noite de modo que não tivesse de ficar com meu pai e minha madrasta. Mas amanhecia, e nenhuma mudança mágica.

Mike recordava vividamente da exclusão e medo, da solidão e desespero. Até então, ele desconfia da cultura do macho de seu bairro. Esse sentimento foi transferido para o mundo mais amplo, e ele preferiu passar despercebido, sob o radar, usando pseudônimos na mídia social, de modo que não fosse identificado.

Com o tempo, por vezes após um longo tempo, nos tornamos mais conscientes do que carregamos psicologicamente de nossas experiências socioculturais. O pai de Mike era um militar brutal e duro que lidava com preconceito étnico, combatendo, carregando uma arma, ensinando seu filho a ser agressivo e em apoio da cultura branca dominante dos Estados Unidos. Contudo, esse filho não podia aquiescer nisso. As atuais perdas emocionais e físicas e a subsequente tristeza que Mike relatou estavam presentes desde a infância. Ele retinha uma apreensão da autoridade, de ser mal-compreendido, um medo predominante de ser parado pela polícia. Ele sabia como agir, mas se preocupava em ser acusado e incapaz de convencer "o homem". Contudo, não se encaixava no sistema, fosse na cultura americana, em sua herança como interpretada por seu pai, nas gangues do bairro ou com outros integrantes hispânicos da família. Baixa autoestima foi o resultado, criando ansiedade e depressão. Seu direito a existir titubeava precariamente.

De uma perspectiva intrapsíquica, o trauma pode ser conceitualizado como um deslocamento interno (Luci, 2020, p. 275). Mike contava com sua esposa para apoio emocional, mas muitas vezes não lhe dizia quão maus eram os pensamentos negativos, autodepreciativos e temerosos. Um evento após outro o colocaram numa ideação suicida. A cisão na constituição de sua identidade refletia os perigos do societal e da autocrítica, as vozes que escravizam e proíbem autoaceitação ou amor.

Sonhos emergiram, despertando curiosidade, emoções e memórias. Em um sonho, *Mike está no alto e comendo uma zebra com garfo e faca. Há outras pessoas à sua volta assistindo*. Ele ficou chateado com o sonho porque zebras são ostentosas, e não podem se esconder. São de cor preta e branca, e Mike quer ser cinza. É por isso que necessita comer a zebra. Ele perdeu sua autodefinição na inércia da depressão com sua falta geral de interesse ou foco contínuo. Mike se sentia inseguro sendo visto e tinha de se disfarçar para se misturar "como-se". Essa situação onírica reproduzia as experiências conscientes de Mike desempenhando o papel de perseguidor e de vítima inocente.

> Com a perda da pele psíquica no trauma há um deslocamento interior no si-mesmo devido a uma mudança dramática na interação dos mundos interno e externo que altera profundamente a organização prévia entre o complexo do ego e outros complexos autônomos (Luci, 2020, p. 269).

Mike dificilmente conseguiria lidar com os medos, uma vez que antecipava a perda de sua esposa pela deportação ameaçada. Ele sonhou *estar em um lugar como o Grand Canyon, mas ninguém está lá. Então, a cena muda para as montanhas e há neve e frio, mas, de novo, ninguém está lá e em ambas as partes desse sonho não há saída*. Mike não esperava ajuda, como suas experiências prévias validaram que ninguém compreenderia, nem se importaria. Nessa imagem onírica há uma sensação do que está ausente e presente, a psique ansiando, fria, distante e sozinha nesses espaços vastos. O próprio Grand Canyon representa um enorme abismo no qual muitos se perdem e morrem. Mike é um exemplo do que ocorre quando as defesas comuns falham diante de sofrimento psíquico e ansiedade insuportáveis assim, provindo, em parte, dos sentimentos de não pertencimento e de sua identidade sendo humilhada. Sua vida era e é definida pelo perigo.

## Liminaridade e impasse

Liminaridade é um estado intermediário, uma posição nem aqui nem lá, envolvendo os temas psicológicos de renascimento e morte. Dante (2000), o famoso escritor da Idade Média, refere-se a isso no *Inferno*, Canto I:1 – 60, A floresta escura e a colina:

> Em meio à jornada de nossa vida, deparei-me, em uma escura floresta, onde o caminho direto estava perdido. É difícil expressar quão selvagem, inóspito e impenetrável era aquela floresta, de modo que pensar nela recria o medo.

Esse excerto se refere ao conceito sociológico e espaço psicológico da *liminaridade*, uma palavra derivada do latim *limen* que significa "limiar". Crises da vida levantam questões de identidade e pertencimento, períodos em que estamos entre, nem quem costumávamos ser nem quem nos tornaremos. Em momentos assim parecemos a serpente, um símbolo antigo de transformação, despojando-se de sua pele no processo de muda e durante esse tempo de mudança do velho para o novo está exposta e vulnerável.

Espaços liminares contêm medo do desconhecido. Representam momentos em que estamos nus, despojados porque a persona antiga não funciona e não há ainda substituição. A liminaridade descreve um período em que a vida é cheia de confusão e perplexidade, desorientação, doenças da alma e confronto com a sombra. Durante momentos liminares, nosso senso de direção está ofuscado. Não podemos nos mover; o caminho não está mapeado nem marcado, e há um colapso da identidade. Valores conscientemente sustentados e formas antigas estão desatualizados. Hábitos antigos não orientam mais nas encruzilhadas; estamos confusos e dilacerados. Essencialmente, o ego consciente ainda tem de trabalhar uma nova relação com o inconsciente.

O tratamento psicológico detalhado reconhece o negado anteriormente, as perdas e sentimentos de raiva, culpa, tristeza e anseio. "À medida que somos capazes de discernir, o único sentido da existência é acendermos a luz nas trevas do ser puro e simples" (*Memórias, sonhos, reflexões*, 1986, p. 83). De acordo com André Green, os fundamentos da análise é quem se esforça para completar o processo de luto. Green (1986, p. 142) argumentava que experiências do si-mesmo são realizadas contra um pano de fundo de perda e ausência. Isso influencia como lidamos ou não com inevitáveis ausências, desapontamentos e mudanças de direção na vida.

Julia Kisteva fala sobre a noção do estranho como estrangeiro, de fora ou pessoa que se sente estranha em uma sociedade que não a sua – bem como a noção de estranheza no si-mesmo, uma sensação profunda de ser, ou sua ausência. Ela sugere que tocamos a outridade, escapamos de seu ódio e ônus embora aceitando as diferenças que implica (Kristeva, 1994, p. 3). Se podemos reconhecer o estrangeiro em nós não teremos um problema com quem quer que seja e o que quer que pareça estrangeiro, tampouco necessitaremos criar distância. Kristeva observou que a análise é uma jornada à estranheza do outro – e ao si-mesmo (Kristeva, 1994, p. 182).

## A sombra

O conceito junguiano da sombra, as partes abandonadas ou não usadas, são representativas dos outros desconhecidos. "Em muitos casos, na psiquiatria, os pacientes que nos chegam têm uma história que não é contada... Em muitos casos, a exploração do material consciente é insuficiente... o problema é sempre a pessoa inteira, nunca o sintoma apenas" (Jung, 1963 [*Memórias, sonhos, reflexões*], p. 117). Na interpretação clássica da psicologia junguiana, de um ponto de vista individual e coletivo, há uma tendência universal de projetar a sombra para fora, de modo que os pacientes se separam do desconhecido, desprezado, repleto de vergonha e diferente. A sombra é difícil, como seu reconhecimento pode ser desestabilizador, perturbador e desafiador. Um exame deles e de seus relacionamentos inclui esses aspectos não familiares e perturbadores.

Há necessidade de aceitação ou, do contrário, a pessoa se sente sozinha, despersonalizada. Ela pode se retirar intrapsiquicamente, permanecendo exposta, irritadiça e sensível. Isso pode escalar a um vácuo de futilidade, ausência de sentido, um sentimento de apatia e insensibilidade, enquanto no centro reside a dependência que necessita impulsionar a busca por conexão (Ashton, 2007, p. 21). Nesse centro está oculta a dependência porque sem a busca por relações significativas uma pessoa se sente sem vida. Para Mike, foi jogada sobre ele uma sombra cultural, formando um cadinho para depressão, mas não para conexão segura.

Mike sentia agudamente as projeções da sombra cultural e a hostilidade, intensificadas pela ameaça da deportação de sua esposa. Ele questionou na terapia se seria tratado com denegrição ou com compreensão devido à sua identidade étnica. A antecipação do estranhamento, mesmo na terapia, espelhava suas frequentes experiências intrapessoais e societais.

Mike sonhou que *alguém pega sua caixa de joias, e ele grita para parar o ladrão, mas há pessoas obstruindo o caminho e não consegue pegá-lo*. Ele disse estar sozinho, sem autodireção ou um lugar para expressar sua criatividade. Sentia-se fraco e incapaz como no sonho; suas joias, talvez, uma gíria para seus genitais, significando sua masculinidade e sensação de si-mesmo, respeito e consideração, necessidade de ser resgatado. A situação terapêutica fornece idealmente segurança o bastante para o si-mesmo se desenvolver em sua autenticidade (Solomon, 2007, p. 240). Isso pode ser onde consiga recuperar as joias enquanto as experiências intersubjetivas podem afetar o autodesenvolvimento e estimular sua capacidade de transformação. Com relação ao

> trauma relacional inicial, é a relação de contenção na psicoterapia que possibilita sonhar o que era anteriormente não sonhável. É um prelúdio ao se tornar capaz de pensar o impensável, e como uma amostra da criação de experiências, não em termos do passado histórico, mas em termos do presente relacional (Wilkinson, 2006, p. 54).

O reconhecimento de pertencimento e não pertencimento ocorre na psicoterapia e é exposto na transferência e contratransferência para que o si-mesmo emerja. Jung disse: "Nesse mundo criado pelo Si-mesmo encontramos todos aqueles a quem pertencemos, aqueles corações que tocamos; aqui não há distância, mas presença imediata" (Jung, 1973 [*Cartas*, vol. 1, p. 307], p. 298). É necessário trabalho psicológico para reparar o sofrimento experienciado nas relações interpessoais que carecem de reconhecimento e pertencimento. Green (1986, p. 42) explicou isso como uma pessoa necessitando do receptáculo de sua terapeuta para o conteúdo ser apresentado. É um entrelaçamento si-mesmo-com-si-mesmo, uma imersão nos problemas. A individuação envolve a transformação da analista e da paciente, estimulando nela ou em sua personalidade as camadas que correspondem aos conflitos e *insights* da paciente (cf. OC 16/2, § 448).

A terapia confronta uma pessoa com a necessidade de expressar de modo que o si-mesmo se torna conscientemente presente. A narrativa exige a presença de outro para testemunhar, ouvir e compreender a história enquanto se desenvolve. Jung comentou:

> Nos casos em que a compreensão é unilateral, eu diria tranquilamente que se trata de uma não compreensão; no fundo, não importa que o médico compreenda, pois tudo vai depender da compreensão do paciente. A compreensão deveria ser estabelecida por consenso, por um consenso que seja fruto da reflexão conjunta (OC 16/2, § 314).

Novos *insights* envolvem analisar estruturas e imagens pessoais e coletivas, enquanto paciente e analista refletem sobre seus sentidos.

Na busca pela compreensão as emoções perturbadoras internas e externas surgiram da falta de pertencimento, vários fatores estão envolvidos no tratamento psicológico. No dinamismo da interação terapêutica estão as tarefas de vincular o conhecido ao desconhecido, o consciente ao inconsciente, e equilibrar a tensão entre eles. "Mas o que é reprimido tem que se tornar consciente para que se produza a tensão entre os contrários, sem o que a continuação do movimento é impossível. [...] É no oposto que se acende a chama da vida" (OC 7/1, § 78). Se a tensão pode ser sustentada sem sucumbir à urgência de se identificar com um lado ou outro, a terceira e completamente inesperada imagem une as duas de um modo novo e criativo. A psique é fluida, multidimensional, viva e capaz de criar desenvolvimento. O desafio é emergir da crise e encontrar autenticidade e intimidade com o si-mesmo e outros. A tarefa busca descobrir o que é chamado na psicologia junguiana de o "tesouro difícil de obter" ou o conhecimento que reside no inconsciente, o corpo e a descoberta do si-mesmo.

A análise reside na exposição dos danos centrais na coconstrução dos padrões do si-mesmo e outros. A relação analítica pode oferecer uma experiência corretiva, um tipo de reparação que envolve recordar as conexões desfeitas e rompidas do si-mesmo com o si-mesmo e com outros. Afinal, o si-mesmo se torna naturalmente consciente de si na relação com outro (Mattoon, 1985, p. 131). Todavia, terapeutas podem carecer da consciência do que diversos traumas sociais sistêmicos significam devido aos seus conceitos e projeções preconcebidos. A teoria pode ser usada como uma defesa quando a terapeuta assume reconhecimento ou tenta inserir a cliente em algo familiar. Tanto terapeuta como cliente estão envolvidas nas sombras para abrir o material subjetivo e encontrar os símbolos expressivos. Ambas testemunham as emoções em torno dos sentimentos negligenciados se desvencilhando dos danos do não pertencimento.

## Complexo cultural

Complexos são processos pessoais, culturais e históricos refletidos na terapia. "Complexos culturais estruturam a experiência emocional e operam na psique pessoal e coletiva como complexos individuais, mas com conteúdo diferente" (Kimbles & Singer,

2004, p. 6). Diferenças culturais colocam uma questão de como ser reconciliado com os universais da natureza humana, por um lado, e variações culturais, por outro. Os problemas de classe, distribuição de riqueza e cor da pele estão intimamente entrelaçados. "E quando fugimos da ou lutamos contra o estrangeiro, estamos lutando contra nosso inconsciente" (Kristeva, 1994, p. 191). Tornar-se consciente do preconceito pode exibir um poderoso complexo cultural com sua capacidade de contaminar a psique pessoal e coletiva.

A identidade pessoal e social denota o fato de que uma pessoa ou grupo possui certas qualidades particulares e características que as torna tão separadas e distintas de outras. "O mexicano... é familiarizado com a morte. [Ele] faz piada sobre ela, acaricia-a, dorme com ela, celebra-a. É um de seus brinquedos favoritos e seu amor mais leal" (Octavio Paz, citado em Uranga, 2018). O conceito pós-junguiano do complexo cultural se refere aos elementos inconscientes ativos na psique, problemáticos tanto para paciente como para analista, e possivelmente apresentando desafios terapêuticos. Os complexos culturais são delineados do seguinte modo:

- operam no nível grupal do inconsciente cultural,
- funcionam autonomamente em cada pessoa individual ou grupo,
- organizam as atitudes, emoções e comportamentos que constituem a vida grupal,
- facilitam as relações afetivas da pessoa com os padrões culturais do grupo,
- fornecem tanto à pessoa quanto ao grupo uma sensação de pertencimento e identidade (Kimbles & Singer, 2004, p. 229-230).

Os complexos culturais repetem a psique desfigurada pelos contornos aprisionadores da experiência privada traumática e danificadora. Desde o começo da vida, Mike foi privado de importância ou sentido individual e coletivo. Ele descrevia que algo fora morto ou perdido e que as boas experiências haviam desaparecido. Para ocultar tudo isso aprendeu a se encaixar na cultura predominante, familiar com seus maneirismos, gírias e vestimentas, agindo "como-se". Contudo, há perigo e atração a essa adaptação de persona. Tender a se encaixar pode servir como pretexto, destituído de conexão ou integração real, ou defletir ou levar a problemas mais profundos de autodesenvolvimento.

## Função transcendente

Mike chegou à terapia com medo, com o mundo dividido em opressor e oprimido. A estrutura social que conheceu sua vida inteira parecia pior do que previamente. Ele sentia que inclusive aquelas pessoas como ele não o compreendiam. De que servia sua voz quando tantos eram a favor da assimilação e de se livrar de pessoas como ele? Ele vicia como uma criança – escondida, embora presente em um grupo que não a apoiava ou se preocupava com ela. O que lia e como pensava e percebia o mundo era antitético ao seu bairro cultural.

Jung descreveu chegar a um impasse, energia obstruída, como estabelecendo a situação para a possível emergência da função transcendente. A função transcendente move a psique, ainda que dependa da habilidade do ego para conter as forças opostas e sustentar sua interação dinâmica. No processo do antigo se desintegrando há sofrimento e resistência mesmo quando os passos são dados na direção do movimento. "Pela atividade do inconsciente emerge novo conteúdo, constelado igualmente pela tese e antítese, e que se comporta compensatoriamente (v.) para com ambos" (OC 6, § 914).

Os paradoxos e processos de voltar e avançar de variadas posições no inconsciente tira a psique da polarização e de estados opositores. A função transcendente produz a síntese para reparar, reequilibrar e regular a psique.

A personalidade se expande quando a consciência e o inconsciente formam uma relação dinâmica – em vez de ficar presa em antigas emoções, descontentamentos e estresse – criando novas visões e oportunidades. A função transcendente como a terceira área ou posição pode ser descrita como "um espaço para criação da função de criar sentido da psique" (Colman, 2007, p. 565). Isso emerge através de sonhos, situações de vida e processo terapêutico. A "experiência e informações clínicas obtidas muitas vezes perigosamente junto à jornada arriscada são difíceis e requerem muita paciência de ambos os participantes" (Solomon, 2004, p. 635). O processo exige perseverança e tempo, embora o ego se preocupe e queira que o sofrimento pare imediatamente. Como Jung disse: "Tornar-se-á um conteúdo novo que dominará toda a atitude, acabará com a divisão e obrigará a força dos opostos a entrar num canal comum. E assim acaba a suspensão da vida, ela pode continuar fluindo com novas forças e novos objetivos" (OC 6, § 916).

A informações desconhecidas são uma característica para a emergência do terceiro terapêutico, uma vida inconsciente conjuntamente criada a partir do fluxo entre o par terapêutico (Colman, 2010). Esse trabalho psicológico nos leva de volta ao sofrimento experienciado nas relações interpessoais. Ferimentos e golpes no coração significam que a tristeza e solidão não enlutadas do passado e a desconstrução e reconstrução do si-mesmo para encontrar sentido e valor. Em referência a isso, Green afirmou: "A mente tem a capacidade de trazer novamente de volta algo que esteve relacionado a um objeto, sem que o objeto esteja lá" (1979, p. 30). Isso se refere às origens psicológicas para renovação, transcendendo os limites de espaço e tempo.

## Transferência

As pessoas dão sentido a si por intermédio de redes de significado fornecidas por seus sistemas sociais, históricos e simbólicos pessoais e coletivos.

> Realmente, na medida em que o fenômeno da transferência nada mais é do que uma projeção, ele cria tantas divisões quantos vínculos [...] porquanto a relação com o Si-mesmo é ao mesmo tempo a relação com o próximo. E ninguém se vincula com o outro se antes não se vincular consigo mesmo (OC 16/2, § 445).

A capacidade para crescimento, desenvolvimento, agência criativa e amor dependem de existir na mente, olhos e olhar de um-outro em uma dança de ressonância sintonizada, rítmica e imperfeita.

> O trabalho analítico envolve agentes relacionais e interpretativos para produzir a integração e aumento da conectividade entre e dentro de ambos os hemisférios da mente-cérebro levando a uma mudança na natureza do vínculo que, então, permitirá que o si-mesmo emerja completamente por meio do processo de individuação (Wilkinson, 2006, p. 113).

De estarem com esse processo, os símbolos surgem para mover a personalidade de situações anteriormente restringentes. O si-mesmo é apoiado em seu desenvolvimento pela natureza simbólica da função transcendental e dos recursos criativos que residem no inconsciente que se torna acessível (Solomon, 2007, p. 244). Símbolos e metáforas são centrais à interpretação do inconsciente. "A psique realiza sua transformação pela criação de símbolos que são capazes de unir aspectos opostos do si-mesmo" (Solomon, 1998, p. 227). Símbolos são também metáforas impessoais, compartilhando sentido de convenções passadas e atuais, mitos e artefatos culturais, um meio de comunicação que revela nossa intersubjetividade inerente.

Na terapia, os símbolos começaram a aparecer, familiares à cultura étnica de Mike e representando o desejo de aceitação. A relação terapêutica conectou cultura e tempo, criando as ligações e segurança para a psique expressar seus aspectos multiculturais. "A cultura é uma estrutura profundamente arraigada que subjaz a percepção de nosso si-mesmo, nossa realidade e os modos pelos quais nos tornamos pessoas individuais" (Mattoon, 1992, p. 124). As diferenças na cultura entre analista e analisanda são reconhecidas na transferência e contratransferência. É importante definir em vez de assumir os temas culturais e tendências sociais com que a pessoa se identifica e que simbolizam aquilo para o que se dirigem. "Os *ismos* políticos e sociais de nossa época pregam todo tipo de ideais imagináveis, mas por detrás dessa máscara perseguem o objetivo de rebaixar o nível da nossa cultura, na medida em que limitam as possibilidades individuais de desenvolvimento e até as impedem de modo total" (OC 9/1, § 617).

A consciência dos conteúdos do inconsciente pessoal, incluindo nosso histórico cultural, envolve também acessar as camadas de imagens e motivos abrangendo o inconsciente coletivo, uma série cultural vasta de assombrações de tragédias. Uma parte muito maior do que geralmente acreditamos de nossa personalidade é coletivamente determinada (Alho, 2006, p. 662). A teoria junguiana sobre o inconsciente coletivo reflete muitos de nossos instintos mais profundos como amor, medo, projeções sociais, sexo, sabedoria e bem e mal. Utilizamos essa camada para conexão, sustentação e sentido. "Essa consciência ampliada [...] tornar-se-á uma função de relação com o mundo de objetos, colocando o indivíduo numa comunhão incondicional, obrigatória e indissolúvel com o mundo" (OC 7/2, § 275). Incorporar uma atitude psicológica inclui reconhecer o anseio universal por pertencimento. A compreensão disso também significa consciência de nossas tendências para polarização, a sombra da culpa, vergonha, implicância, rejeição e aceitação de diferenças. Isso tudo requer reflexão e resposta atentas. Essa atitude psicológica para com explorações do passado muda o presente e leva a um futuro mais satisfatório.

Nossa existência é fundamentalmente interpessoal. Os entes humanos não são objetos isolados, movendo-se livremente, mas sujeitos existindo em relações perpétuas, múltiplas, variáveis. A vida é definida por essa miríade de interações – pelo empurra e puxa da intersubjetividade bem como dos contratos sociais abertos e cobertos. Muitas pessoas experienciam o sentimento de incapacidade, de impotência e a solidão resultante como uma das experiências mais dolorosas da existência humana. Isso pode radicalmente separar as pessoas da conexão humana, um tipo de vastidão no qual a pessoa se sente desertada e abandonada. Quando experiencia muita solidão, a pessoa perde a habilidade de experienciar qualquer outra coisa e não pode criar novos começos. Tão logo começa a falar sobre solidão transforma uma das experiências humanas mais profundamente sentidas em um objeto de contemplação, reflexão e posse. Todos experienciam solidão, mas a experienciam diferentemente. "Há forças positivas que buscam mover a psique para o futuro, são forças retrógradas poderosas que buscam impedir esse movimento" (Solomon, 1998, p. 142).

Como criamos espaço para encontros abertos com outros, tanto interno como externo, de modo que um espírito transformador possa emergir? A divisão entre inclusão ou exclusão pode criar distresse psicológico, levando ao colapso da interação relacional de cultura e personalidade individual. Mike falou em nos sentarmos fora de meu consultório e olhar para uma montanha chamada Camelback, com rochas que têm a forma de um monge sentado no topo da montanha. Essa cena o lembrava das alucinações que tinha de febres na infância quando imaginava o monge em uma montanha. Ele considerava essa uma imagem reconfortante e restauradora. O passado e o presente se tornaram contíguos por meio dessas imagens. Ele disse que deve quebrar a tranca interior e se perguntou se isso significava escrever um romance. Fazer isso pode expressar o coração e as emoções afastados há anos e agora querendo ser ouvidos.

Ele observou uma árvore no pátio fora de meu consultório e descreveu um galho que se aproximava e se inclinava sobre o outro. Disse que não estava carregado, uma vez que a conexão dava sustentação. Em relação a isso, o analista britânico junguiano Jean Knox disse que ser analista requer um foco constante no subjetivo, afinar-se com a narrativa intuitiva, poética e simbólica que emerge em uma sessão analítica (Knox, 2004, p. 13). Isso exige a capacidade dos terapeutas de ressonar com os fios múltiplos e por vezes contraditórios da narrativa dos pacientes na coconstrução do espaço simbólico. A busca dos analistas pelo significado inconsciente na comunicação dos pacientes se torna um agente de mudança. Assumir a perspectiva do outro é necessário para resolver conflitos, internos ou externos, uma vez que são perpetuados pela adoção de uma perspectiva única. "Tudo que as outras pessoas são e que o mundo é, de rios e elefantes a cinzeiros e torradeiras, é essencialmente o que chamo eu" (Hillman, 1993, p. 252).

## "Abrindo-se para a fuga"

Em um discurso dirigido ao Congresso americano em 21 de fevereiro de 1990, Václav Havel, presidente da República Tcheca, disse: "A salvação desse mundo humano reside exclusivamente no coração humano, no poder humano de refletir, na docilidade e responsabilidade humanas". Da perspectiva da psicologia analítica junguiana, o si-mesmo busca a união desses aspectos díspares do inconsciente à consciência, do pessoal ao cultural. Isso reconhece o anseio por conexão, uma sensação de pertencimento e identidade. "Esperava-se que limites de sua ambição fosse para sempre. Você nasceu em uma sociedade que explicitou com clareza brutal que você era um ente humano inútil. Não se esperava que você aspirasse" (Baldwin, 1992, p. 7). Envolvimento com outros dá voz a esses muitos si-mesmos e a uma consciência e inclusão ampliadas em vez da exclusão do diferente e do agir "como-se". Mike tinha uma imagem de si como uma águia de cabeça branca, forte, com asas se abrindo lentamente para voar. Ficou surpreso com a imagem e admitiu relutantemente ser como uma águia de cabeça branca agora, capaz de ver uma imagem maior e navegar com confiança e poder.

A capacidade de unir os fios pessoais e coletivos para a coconstrução do pertencimento ocorre por meio da função transcendente no tratamento psicológico junguiano. O processo junguiano de individuação é um voltar a si enquanto ocorre a transformação da personalidade por meio da satisfação do anseio básico por aceitação inclusiva. O envolvimento com o outro produz reconhecimento do si-mesmo, reconciliação e compreensão mútua que se desenvolvem a partir de uma sensação de pertencimento pessoal e coletivo e de orgulho na identidade. A integração resulta na comunicação entre o si-mesmo e outros, a sombra e o estranho.

## Referências


Alho, P.M. (2006). Collective complexes – Total perspectives. *Journal of Analytical Psychology*, 51(5), 661-680. doi: 10.1111/j.1468-5922.2006.00626.x.

Ashton, P. (2007). From the brink: Experiences of the void from a depth psychology perspective. Routledge.

Baldwin, J. (1992). *The fire next time*. Vintage.

Colman, W. (2007). Symbolic conceptions: The idea of the third. *Journal of Analytical Psychology*, 52(5), 565-583. doi: 10.1111/j.14685922.2007.00686.x.

Colman, W. (2010). Mourning and the symbolic process. *Journal of Analytical Psychology*, 55(2), 275-297. doi: 10.1111/j.1468-5922.2010.01840.x.

Dante, A. (2000). The inferno, cantos, I–VII. In *The Divine Comedy*. www.poetryintranslation.com/PITBR/Italian/DantInf1to7.php.

Green, A. (1979). *The tragic effect*. Cambridge University Press.

Green, A. (1986). *On private madness*. International Universities Press.

Hillman, J. (1993). Concerning the stone: Alchemical ideas of the goal. *Sphinx: Journal of Archetypal Psychology and the Arts*, 5, 234-265.

Jung, C.G. (1963). *Memories, dreams, reflections*. Random House.

Jung, C.G. (1973). Letter to Mary Mellon. In *(C.G.J. Letters, çev.):* Vol. I, 1906-1950. Routledge & Kegan Paul.

Kimbles, S. & Singer, T. (eds.) (2004). *The cultural complex: Contemporary Jungian perspectives on psyche and society*. Brunner-Routledge.

Knox, J. (2004). From archetypes to reflective function. *Journal of Analytical Psychology*, 49(1), 1-19. doi: 10.1111/j.0021-8774.2004.0437.x.

Kristeva, J. (1992). *The black sun*. Columbia University Press.

Kristeva, J. (1994). *Strangers to ourselves*. Columbia University Press.

Lorca, F.G. (1919). *Another song*. https://federicogarcialorca.net/obras_lorca/libro_de_poemas.htm #68.

Luci, M. (2020). Disintegration of the self and the regeneration of "psychic skin" in the treatment of traumatized refugees. *Journal of Analytical Psychology*, 65(2), 260-280. doi: 10.1111/1468-5922.12304.

Mattoon, M. (1985). *Jungian psychology in perspective*. Free Press.

Mattoon, M. (1992). *The transcendent function: Individual and collective aspects.* Daimon Verlag.

Solomon, H.F. (1998). The self in transformation: The passage from a two to a three dimensional internal world. *Journal of Analytical Psychology*, 43(2), 225-238.

Solomon, H. (2004). Self-creation and the limitless void of dissociation: The as if personality. *Journal of Analytical Psychology*, 49(5), 635-656. doi: 10.1111/j.0021-8774.2004.00493.x.

Solomon, H. (2007). *The self in transformation.* Karnac.

Uranga, E. (2018, 25 June). Essay on the ontology of the Mexican. In *The Philosophy of Mexicanness. Aeon.* https://aeon.co/classics/to-be-accidental-is-to-be-human-on-the-philosophy-of-mexicanness.

Wilkinson, M. (2006). *Coming into mind.* Routledge.

# 12
# Sobrevivendo

Uma mulher sonhou com mulheres nadando entrecruzadas na água em torno de um cilindro que estava vazio. Ela estava na borda observando enquanto se entrelaçavam e eram cobertas por bolhas. Enquanto nadavam, o cilindro vazio ao longo do qual nadavam se aproximava. Esse sonho ilustra o processo analítico de se aproximar do inconsciente, a fissura no si-mesmo sendo reparada e o processo natural enquanto as mulheres iam e vinham facilmente nadando nas águas da vida e do inconsciente. Do mesmo modo, a sonhadora estava gradualmente ganhando confiança; o centro era preenchido porque sentia menos medo e se sentia mais capaz de confiar e encontrar o amor que buscava. Ela estava começando a reconhecer que podia ser visível e não se esconder mais.

> Há uma dor – tão pronunciada –
> Ela engole a substância –
> Depois, cobre o Abismo de Transe –
> Assim, a Memória pode andar
> Ao seu redor – atravessá-la – pisar nela (Emily Dickinson, 1926, p. 294).

Soluções externas não tratam a vacuidade e distresse internos expressos pela pessoa "como-se". Quem sou? O que quero? O que me reparará? O que me permitirá ter prazer e gozar a vida? Essas perguntas são mais do que problemas pessoais, mas apontam para uma crise difundida de esterilidade e falta de consciência contemporânea. O foco no superficial e imediato estimula a vacuidade, a ansiedade, o desespero, a perda de sentido, vícios e o sacrifício do real. Ao mesmo tempo, o distresse mergulha a pessoa "como-se" em um anseio por Eros ou afinidade.

O pensamento analítico junguiano envolve buscar pelo que é chamado o "tesouro difícil de obter". Isso se refere a aspectos da personalidade ocultos ou não usados, ignorados, e inclusive desprezados, mas que nos conectam a nosso si-mesmo pessoal com sua natureza coletiva. Este livro cobre uma variedade de conceitos junguianos e como podem ser aplicados na psicoterapia e na vida cotidiana. Essa exposição ilustra elementos da personalidade "como-se" através de símbolos, imagens oníricas e exemplos clínicos compostos. A série de teorias e perspectivas transculturais e transdisciplinares amplia a compreensão e vai além das fronteiras particulares. O entrelaçamento dessas produz consciência psicológica com sua complexidade, desafios e recompensas.

Por trás da fachada da pessoa "como-se", os espaços vazios, a vulnerabilidade e a confusão sustentam a promessa de desenvolvimento. A ausência procura ser preenchida. A busca interna envolve metáforas mistas, narrativas variáveis, adoção da multiplicidade e a criação de espaço para diferenças entre o si-mesmo e outros. Esses aspectos residem na consciência e no inconsciente, e são expressos psicológica, cultural e fisicamente, libertando a pessoa "como-se" da singularidade defensiva e regressiva e do isolamento para uma vida mais rica e reflexiva.

O ponto é tornar claro o que foi ofuscado pela fachada da pessoa "como-se". Explorar o que se encontra sob a superfície dessa personalidade exige reflexão atenta como proposto nestas páginas. A psique da pessoa que vive "como-se" é complexa, mas quando camada por camada é removida se torna uma mistura interessante de sentidos que levam ao si-mesmo e outras relações. Manter-se em imagens baseadas em falsas preconcepções e indiferença ao que é diferente de si é limitante. O envolvimento com outros dá voz a nossos muitos si-mesmos. O processo de transformação é esperançoso quando a consciência se conecta ao inconsciente. A personalidade se abre a partir do reconhecimento do que estava dissociado, apático e insensível. Além disso, os sonhos e as experiências de vida das pessoas revelam a dificuldade, mas recompensam a jornada do "como-se" ao real.

Este livro fornece aberturas ao processo da consciência psicológica, unindo realidade e fantasia, a sombra e o corpo. A psicoterapia é um modo de levar a consciência a se conectar às imagens que a psique apresenta. As forças para o desmascaramento compelem o movimento interno e externo pelo exame de ficções autoilusórias. Com uma atitude para imitação, a pessoa "como-se" observa o mundo, mas permanece indiferente, sozinha e acima de tudo isso. Uma tristeza solitária toma conta e priva essa pessoa de alegria e da permissão para ser real. O reconhecimento necessário da vulnerabilidade e incompletude fornece um fim à fuga da realidade. As várias abordagens psicanalíticas e filosóficas em cada capítulo mais os mitos e histórias acrescentam uma plataforma ampla para o reconhecimento da fragilidade do ego se movendo para um si-mesmo mais completo.

Esse tipo de personalidade fica preso na tendência de encobrimento, na superficialidade e na persona enquanto busca reparos fáceis, especialmente como encontrados na internet. Com o tempo, o sistema "como-se" colapsa, uma vez que é muito rígido mantê-lo. Ser real em vez de "como-se" e despir o disfarce da impostora é um processo de libertação e emergência pessoal, do vazio e da perda do desejo, entusiasmo e vivacidade. Psicologicamente, a esperança e a reemergência da verdadeira natureza da pessoa "como-se". O processo de individuação junguiano revela teórica e terapeuticamente a possibilidade de a pessoa "como-se" se reconectar com o si-mesmo, para descobrir e aceitar quem realmente é.

Revisar é o ato de olhar para trás, ver com novos olhos e reconhecer as suposições que restringem a pessoa "como-se" de si. Perceber o passado com lentes mais amplas permite aos pacientes reunirem o material em vez de transmitirem o modo tradicional ou inconsciente de ser. O inconsciente não é linear, mas retrojeta para reincorporar o senciente e o imaginativo em formas recém-emergentes. Ao prestar atenção ao mundo interior, o si-mesmo pode ser reparado, provocando unidade entre corpo e mente e se tornando ativo e com um senso de propósito e sentido.

"[A] relação com o Si-mesmo é ao mesmo tempo a relação com o próximo. E ninguém se vincula com o outro se antes não se vincular consigo mesmo" (OC 16/2, § 445). Isso é uma reunião dos múltiplos fios pessoais e coletivos, as forças sociais e históricas que condicionam a existência. Ver a vida de uma pessoa como um tipo de palimpsesto reforça assumir os riscos de retirar o manto do "como-se".

Durante a escrita deste livro tive um sonho no qual Julia Kristeva me chamou ao telefone. Havia um ruído de fundo, uma vez que havia pessoas trabalhando em minha área. Desculpei-me, mas ela disse que tinha tempo e que não me preocupasse. Ela queria dizer que meu livro era sobre cura e estava relacionado ao deus grego Asclépio, o deus da cura. Fiquei surpresa ao despertar e me sentir encorajada e apoiada. Mencionei-a neste livro e em escritos anteriores. Aprecio sua mente e seu modo de ser. Ela vive em uma cultura diferente daquela em que nasceu e promoveu suas ideias, representando uma perspectiva analítica diferente da minha. O sonho evoca o arquétipo da cura no sentido de que a cura dever ser uma pessoa, sem medo, arriscando-se e indo na direção da individuação. Pondero também sobre a quem se refere a cura no sonho e observo que é o deus masculino grego da cura. É também a cura masculina como curador? É pessoal e coletiva? Essas perguntas são um modo excelente de responder àquelas sobre viver plenamente e com propósito, embora nunca terminemos.

A personalidade "como-se", capaz de desmascarar os problemas tanto pessoais como culturais, também representa esperança. Isso é necessário para desfazer as restrições e criar novas formas de ser ao longo da vida. O que é criado ao longo do caminho é um si-mesmo individual e único.

> Tenho de aprender a dançar
> A tempo para a próxima festa
> Minha sala é muito pequena para mim
> Suponha que eu morra antes da formatura
> (Audre Lorde, 1978).

## Referências


Dickinson, E. (1926). *The complete poems of Emily Dickinson* (T.H. Johnson, ed.). https://en.wikipedia.org/wiki/There_is_a_pain_–_so_utter_.Wikipedia–

Lorde, A. (1978). *Hanging fire. The collected poems of Audre Lorde.* W.W. Norton & Co.

# Índice

## D

## E

## F



## H



## I

## T

**EDITORA VOZES LTDA.**
**Rua Frei Luís, 100 – Centro – Cep 25689-900 – Petrópolis, RJ**
**Tel.: (24) 2233-9000 – E-mail: vendas@vozes.com.br**